大都會文化
METROPOLITAN CULTURE

# FINANCIAL TSUNAMI

# 金融海嘯中，
# 那些人與事

巴曙松◎等著

# 寫在金融海嘯邊上

## 是為金融海嘯

重大的歷史事件，總會在文字上留下痕跡。例如，當我走在開始經受金融海嘯衝擊的香港街頭，看到一度火熱的售樓點日益蕭條下來，在密密麻麻的各種紙張貼出的售樓廣告中，驀然跳出幾個字：

**某某樓盤出售——雷曼價**

只有經歷了金融海嘯，讀者見到這樣以「雷曼價」來形容不能再低的金融資產價格，才會會心一笑。

當歷史的時鐘走到二〇〇七年四月四日這一天，美國第二大抵押貸款公司新世紀金融公司因其債務違約，無力支付即將到期的巨額債務，根據美國《破產法》第十一章申請破產保護。這個昔日的抵押貸款市場的耀眼明星自此隕落。原來一直被視為「影響有限」、「風險可控」、「很快過去」的次貸風波，開始正式演變為一場席捲全球的金融海嘯。

多麼形象的形容：金融海嘯。末日博士魯比尼創造的一系列專門分析次貸危機的辭彙，例如金融海嘯、例如有毒資產等，開始成為每天媒體上不能缺少的常用辭彙。

在不到一個月的時間內，先後出現了美國政府接管「兩房」（房利美、房地美）和 AIG（美國國際集團）、雷曼破產、美林被吞，華爾街五大投行倒下其三，引發骨牌效應。最

大的保險公司美國國際集團（AIG）告急，最大的儲蓄銀行華盛頓互惠銀行被美國聯邦存款保險公司（FDIC）接管，投行界最後的大佬摩根史坦利、高盛向銀行控股公司轉型，揮手告別獨立投行時代。美國聯邦存款保險公司（FDIC）前主席William Isaac 認為這是「華爾街獨立投行時代的終結」。

馬克思在《路易・波拿巴的霧月十八日》中冷靜地說：我等其實既是歷史的劇作者，又是歷史的劇中人。我們正在親歷第一場真正具有全球範圍衝擊力的金融危機，索羅斯認定「我們處在自三〇年代經濟大蕭條以來最糟的金融危機」；葛林斯潘掐指一算，百年一遇，是為「金融海嘯」。

## 淹沒華爾街

我第一次到達華爾街的時候，大腦中充斥著從各種各樣的金融書本中得來的對於這一條小街的誇張和崇拜的描述。但是對我自己上來說，印象最為深刻的，則是在這條街上步行時，兩旁的高樓林立，走在路上似乎很少能夠感受到陽光，從大廈之間刮過來的風顯得更為迅速。我想，大概這就是金融中心的「范兒」（編按，氣質）吧。

華爾街（wall street）是紐約市曼哈頓區南部一條大街的名字，長不超過一英里，寬僅十一米，在地理上僅僅是位於「一塊墓地和一條河流之間」的六條狹窄的街道。但它卻是美國一些主要金融機構的所在地。

在這條街道上，所羅門兄弟曾經提著籃子向證券經紀人推銷債券，摩根曾經召開拯救美國金融危機的秘密會議，年輕的

　　文伯格曾經戰戰兢兢地敲響高盛公司的大門，米爾肯曾經向整個世界散發他的垃圾債券。這就是華爾街——不斷創造著人們傳說中的現代奇蹟與神話的地方，通常，只要在華爾街的哪怕是非常後線的、並不重要的部門工作過很短的時間，他往往可以到其他的市場上把自己打扮為資本市場的專家。

　　而今日，常識再次取得勝利，它告訴我們，長時期脫離常識的傳奇是不可能持續的，神話並不可能出現在我們的日常生活中。

　　「華爾街是一個金融帝國、一個世界強權，正如兩千五百年以前的羅馬帝國一樣。華爾街超越了它的左鄰右舍，成功地，儘管是痛苦地，應對內部的衝突，最終成為一個強權出現在世界舞台上，並使得所有其他的世界強權無法藐視它的存在，否則就會陷入危境。」（摘自約翰・戈登《偉大的博奕》）

　　本來在美國金融界並不是十分知名的經濟史專家約翰・戈登，卻因為一本對於華爾街歷史的通俗讀物而迅速蜚聲他自己還並不十分清楚的中國市場。在這本很快成為中國流行讀物的通俗讀物中，他自信滿滿地寫道：「雖然我們還會在股市中遇到各種各樣的挫折和災難，但是像一九二九年那樣的崩潰卻不太可能再發生了。」

　　我們只能說，直到在這次海嘯席捲全球之前，似乎這位經濟歷史學者的論斷還是正確的。這一場「偉大的博奕」幾乎牽涉到所有經濟體，環球同此涼熱；但是他也是偏頗的，這絕不僅僅是一場「偉大的博奕」（The Great Game），同時最終也成了載入史冊的偉大的「騙局」（The Ponzi Game）。

書本還是那麼的炙手可熱，然而今天，在人類第二個千年來臨時，華爾街這個整個資本主義世界跳動的心臟，現在已經幾乎停止了跳動。

這真是一個讓我們讚嘆的偉大時代，在一年的時間內重新讀一本書，能夠讓我們得到完全不同的看法。我的一位在一個省擔任金融辦公室主任的朋友這樣告誡他的在英國學習金融的孩子說，這個時代對你們來說真是太好了，就如同學習汽車，通常情況下，如果汽車不出現大問題，是不可能把汽車的箱蓋都打開來大修的，但是不打開箱蓋，你怎麼可能了解那麼深刻的汽車運作呢？現在就是全球金融業打開箱蓋大修的時刻。

每當看到一個新的機構倒下、一個新的偶像倒下，我就想到這個比喻，心中說：又一個出現問題的汽車箱蓋被打開了。在寫這個前言的時候，那斯達克的前主席麥道夫被市場發現原來一直是一個巨大的金融騙子；而美國的金融市場似乎也已經習慣了這種巨大的衝擊，當天的美國股市似乎並沒有大跌，投資者是被海嘯衝擊麻木了嗎？

在這個我們都沒有見過的金融海嘯中，整個金融市場似乎已經完全乾坤顛倒了。華爾街的火箭數學家們皓首窮經，研發出來許多人一輩子不可能弄明白的 CDO、$CDO^2$、$CDO^3$、MBS 等等衍生產品，把整個的投資者、評級機構、監管機構，甚至常理和良知都忽悠（編按，拐騙）了進去。他們自認為也已經了解了 CDO 這種產品，但是事實證明他們徹底錯了。

精美得讓人讚嘆的模型得出的答案是沒有意義的。模型的

假定已經錯了！這些都是事後總結。預測未來時，這些模型毫無用處。資產證券化世界中的人們不得不開始思考：這是一場騙局。華爾街欺騙了人們，它試圖建造出一個虛無縹緲的空中樓閣，頃刻都會坍塌，卻借此搶奪了誠實的納稅人的財富。

現在我們終於可以肯定地說，華爾街的貪婪是與生俱來的，幾乎是成了一種義務和信仰。華爾街的大起大落，給我們展現了一場世紀金融大風暴的生動場景，但同時也將拉開金融大變革的序幕。席捲全球的金融危機無情而又充分地掀過大家都開始厭煩的一頁，又試圖掀開新的一頁。

由兩百多年前「梧桐樹協議」演變到今天傲視全球的華爾街，它一路走來，風雨兼程。它昔日的成功同今天的失敗一樣，永遠值得世人銘記。

正如美國曼哈頓大學金融學教授 Charles Geisst 在《華爾街：一段歷史》中所寫道的：「隨著它們（高盛和摩根史坦利）不得不投身存款業務以求自保，高槓桿時代將結束，隨風而去的還有曾經那一張張印著總統頭像的豐厚回報。」

歷史遠沒有像福山所說的那樣終結，人類仍將在貪婪與恐懼，瘋狂與理性中求索、前行。

## 「危」與「機」的辯證法

中國古老的辯證哲學告訴我們。「危機」就是危中帶機，就是危險和機遇並存，互為前提，互相依賴。

面對著百年一遇的金融海嘯，中國是最有能力儘快走出危機的國家之一；而面臨著並存著的危險和機遇，我們還需要以

歷史的眼光來檢閱這背後的一個世界超級強權和一個正在崛起的經濟巨人之間的微妙關係，儘管到目前為止中國經濟界還保持了一貫的謹慎與低調。與此形成對照的是，一些海外的學者似乎更為熱情地看到了未來的資訊。

奧地利學派代表人物佩佐夫直言不諱：「這是一個大國取代另一個領先的大國的模式。今天，美國是一個衰落的帝國。美國的帝國已經衰落有大概四十年了。美國帝國即將倒塌，而必須有人站起來，推一把，使之發生。這，是中國的使命所在。中國可以在它希望的時候做到這一步：中國要做的是賣掉他的以美元標價的資產，賣掉所持有的美元，把資本返回國內。但是，中國等待時間越長，積累越多，它令美國迅速而致命倒塌的機會就越大。」

基於對中國在此次金融海嘯中可能發揮的作用的期待，經濟史學家、哈佛大學的尼爾 · 弗格森（Niall Ferguson）教授把 China 和 America 合併出 Chimerica 這個英語新詞。剛剛出版的美國新聞週刊上刊登了 2008 年諾貝爾經濟學獎獲得者克魯格曼對於當前中美經濟格局的評論，他說中美之間已經形成了一種婚姻關係，一個人存錢另外一個人花錢，現在大概只有中國能夠救美國了，但是中國還有更多的選擇，如果中國轉而主要用擴大內需的辦法來應對危機，則是需要向全球化說再見的時候了。

在此我們且不必論奧地利學派的是非，也難以評價弗格森或者克魯格曼的對錯，到目前為止，中國依然保持著務實和理性的態度。

我與香港金融界一位資深專業人士討論 Chimerica 這個辭彙，他說這是當然嘛，一個公司要倒閉破產了，最大的話語權自然在最大的債權人這邊，現在美國面臨破產，中國就是最大的債權人。我個人倒是認為，中美的經濟關係，至少應當通過這次危機恢復到正常的市場經濟關係下的水準：債權人像債權人，債務人像債務人；而在過去一段時間，美國本來是中國的債務人，但是自大的作派顯得倒是債權人了。

在這樣一個全球大洗牌的時刻，我們願意把二〇〇八年看作一個終點，也看作一個新的起點。經過改革三十年的縱橫激蕩，在全球化的今天，中國更需要大思路、大視野。

金融海嘯也促使中國與全球金融市場的交流更為直接，不少金融機構直接到美國等海外市場考察交流，索羅斯這樣的金融大鱷也通過視訊與中國的投資者對話，在介紹了他的反身性理論和悲觀的預測之後，他說：「在推動全球經濟方面，中國要扮演更加主動的角色。」❶

讓我們先從對金融海嘯的觀察、思考和總結開始，儘管這種思考和反思可能還顯得幼稚和初步，但是，這至少代表了一個趨勢。

---

❶ 索羅斯 2008 年 11 月 21 日在中金論壇上的演講辭。

# 目　錄
## CONTENTS

# 【引子】
# 無業的山姆大叔

風起於青萍之末。考察席捲全球的金融海嘯，可以從一幅模擬的、但是基本邏輯關係清晰的圖景談起。

在美國的一個小城市，山姆大叔每天的生活是在公園裡曬曬太陽，然後用領取來的失業救濟金買個漢堡吃，他覺得這樣的生活挺好。

有一天，一個房貸經紀人跑來對他說，貸款買套房子吧。

「買房子？怎麼可能？」山姆大叔很驚訝，「我沒有錢啊。」

房貸經紀人搖搖頭：「我們現在推出了不需要首付的房貸產品。」

「可是我也沒有辦法付利息啊。」

「你看，現在一套房子是十萬美元，到年底就有可能漲到十五萬。那個時候你再抵押一下，還發愁利息嗎？」

山姆大叔覺得挺有道理。於是他的生活有了一點美好的改變，在每天曬曬太陽吃個漢堡之餘，還住上了貸款購買的漂亮洋房。

這真是一個最美好的年代。

同時，這樣一幅圖景，也埋下了一個席捲全球的金融風暴的隱患與導火線。

# 1 | 當大幕緩緩拉開

在樂觀過度、買賣過度之市場，當失望來臨時，其勢
驟而奇烈。
　　　　　　　　　　　　　　　——約翰・凱恩斯

## 1.1 最美好的年代

　　當葛林斯潘從聯準會主席這一職位上離開的時候，人們給
予了他無數的讚揚和尊重，因為在過去的十多年裡，美國經歷
了前所未有的持續性的高增長、低通脹、低失業率的盛景。
放鬆的混業監管，連續 13 次降息，大量資金從發展中國家湧
入，市場上有豐富的可供投資的金融產品，家庭通過貸款可以
購買到理想的房屋，房產價格又一路飆升，資產數值持續上
升，家庭的信用額度更大，可以方便他們進行更多的信用消
費。每一個美國人臉上都洋溢著幸福的微笑。

　　其實，不僅在美國，葛林斯潘在全球的影響力也不斷擴
大。一次筆者到位於華盛頓的聯準會總部考察，接待我們的國
際部負責人說，葛林斯潘到中國參加會議，每每出場，照相機

的閃光燈關注的程度，不亞於最為著名的搖滾明星。

## 1.1.1 混業經營自由發展

　　縱觀美國近一個世紀以來金融監管政策的變化，金融機構經歷了由分業經營到混業發展的歷程，金融監管也相應的由嚴格轉為放鬆。

　　20 世紀初，美國經濟繁榮，工業生產擴張，信用膨脹，流動性異常充裕，刺激了投資銀行的股票投機活動，造成股市泡沫，以 1929 年末紐約股市暴跌為導火線，開始了 1929 年至 1933 年的世界範圍內的經濟大蕭條。人們在總結這次危機的教訓時認為，由於全能銀行將大量的資金投放在長期性證券交易上，從而使其在危機初現時即陷於嚴重資金短缺的困境之中，最終不得不破產倒閉。因此，為了避免危機重現，美國國會於 1933 年通過了《1933 年銀行法》(《格拉斯—斯蒂格爾法》)，嚴格禁止商業銀行從事投資銀行業務，由此開始了金融機構分業經營、分業監管的時代。

　　20 世紀 70 年代，石油危機爆發，蕭條又一次降臨全球，布雷頓森林體系在巨大的儲備兌換壓力下解體，國際金融體系發展進入了一個新的時期，放鬆金融管制的改革也由此開始。在金融自由化浪潮的衝擊之下，金融創新層出不窮、金融監管逐步放鬆，各種金融機構之間業務相互交叉與滲透不斷加劇。歷史似乎是在按照螺旋式的軌跡發展，嚴格的金融監管體系逐

漸放鬆，銀行機構又逐漸開始向全能銀行轉變。1999 年，實行了六十餘年的《格拉斯—斯蒂格爾法》被廢除，取而代之的是支持美國金融業混業經營的《金融服務現代化法》。這一法案開創了美國金融機構跨行業經營自由發展的新紀元，金融衍生品的開發和擴張速度大大加快。

## 1.1.2 13 次降息

21 世紀初，科技股泡沫破滅。為了避免經濟再度陷入蕭條，儘快走出陰影，聯準會採取了極度擴張性的貨幣政策。在 13 次的連續降息後，2003 年 6 月 25 日，聯邦基金利率已經從最初的 6.5% 下調至 1%，達到了 45 年以來的最低水準。同一時期，30 年期固定利率房屋抵押貸款（不含次級貸款）的合約利率也從 2000 年 5 月的 8.52% 下降到 2004 年 3 月的 5.45%❶。寬鬆的貨幣刺激了經濟的發展，美國又維持了近七年的 3% 以上的經濟快速增長。

## 1.1.3 資金持續湧入

為了便於理解，我們可以根據產業鏈上的不同位置把世界簡單地劃分為類似美國這樣的中心經濟體和以廣大發展中國家為代表的周邊經濟體。中心經濟體科技發達技術先進，高新

---

❶ 資料來源：中國社會科學院經濟學部赴美考察團《美國次貸危機考察報告》。

技術產業和金融服務業發展迅速，同時逐漸將製造業等基礎產業外移至周邊經濟體。由於在世界生產體系中的分工不同，中心經濟體持續從周邊經濟體進口原材料、初級加工產品等低端產業產品，因此一般存在著貿易逆差，且有逐漸擴大之勢。以美國為例，2000 年商品貿易逆差為 4495 億元，七年後這一數值增長了將近一倍，其中 2006 年達到 8114.8 億美元的峰值，2007 年雖然有所下降，但也有 7116 億美元。

中心經濟體的貿易逆差意味著周邊經濟體的貿易順差。而周邊經濟體國家由於金融發展程度相對較低，投資選擇較少，他們通過貿易獲得了大量資金卻沒有合適的投資管道。這一點從他們的儲蓄率占比重就可以看出：2000 年以後，發展中國家的儲蓄占 GDP 比重逐漸超過了投資占 GDP 的比重，且差距呈現逐漸擴大之勢，2008 年這一差距已擴大到 4.2%，這一差距象徵著對於發展中國家而言，有了「太多」的錢卻沒有地方花。與之相反的是中心經濟體的金融市場發展蓬勃，投資行為活躍，加之如美國一貫有高消費低儲蓄的傾向，中心經濟體投資占 GDP 的比重逐漸高於儲蓄占比。

這樣一方面是有著貿易順差帶來了充足資金，卻缺少投資的對象的周邊經濟體；一方面是有大量適用於各種投資者的金融產品，但貿易逆差和低儲蓄率使他們需要吸引更多資金的如美國一般的中心經濟體。兩方面共同作用著大量資本由新興市場向美國國內市場轉移，美國資本市場上流動性充足。華爾街

的金融投資家們開始大量進行金融創新，將房地產市場培育成
在那斯達克之後的新的投資熱點。

## 1.1.4「另類投資」的崛起——投資什麼？各種金融衍生品

金融混業經營限制的取消和低利率的貨幣環境給金融衍生
品的發展創造了客觀條件，資金的大量湧入又使得金融家們有
了創新金融產品的主觀動力。特別值得一提的是，雖然美國在
20 世紀末完成了從分業經營向混業經營的轉變，但是其監管
模式並沒有發生相對的變化：銀行控股公司歸聯準會監管，子
銀行歸通貨監理署和聯邦存款保險公司管，證券業歸證券交易
委員會，期貨業歸商品期貨交易委員會，保險業歸各州監管。
對於全能型金融機構而言，每個監管機構都只能看到其業務中
的一個部分，銀行的投資業務不受聯準會監管，在場外市場交
易的金融衍生品也游離於證券交易協會的監管範圍之外，加上
金融衍生品本身就被央行視為表外業務，監管寬鬆。這樣，在
21 世紀初，金融衍生品市場迅猛發展，包括次級住房抵押貸
款支持證券在內的大量衍生品湧入市場，越來越多的金融機構
加入到金融衍生品的盛宴當中，區別於傳統投資產品的「另類
投資」日益崛起，全球金融資產呈現了典型的倒金字塔結構：
傳統的貨幣（M1 和 M2）只占到 1%，廣義貨幣占 9%，金融

債券占 10%，而金融衍生品則佔據了金融市場 80% 的份額 ❷。
2006 年時全球金融衍生品市場交易額為 431 萬億美元，而同
期全球實體經濟產出僅為 40 萬億美元，金融衍生品市場的繁
盛由此可見一斑。

## 1.1.5 美國家庭：高負債水準下的貸款買房

信用消費本身對於美國家庭而言就是一種習以為常的存
在，住房對於家庭又是必不可少的需求，而大量的金融創新使
得各種收入水準的家庭都可以找到適合自己的貸款買房方式，
長期的低利率政策又使償還利息並不會成為一種經濟負擔，綜
合各種因素的作用使得美國家庭開始有了過度負債投資於房產
的傾向，通過這種方式提前享受了舒適的住房。在房價上漲引
發的強烈購房衝動下，家庭房產對名義 GDP 之比逐漸攀升，
由 21 世紀初的約 1.2 倍上升至 2005 年的 1.9 倍，私人部門
債務對 GDP 之比更是一路飆升至 2008 年創紀錄的 3.54 倍。
而美國家庭債務占收入比重的上漲幅度則更加令人驚嘆，在
1962 年時這一比率為 64%，到 2001 年時已達到 101%，而僅
在 6 年以後，美國家庭債務額已經是其收入的 1.38 倍 ❸！可以
說，美國家庭完全就是依賴負債和信用消費來支撐其生活中的

❷ 資料來源：巴曙松、李勝利《次貸危機引發的全球金融動盪及其對中國的影響》，工作論文，2008 年 9 月 26 日。
❸ 資料來源：中國社會科學院經濟學部赴美考察團《美國次貸危機考察報告》。

各種開銷，而房地產無疑是這些負債重份額最大的一部分。

# 1.1.6 房價：上漲，不停上漲

經濟的增長、監管的放鬆、房地產金融創新的大量湧現加上美國民眾不斷地貸款購買房產，這一切都推動著美國的房地產市場迅猛發展。2000 年至 2003 年間，美國現房銷售中間價由 14.45 萬美元上升到 18.48 萬美元，上漲了 27.89%。然而，這只是上漲的開始：2004 年末，現房銷售中間價已上升到 20.13 萬美元，當年上漲 8.9%。2005 年末時，中間價則為 22.23 萬美元，上漲了 10.4%，是 5 年前的近一倍 ❹，而在之前的半個多世紀，該數值的年均上漲幅度僅為 5.5%。這一數值還僅僅是平均後的中間價，那些熱點地區的房價更是如同坐了火箭一般直衝雲霄。2005 年時美國房地產市場發展到了頂峰：當年美國共建新房 200 萬棟，為歷史最高紀錄之一，十年間新房開工率上漲 40.3%。用於住宅的投資占 GDP 的 6%，是 1955 年以來最高水準 ❺。與此同時，美國的房價收入比，房價租金比也都達到歷史最高水準。

然而，在房價飆升的這些年中，美國普通家庭的年收入一直沒有發生太大變化，一直保持在 3 萬至 4.2 萬美元左右。那

---

❹ 資料來源：張興勝《次貸危機：我們正在親歷的歷史》。

❺ 資料來源：鄭樂《美國房市泡沫 正走向衰退》資本市場 2007 年第 9 期。

麼，是什麼使得這些家庭可以在房價上漲的情況下仍然負擔得起一套理想的房屋呢？

# 1.2 次級貸款使用說明書

在這個美好的年代，賺錢成為一件容易的事情，美國市場就彷彿馬可波羅所描寫的明朝時期的中國一樣，遍地都是黃金。

## 1.2.1 如何提前購房：住房抵押貸款

有一個美國老太太和中國老太太的故事可能已經被大家所熟知：美國老太太年輕時貸款買了一幢漂亮的別墅，然後一輩子都在賺錢還款，也享受了一輩子的大房子；中國老太太一輩子都在賺錢，到老了終於可以買一幢別墅，能享用的時間卻已經所剩無幾。

為了滿足如這個故事中的美國老太太一樣的普通美國民眾的貸款買房需求，銀行業金融機構開發了住房抵押貸款產品（Mortgage）。有住宅消費需求的美國人只要以所購買的住房為抵押，同時按照預定計劃進行還款，就可以向商業銀行、儲貸機構和住房抵押貸款公司等金融機構申請住房抵押貸款。

住房需求本身就是人們的基本需求，加上美國民眾又普遍有著信用消費的習慣，在房產價格上漲的情況下，越來越多的

人或出於自身需要，或希望進行房地產投資，開始大量申請
住房抵押貸款。同時，政府也積極推出鼓勵民眾獲得自有住房
的政策，對提升居民購買住房能力的住房抵押貸款加以大力推
進，1980 年《存款機構放鬆管制和貨幣控制法案》的頒佈又
使住房抵押貸款類金融機構的地位有所提升。在這樣的環境
下，住房抵押貸款市場蓬勃發展，到 20 世紀 90 年代末的時
候，無論是發行量還是餘額情況，住房抵押貸款規模已超逾美
國國債，住房抵押貸款市場躍升為美國最大的債券市場，並
且是美國資本市場中僅次於公司股票市場的最重要市場。在
2002 年到 2006 年的短短 5 年間，家庭住房抵押貸款總額從不
到 2 萬億美元猛增到 10 萬億美元，對比同期只增加了 2.8 萬
億美元的 GDP 來看 ❻，我們不得不對住房抵押貸款在短期內的
飛速增長感到驚嘆。拜住房抵押貸款所賜，越來越多的美國人
住上了理想的住房。

## 1.2.2 如何讓低收入者也能購房：次級抵押貸款

然而，有著嚴格審查程序的普通住房抵押貸款並不能使得
所有人的貸款需求得到滿足。但是低收入、金融信用不高和
少數種族的人群的住房是一個巨大的市場，20 世紀 80 年代開
始，那些在住房抵押貸款市場中嘗到了甜頭的金融機構開始逐

---

❻ 資料來源：巴曙松、李勝利《次貸危機引發的全球金融動盪及其對中國的影響》工作
論文 2008 年 9 月 26 日。

漸降低貸款門檻，不僅將貸款人的收入標準調低，甚至沒有資產抵押也可得到貸款買房，進而形成了比以往信用標準低的次級抵押貸款 ❼。

　　次級貸款與優級貸款的主要區別在於：優級貸款的申請人信用等級較高，收入穩定可靠，債務負擔合理，銀行等房貸發放機構依據較為統一和嚴格的貸款標準對申請進行審批，貸款形式一般為最為傳統的 30 年或 15 年固定利率抵押貸款，貸款利率在不同貸款者之間圍繞平均利率波動，差別不大。而次級貸款的申請人一般收入證明缺失，負債較重，發放機構依據各自制定的「保險矩陣」❽ 來決定借款人的貸款利率，並不需要對借款人進行繁瑣的資質審查。由於申請人情況存在較大差異，借款利率相差甚遠。同時貸款形式靈活多樣，借款人可選擇零首付、初期僅償還利息、自主選擇月供以及在一定時間後選擇將固定利率變更為浮動利率等多種方式還貸。

　　次級貸款的出現填補了住房抵押貸款品種的空缺，成為提高美國低收入家庭可支付能力的重要金融工具。由於房地產市

---

❼ 銀行對住房抵押貸款的分類是按照以下三條標準進行的：一是客戶的信用記錄和信用評分，二是借款者的債務與收入比率，三是借款者申請的抵押貸款價值與房地產價值比率。根據這三項指標的不同，銀行把住房抵押貸款分為三類：一是優質抵押貸款（prime loan），二是可選擇優先抵押貸款（Alt-A），三是次級抵押貸款（sub-prime loan）。

❽ 保險矩陣（underwriting matrix）主要包含風險評級（risk grade）、信用得分（credit scores）、貸款價值比（loan-to-value,LTV）、申請文件的完整性（full document）、收入（stated income）等指標。

場的蓬勃發展，次貸受到了越來越多低收入和少數種族家庭的歡迎。2001 年後，次貸發行規模猛增，幾乎呈幾何級數增長，從 1900 億美元猛增到 2005 年的 6350 億美元，6 年間，次級貸款占房地產貸款的比例從 8.6% 增加到 20%。到 2005 年時美國已有近 300 萬個家庭通過次級貸款購買了理想的房屋，每月償債金額占家庭總收入的 40% 以上，貸款占房產價值的 85% 左右。在這類貸款的幫助下，美國居民住房的自有率已經從 1995 年的 64% 上升到 2006 年的 69% 左右。其中，低收入家庭的獲益最大，據聯準會統計，在 1995 年至 2004 年間，低收入家庭的住房自有率上升了 6 個百分點，而高收入家庭只上升了 4 個百分點。在低收入家庭中，少數族群的住房自有率提高更明顯。2006 年，拉美移民的自有率達到 49.5%，美籍非洲人的住房自有率為 48.2%，比 10 年前提高了 2 個百分點 ❾。

## 1.2.3 如何吸引更多客戶：降低門檻與金融創新

為了在火熱的次抵押貸款市場中分到更大一杯羹，一些國際投行紛紛大舉收購中小銀行和住房抵押貸款公司：匯豐控股收購了國際住房公司，德意志銀行收購了 IT 抵押貸款公司，美林並購了第一福蘭克林……大量新的市場參與者進入次貸市

---

❾ 資料來源：殷劍峰《美國次貸危機分析及對中國的啟示》，《金融四十人論壇》2008 年第 7 期。

場後，為了占領更多的市場，招攬更多客戶，擴大貸款規模，金融機構開始進一步降低貸款門檻。

表 1-1　美國次級抵押貸款近年來門檻不斷降低

單位：%

| | 浮動利率抵押比重 | 僅付利息型放貸比重 | 無需或較少提供財務資料放貸比重 | 月供／收入 |
|---|---|---|---|---|
| 2001 | 73.8 | 0.0 | 28.5 | 39.7 |
| 2002 | 80.0 | 2.3 | 38.6 | 40.1 |
| 2003 | 80.1 | 8.6 | 42.8 | 40.5 |
| 2004 | 89.4 | 27.2 | 45.2 | 41.2 |
| 2005 | 93.3 | 37.8 | 50.7 | 41.8 |
| 2006 | 91.3 | 22.8 | 50.8 | 42.4 |

資料來源：Freddie Mac

同時，善於創新的美國金融機構為了競爭次貸業務，開發出了僅付利息抵押貸款（Interest Only）、負攤銷抵押貸款（Negative Amortization）、氣球型抵押貸款（Balloon mortgage）等等新的次級貸款種類，以各種優惠政策來吸引次貸貸款者。

這些優惠貸款產品中典型的一種便是可調節利率抵押貸款（Adjustable Rate Mortgages）。這類貸款的優惠政策是首付一般為是 20%，甚至是零首付，在頭兩到三年享受優惠利率（一般低於市場固定利率甚至為零）。優惠利率期限過後，貸款利

率將會被重設，採取按浮動利率付息，借款人在優惠期間少付或未付的本金和利息都將轉化為利率重設後的利息當中，所以利率會有一次較大幅度的上漲，漲幅一般為 200 到 300 個基準點左右。在此之後各年也還會有小幅上漲。

零首付使得低收入階層一下子有了購買房產的可能，而不斷上漲的房價使得即使在利率重設後貸款人仍可以負擔利息支出。對於放貸機構來說，次級貸款的利率收益更高，審批程序也更為靈活，是一項非常有吸引力的業務。因此，雖然這類貸款本質上是透支了貸款者未來的收入和未來房價的上漲，但是只要房價維持上漲趨勢，一切都能順利地運作下去。這種優惠貸款政策對於低收入者和銀行來講都具有較強的誘惑性，因此發展十分迅速，到 2006 年的時候，這種貸款約占美國次貸的90%左右，成為次級抵押貸款的主流形式。當然，在兩年後的今天，這種貸款也就逐步迎來了它的利率重設的高峰。

# 1.2.4 如何獲得流動性：資產證券化

華爾街的精英們信奉一個理念，就是「只要有現金流，就要證券化」。在擁有了巨大的次級抵押貸款之後，他們當然要尋找各種方式使其流動起來。於是，在投行幫助下，房貸發放機構將原本流動性很差的住房抵押貸款證券化，即發行抵押貸款支持證券（Mortgage Backed Security，MBS）。通過房貸證券化，金融機構買入房貸、賣出債券，在獲取高額回報的同時

回收資金以繼續放貸，拉動房價繼續上漲。

但是，以次貸為抵押品的證券信用評級達不到最低投資級別（BBB），銷量很不好。於是，投資銀行再度創新：按照出現信用違約的概率，將住房抵押貸款支持證券（MBS）按照風險的不同分割成不同的三個層級：優先檔證券、中間檔證券和股權檔證券，並重新命名為擔保債務權證（Collateralized Debt Obligations，CDOs）。

這三檔證券承擔的風險和獲得收益完全不同，例如，基於 100 億美元次貸分別發行了 80 億優先檔、10 億中間檔和 10 億股權檔的證券，一旦次貸出現了 10% 即 10 億美元的違約，則股權檔證券將首先承擔相對損失；如果隨後再出現違約，則由中間檔證券承擔損失；當中間檔也全部被損失所耗盡時，最後的損失才由優先檔承擔。根據風險與收益匹配的原則，股權檔的收益最高，通常可以達到 50% 至 100%，而中間檔和優先檔的收益則相對較低。

在經過這樣風險分層的證券化過程後，風險較高的次級貸款的流動性大大提升，不同層級的證券都可以很容易地找到合適的買家，例如風險偏好強的對沖基金會購買股權檔證券，相對保守的養老基金、保險公司、銀行可能會購買中間檔和優先檔證券。

這樣，不同申請人的房貸被放在一個資產池裡，經過 MBS 和 CDOs 兩度證券化後，大部分住房抵押貸款都賣給

了全球各地的不同風險投資偏好的投資者和投機者。到 2006
年，60% 以上的住房抵押貸款實施了證券化，總量為 6 萬億
美元，其中次貸為 8400 億美元，約占 14% ❿。據國際貨幣基金
組織統計，全球各類金融機構持有來自於美國發行人的 CDOs
的比例為：銀行 31%，資產管理公司 22%，保險公司 19%，
養老基金 18%，對沖基金 10%，其中美國銀行業持有 30%，
剩餘部分則有世界各地的投資者和美國非銀行業金融機構持
有。

## **1.2.5** 如何使證券銷量更好：評級與增信

現在我們要介紹這個有趣的 CDOs 遊戲中的另外兩個重
要參與者：債券評級機構和債券保險機構。他們對於次級貸款
順利證券化起著類似於催化劑的作用。

債券評級機構是我們所熟知的穆迪、標準普爾等，他們
所做的就是綜合證券的收益和安全性等各方面因素對 MBS 和
CDOs 進行信用評級。由於在經過證券化後投資者很難了解這
些衍生產品背後的次級貸款的品質，因此債券評級機構的信用
評級便成為投資者重要的投資參考依據。

債券保險機構是一些如 AIG、MBIA、Ambac 之類的
保險公司，他們的作用就是為 CDOs 提供外部增信。他們

---

❿ 資料來源：金季《美國次貸危機演進的啟示》，《中國財經報》2007 年 11 月 27 日第 8
版。

向發行次貸的金融機構銷售一種叫做信用違約互換（Credit Default Swap,CDS）的產品。CDS 是一種將參考資產的信用風險從一方轉移至另一方的協議，金融機構在購買了 CDS 之後便不再承擔次級貸款的信用風險，而是由保險公司來承擔這一風險。有了債券保險機構的保險，這些 CDOs 可以獲得更好的信用評級。

在房價上漲的背景下，次級貸款本身看起來風險就不大，加上信用保險的增信，CDOs 獲得了非常高的信用評級。2006 年三季度時，75% 的 CDOs 的評級都是 AAA 級，即和美國中央政府發行的國債風險程度相同。另外 10% 的評級為 AA，8% 為 A，僅有 7% 被評為 BBB 或更低 ❶。這樣高級別的信用評級使得全球投資者對於購買由次級抵押貸款衍生出的 CDOs 非常放心，次貸市場由此更為熱鬧繁榮。

這樣，我們可以看到一個完整的次級貸款形成和發散的過程。低收入者通過次級抵押貸款獲得購房資金，次貸發行機構通過 MBS 和 CDOs 等資產證券化手段將次貸資產打包銷售給金融機構，獲得流動性，而信用評級機構的評級使得次級貸款證券化的過程更為順利。

---

❶ 資料來源：劉明彥《次級債風險全球化：中國難以獨善其身》，《銀行家》2008 年第 4 期。

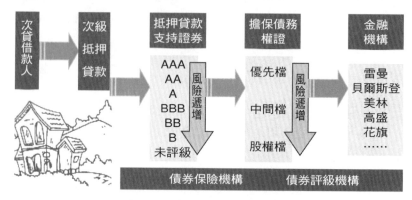

**圖 1-1　次級貸款使用說明書**

資料來源：根據相關文獻整理

## 1.2.6 更為刺激的做法：高槓桿率

次級貸款及其衍生產品之所以能使金融機構獲得高額利潤，還源自於基於次貸支援的證券在信用交易中所釋放的強大槓桿 ⓬ 效應。在金融衍生品交易中，投資者只需交納少量保證金就可以投資數量龐大的證券化資產，使得次貸支持證券的收益和風險被數倍放大，達到 15：1 甚至更高的水準。這意味著投資者只要用 10 美元就可以做 150 美元以上的投資，只要有 6.7% 的收益率就可以賺回本金。當然，槓桿放大是一種雙刃劍，只要損失超過了 6.7%，這些投資機構就會有破產的危機。

---

⓬ 槓桿率是指金融機構的總資產除以其淨資產得到的放大倍數。槓桿率高意味著少量的資本支撐大量的負債。

在房地產價格保持穩定增長和流動性充足的情況下，這些投資是相對安全的，因此，高槓桿率為金融機構所帶來的就是成多倍放大的收益。於是在房市繁榮的這些年裡，金融機構紛紛擴大槓桿倍數，美林證券自 2003 年到 2007 年間槓桿率增至 28 倍，即每 1 美元的淨資產支撐著 28 美元的資產規模，即支撐著 27 美元的負債規模。花旗銀行自 2002 年到 2006 年間槓桿率從 18 倍增加到 22 倍。槓桿作用的雙刃劍性為日後次貸危機的破壞作用埋下了伏筆，如果沒有槓桿交易，即使所有的次貸證券全部違約，其規模也只有 8400 億美元左右，不會對金融市場造成大的衝擊。然而這是後話，現在，房地產市場依然繁榮景氣，世界還很美好，金融機構們在沉浸在高槓桿率帶來巨大收益的幸福之中，天天看著帳面上不停上漲的數字快樂地笑出聲來。

總之，這一切都很好。家庭有了理想的住房，並且隨著房價的上漲，帳面資產的價值也逐步提升，銀行會給予更多的信用額度，進行更多的信用消費。房貸機構通過發放住房抵押貸款特別是次級貸款獲得了更多利潤，而經過增信和評級的證券化又使得他們的風險得到了充分的分散，同時獲得足夠的現金流。這些收益通過槓桿作用成倍放大，房價和次貸規模相互刺激，所有人帳面上的數字都在飛快上漲。

「你無法想像我們賺了多少錢。而且我們根本用不著做什麼，只要每天去辦公室露個面就行。」美國第二大次級房貸公

司——新世紀金融（New Century Financials）的一位員工這樣說。

只要房價一直上漲。

但是，這個「只要」並不會一直持續下去。

## 1.3 大泡泡破了

### 1.3.1 轉捩點：連續 17 次升息

這個七彩的大泡泡到底能吹到什麼時候呢？我們不得不套用一句小說中常用的話：可惜，好景不長⋯

2004 年後，美元持續走弱，美國通貨膨脹壓力日益顯現，聯準會的低利率政策開始逆轉。2004 年 6 月到 2006 年 8 月的兩年間，聯準會連續 17 次調高利率，聯邦基金基準利率從 1% 提高到了 5.25%，並相應帶動了長期利率回升。

對利率敏感的次級抵押貸款市場開始有了反應。由於貸款買房，家庭負債率大幅度上升，而利率的上升使得眾多家庭償付能力遠遠不足，在收入沒有明顯改變的前提下，越來越多的次級抵押貸款者已經不堪重負。而眾多次貸創新產品的頭兩年的優惠利率已經到期，重設的次級貸款浮動利率又隨著基準利率的上升而上揚。2005 年重新設定的利率已普遍升至 12% 左右，有些甚至高達 20%，借貸人每月的還貸數額因此上升了

30% 到 50% ⓭ 。

　　住房市場也同時開始降溫。2006 年 8 月，美國舊房銷售中間價同比下降 1.2%，這是 11 年來首次出現同比下跌，2006 年 9 月，新房中間價比上年同期下降 9.7%，創下近 36 年來的最大跌幅 ⓮ 。房市的降溫還表現在越來越多的房屋的滯銷上，2006 年 10 月，市場上待售房產量已是市場上 7.4 個月裡的需求量，超過自 1982 年以來的歷史平均水準，2006 年第三季度，美國舊房銷量比上年同期下降 12.7%，11 月同比下降 10.2%。在這種形勢下，房地產開發商們也放慢了建房的腳步，2006 年 10 月份私人住宅建設支出環比下降 1.9%，比一年前下降了 9.4%，新房開工更是從 2006 年開始出現大幅下降 ⓯ 。

　　在利率上升和房價下跌的雙重打擊下，2005 年 4 季度起，次級抵押貸款到期違約率開始上升。2006 年 6 月，次級貸款違約率為 11.70%，同比上升 1.37%，9 月時為 12.56%，而到 2006 年結束時，該比率已突破了 13%，達到四年來的最高水準。據雷曼兄弟公司當時發佈的一份報告稱，2006 年獲得次級抵押貸款的美國人中，約有 30% 無法及時還貸，全國約有 220 萬人可能因為最終無力還貸而失去住房。瑞士信貸預

⓭ 資料來源：王寅《美國房貸風險警示中國》，《決策與信息》2007 年第 8 期。

⓮ 資料來源：鄭樂《美國房市泡沫 正走向衰退》，《資本市場》2007 年第 9 期。

⓯ 資料來源：張興勝《次貸危機：我們正在親歷的歷史》。

計，次貸違約可能高達 1800 至 2000 億美元。

## 1.3.2 羅馬的覆滅只要一天

羅馬不是一天建成的，但是一天就能慘遭覆滅。

那個美好的泡泡終於破了。這種破滅是一個連環反應，如同多米諾骨牌的倒塌。房價大幅下跌，成千上萬的次貸借款人陷入支付困境，斷供出現，資產風險大幅上升，一場危機就這樣不可避免地發生了。住房抵押貸款公司首當其衝，大批房貸機構倒閉或破產；抵押貸款支持證券價格急劇下跌，發行者贖回壓力加大，信用評級機構也不得不下調對其的評級，而這又導致了證券價格的進一步下跌；最後，即使是那些風險較低品質較好的抵押貸款支持證券也不能夠得以倖免，金融機構受到全面衝擊。恐慌情緒開始蔓延，信用危機如同瘟疫一般向市場各個角落蔓延，銀行開始回收資產以填補抵押貸款支持證券的虧損，投行、對沖基金等由於持有了大量不良資產而紛紛破產清算，流入實體經濟的資金驟然減少，金融海嘯席捲而過，終於淹沒整個經濟社會。

2007 年 4 月，全美第二大次貸機構新世紀金融公司申請破產保護。美國次級抵押貸款危機正式爆發。

有人說：徒步爬上帝國大廈的頂層，最快的人也要 2 個多小時；但從上面跳下來，如果正常的話，只要 9.16 秒。

之後的一連串事件像是在驗證這句話般接踵而來，快得我

們來不及眨眼：全球房市開始了坐雲霄飛車般的暴跌，一夜之間五大投行或倒閉或被政府接管或轉型成商業銀行，華爾街投行時代一去不復返，歐洲和日本的銀行也紛紛在這場危機中先後倒下，股市暴跌也成了全球金融市場的主線，俄羅斯關閉股市，冰島國家破產……在這場風暴中，全球範圍內的金融機構無一倖免。

百年難遇的金融海嘯來了。大幕拉開，處於危機漩渦中心的那些人，那些機構，又會上演一幕幕怎樣精彩的故事，且讓我們拭目以待。

# Part 1
# 房市篇

熟悉這次金融危機的人都知道美國房地產業在危機中扮演著舉足輕重的角色，不錯，房地產行業是美國經濟的支柱產業，房地產行業出現問題，經濟必將出現動盪，但是此次危機之大，延續時間之長，是人們所未曾想到的。因此首先讓我們揭開房市泡沫的面紗，看看其對金融危機的影響到底有多大，美國房地產行業自身又存在著怎樣的缺陷，以及美國房地產業的衰退又是怎樣引發全球房地產業慘澹經營，陷入水深火熱。

之後我們將探討 20 世紀 90 年代日本房地產危機的來龍去脈，並且通過橫向比較深層剖析美日房產危機的異同，見證房地產行業作為各國經濟的支柱產業，與金融安全和經濟發展息息相關，並且它們之間存在「一榮俱榮，一損俱損」的微妙關係。

隔岸觀火，對於如何把握和發展中國的房地產市場，自然可以增加幾分冷靜。

# 2 | Part 1. 房市篇
# 金融海嘯之房市泡沫

## 2.1 房地產行業是美國的命脈

無論是美國還是其他的地方，房地產行業都是十分重要的行業。從個人角度出發，住房是人生存的基礎。美國在次貸危機之前，人們的住房情況面臨著這樣一個現狀，截至 2003 年，共有 4600 萬戶家庭，將近 1 億的美國人面對這樣那樣的住房問題，他們的居住條件惡劣，或者為住房承受著巨大的經濟壓力——不得不把超過 30％的收入用於住房支出，甚至有人無家可歸、流落街頭。因此美國政府不得不花大力氣解決住房問題。

從經濟運行角度出發，房地產業是美國經濟的支柱，房屋的建設和改建，住戶的房租以及自有房戶的住房支出，傢俱、電器和其他家用開銷等這些房地產相關產業所產生的收入加總在全美 GDP 中所占的比例數年來一直超過 1/5。與此同時房地產業的發展也很好的帶動了區域性發展，更多的人可以從房

屋的建設中獲得就業的機會,更多的收入和地方政府的稅收將從房地產市場取得,除去這些直接的經濟效益外,建築工人和購房者的消費也間接給當地經濟帶來了經濟利益。美國國家住房建設商協會就曾預測,每建設 100 棟獨戶住宅,在建設過程中將為當地帶來大約 250 個全職工作,並為當地商業和員工帶來 1100 萬美元收入。隨後入住的 100 戶新家庭會帶來 75 個工作,同時每年會創造 300 萬美元的收入。由此可見,美國經濟是好是壞,房地產行業具有較為重要的影響力,特別是房地產行業在金融創新的浪潮下,形成了與金融市場的十分緊密的關係,這種影響力被迅速放大。

美國的房地產行業過度的金融化生存,使得原來可能只是局部的房地產市場調整,可以迅速傳導到金融市場、傳導到全球的每個角落,包括中國。

早在 1949 年,美國議會通過的《住房法案》中,確定了其住房目標:「讓每一個家庭都能在適宜的居住環境裡擁有一個舒適的家」。在法案通過後的六十年裡,美國政府也確實為了達到這個目的而做出相應的努力:積極出台補助政策,例如推行公共住房;聯邦政府的所得稅政策開始偏向減輕買房者負擔;使用住房抵押貸款政策解決買房者缺乏現金之苦以及積極活躍房地產交易活動等。在這些政策中,有些是為了在經濟上刺激對廉價房的投資,其他則致力於使低收入者和少數族裔群體也有房可住,這樣的指導思想本來無可厚非,但是,一旦在

充足的流動性和充滿投機氣氛的金融創新驅動下，房地產市場
可能就很容易成為承載這些投機產品的平台，從而也就為之後
次級貸款市場的興起埋下了伏筆。

## 2.2 美國特色房地產金融業

如果說美國的房地產業是一幕舞台劇的話，聯邦政府的金
融機構充當著幕後角色，私營金融機構則是活躍在房地產舞台
上的表演者，兩者共同發揮作用。

在聯邦政府方面，其建立了多家住房政策性金融機構用以
扶持住房消費，扶持低收入者購買房屋，貫徹和配合政府的住
房發展政策和房地產市場調控政策，例如：美國聯邦住房貸款
銀行、美國聯邦住房抵押貸款公司、美國聯邦全國抵押協會、
美國政府全國抵押協會等等。這些機構有很多相似之處，多通
過政府出資、發行債券、吸收儲蓄存款或強制性儲蓄等方式集
中資金，再以住房消費貸款和相關貸款、投資和保險等形式將
資金用以支持住房消費和房地產開發資金的流動，以達到刺激
房地產業發展，改善低收入者住房消費水準，貫徹實施國家住
房政策的目的。下面我們來詳細看下其中一個機構以方便我們
對此類金融機構有更深入的了解。

聯邦住房貸款銀行系統是美國政府調節和管理房地產金融
市場的主要工具，是從事住房抵押貸款的儲蓄機構的一個中央

銀行儲備體系，內設 10 多個聯邦住房貸款銀行。系統由政府充當保證人，吸收私人資金，以此為建房和購房融通資金，發揮房地產金融機構的儲備中心作用。該系統還可以在一定程度上保證住房抵押資金的流動性，保障住房抵押資金的供應，從而起到在一定範圍內穩定房地產金融市場的作用。在私營金融機構方面，美國大規模的房地產金融業務基本上是由這些私營的金融機構進行經營的，包括：商業銀行、互助儲蓄銀行、儲蓄貸款協會和保險公司等，可以說它們在房地產業占主導地位。大多數美國人正是通過向這些私營金融機構申請住房抵押貸款來解決住房問題的。這裡要提到的是這些私營機構的貸款以所購房屋作為抵押，可以降低無法還貸的風險，但是與此同時也出現了貸款安全性依賴於房產價值，而非貸款人還貸能力這樣的風險點。

美國政府和私人資本有一定程度的融合，政府為私有公司本身或者其產品提供保障，並從而對房地產市場進行一定調控，例如著名的房利美和房地美。私人資本入股加政府支持的機構，不但能迅速吸收市場的大量資本，而且該機構也可以實施政府的政策。這樣一來，既可以體現政府的政策，又兼顧了私人資本的利益。其次，這類機構較全部由政府投資的機構來說，其經營可以靈活得多，一方面，他們基本上是按市場運行規律經營，因此對市場的適應能力強；另一方面，它們享有與政府機構相類似的優惠待遇，發行的證券有政府機構的擔保，

因此信用等級高，易為公眾接受，同時它們又可以獨立發行不完全依賴於財政，收益要高於同類國家級債券。最後這類機構無需財政補貼，自負盈虧，減輕了財政負擔。但是在諸多有利因素下，也隱藏著潛在風險，因為有了政府的擔保，公司可能會利用美國政府的隱性支持為其管理層和股東牟利。一邊是政府支持，一邊是牟利動機，不安的種子已經埋下。

## 2.3 房市坐雲霄飛車，引發驚天危機

### 2.3.1 房市十餘年增長 111% 以及增長背後的原因

美國房價迅猛上漲，從 1995 年至 2006 年夏天已持續上漲了 111%（圖 2-1），美國房地產市場價值從 1997 年的 10 萬億美元增長到 2005 年的 20 萬億美元，幾乎翻了一番。2005 年住房自有率從 65.7% 上升到 68.9%，按經驗來講每增加 1% 的住房自有率，意味著增加 100 萬套的住房需求，在社會人口結構，經濟狀況並未發生根本性的改變的前提下，房市的快速增長實際上隱藏著很大的泡沫成分。

在危機之後，人們都看清了當時美國房市在狂熱時期的荒謬，可是在危機當中又是什麼矇蔽了大家的眼睛，讓泡沫越吹越大呢？

首先第一章中提到的連續降息，可以說正是它引發房地產

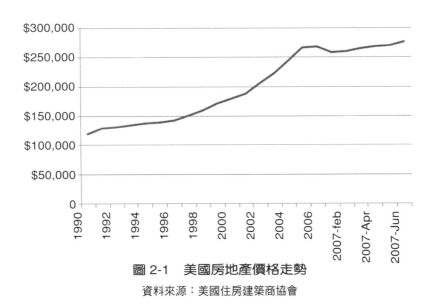

**圖 2-1 美國房地產價格走勢**
資料來源：美國住房建築商協會

市場的春天。時間回溯到 2000 年下半年，聯準會貨幣政策開
始發生根本性轉變，從加息週期轉變為降息週期。連續降息造
成的低貸款利率無疑給貸款者以極大的吸引，雖然在此期間房
屋價格有所上揚但是由於利率的大幅下調，並未給貸款者增加
過多的還款負擔，大家還是認為在此期間買房是值得的。並且
在聯邦基金利率下調的同時，其他利率也隨之紛紛下降，很多
高風險的金融工具在住房抵押貸款市場中比重不斷增大。例
如：2004 年下半年，浮動利率貸款和只支付利息貸款所占總
抵押貸款的發放比例竟然占到了約三分之二。與固定利率相
比，購房者選擇這類貸款工具時只需負擔較低的每月還款額
度。所以，這類貸款工具在頭幾年的時間裡減輕了購房者的還

款壓力，刺激了房地產市場的交易。由於交易量在這些因素的影響下，持續放大，美國房地產價格得以持續走高。

其次美國政府的住房政策，以及美國房地產行業的特點也是引發房價上漲的一個要素。從前面我們可以看到美國人對住房的渴求，而擁有一個舒適的家自然是自有房要比租賃的房屋要好。可是如何讓低收入者擁有自己的房屋呢，在前文中我們已經講到在美國主要實行的住房抵押貸款制度，而問題就恰恰出在了抵押貸款這裡 —— 發明了次級抵押貸款。上世紀 30 年代羅斯福新政的推行，住房公共政策體系開始建立，推出了首付比較低、以固定利率為主的長期住房抵押貸款，這些貸款被稱作常規的合規貸款或常規貸款。常規貸款的推出極大地提高了美國居民購買自有住房的可支付能力，大幅度提高了住房自有率。但是隨著時代和經濟的發展，常規貸款開始不能夠滿足市場的需要：因為常規貸款對借款人收入、信用評分等方面往往要求較高，低收入家庭很難達到因此無法申請，於是對貸款信用要求較低的次級貸款應運而生，並很快得以流行。到了1995 年，房價逐步攀升，人們的買房欲望越來越大，房屋開發商也在極力推銷自己的房屋，這些無疑都刺激了次級貸款市場的發展。銀行方面由於房價的一直上揚，即使貸款者沒錢還貸，銀行完全可以以更高的價值重新擁有房產，進而使銀行感到向沒有信用度的借貸者放款也很安全，因此放低審核標準，鼓勵人們申請次級貸款。有更多的人依靠次級抵押貸款買到

房，當然房屋市場會出現供不應求的現象，房價得以維持持續上漲。

次級抵押貸款的證券化，使得貸款銀行可以轉移其次級貸款的風險，從而促使銀行進一步擴大次級貸款的規模。由於發放貸款的銀行可以通過證券化將次貸這種高信用風險的資產賣掉，從而將次貸的風險轉嫁給金融市場購買這些證券的投資者，發貸銀行無需在乎借款人是否能夠還得起錢。在利益的驅動下，不用承擔風險的美國銀行業出現了嚴重的道德風險問題。由於常規貸款的貸款利率較低，證券化後的服務收入也較低，次貸卻恰恰相反，無論是在利息還是服務費上都有較高的回報，因此銀行的行為也發生了偏離，對於那些有資格獲得常規貸款的購房者，銀行往往找各種理由拒絕他，與此同時卻極力推銷次貸。有的時候銀行甚至不顧職業道德進行惡意的推銷：次貸的潛在借款人通常是那些教育水準低、缺乏金融知識的群體，銀行的經紀人便以各種手段利誘當事人，讓其欠下一輩子也還不起的債務。在存在違約風險的情況下，銀行的經紀人也仍然有利可圖，他們可以收取借款人無力及時償還需要延期所必須支付的高昂的手續費，或者在貸款人無力還債時收回更有價值的房屋。

## 2.3.2 泡沫破滅，原來地獄和天堂只有一線之隔

在繁榮和蕭瑟之間只有一線之隔，而引發房市滑鐵盧的

正是低到不得不升的利率。金融危機的發展史要追溯至 2001
年，當時的美國經歷了技術進步主導的「高增長、低通脹」的
新經濟週期，同時也滋生了美國股市較長時期的非理性繁榮。
然而，2001 年由高科技泡沫破滅引發的美國股市繁榮的終
結，加上「911」事件，向美國經濟投下了衰退的陰影。前文
所提到的低利率政策正是在這種背景下應運而生的。低利率為
市場繁榮帶來的種種好處的同時，不得不提到，它同樣也是把
雙刃劍，低利率會使本國貨幣貶值，加劇通貨膨脹。因此利率
不會永遠處於降息週期，經濟週期更不會總是無限向上。為
防止市場消費過熱，2005 年到 2006 年，聯準會先後加息 17
次，利率從 1% 提高到 5.25%。由於利率傳導到市場往往滯後
一些，2006 年美國次貸仍有上升。但加息效應逐漸顯現，房
地產泡沫開始破滅。惡性循環就此開始，本來次貸貸款人就是
低收入者，利息增加，他們就更還不起錢了，於是就只好不要
房子。之後貸款機構由於收不回貸款，只能收回貸款人的房
子，可是由於房屋的需求在高利率時銳減，房價下跌，貸款機
構收回來的房子不僅賣不掉，而且還不斷貶值縮水，於是不要
說什麼盈利，就連資金鏈都轉不起來了，就這樣房價下跌，銀
行放貸量減小，房市繼續下跌，美國房屋市場跌入谷底。

　　美國房市的繁榮，充足的流動性是基本的金融環境，導火
線可以說是次貸，高槓桿比率的證券化則是直接的推動力量。
抵押貸款的形式自然是無可厚非，次貸的發揚光大卻有著非常

不理性的一面。次貸是一種市場創新，其要保持貸款的正常狀況，要求房價要持續上漲，買房的人得以不斷再融資，而且要求利率非常低，也就是如果房價上漲，這個遊戲是可以繼續玩下去的，可是房價可能一直高漲嗎？

對於一個穩健的銀行家來說，在美國市場充斥了不夠資格的貸款人，以及貪得無厭不懂得如何管理自己債務的放貸人之後，危機就將不可避免地發生。美國是個信貸大國，因此貸款買房成為理所當然，連同那些沒有能力買房的窮人也做起了美夢。

## 2.4 不得不說的美國住房抵押貸款機構

在此次金融危機中有一個很重要的角色——住房抵押貸款機構。下文我們將討論其中典型的兩類：經營次級貸款為主的新世紀金融公司和有政府支持的主要經營優質貸款的房利美、房地美。通過分析這些貸款機構來看看美國房地產行業究竟存在著那些不足，可以衍化出如此大規模的危機。

### 2.4.1 新世紀公司，無理性的放貸者

美國第二大次級抵押貸款機構新世紀金融公司成立於 1995 年，創始人是 Edward Gotschal、Brad Morrice 和 Robert K. Cole。僅僅過了 12 年，到了 2007 年 4 月 2 日這個輝煌一

時的新興金融公司的爆出驚天大新聞向法院申請破產保護，並宣佈計畫裁減一半以上員工和出售公司大部分財產。成為第一家在金融風暴中破產的抵押貸款機構。

為了發現新世紀倒閉的真正原因，我們必須要從他的發家史看起。新世紀曾被譽為抵押貸款市場中的耀眼新星，究竟是什麼使得它成長迅速呢？答案是：過度激勵機制下的過度追求利益，無理性的發放貸款。

新世紀這類的金融公司只能放貸款，不吸收存款，其資金主要來源於金融機構和債券投資者，它最具特色的業務是向那些低收入、個人信譽等級低、不符合一般貸款條件的客戶提供有針對性的貸款。從放貸角度來說其創造出了多項行內第一，例如：12 秒內答覆客戶申請貸款的請求，成為行內審批過程最快的機構，同時也是審批最為不完善的機構。又如大量起用抵押貸款經紀商。抵押貸款經紀商是何許人也？他們是收取了借款人的貸款申請，然後開始為他們辦理這筆貸款申請業務的一群人，值得注意的是這些人是不用自己的資金進行融資的，而是要依賴貸款公司完成融資功能。可怕的是貸款者多半對同一個經濟商有依賴性，因為貸款的審核過程事多、麻煩，又耗費心力，而且經紀商會為貸款者做全方位的諮詢，告訴他們在從提交申請到最後審核的這段期間，如何解決所面對的問題，嚴重的資訊不對稱導致貸款者對經紀商言聽計從。並且經紀商不會牽扯到經濟債務，而且沒有明確的信託責任要承擔，幾乎

不受監管。這樣經紀商的道德就出現了無人監管的狀況，對消費者的保護也被壓到最低程度，不規範的操作頻頻出現。他們會不斷地向貸款公司遊說貸款的優點，而貸款公司也很有可能就這樣被說服，從事高風險的貸款業務；經紀商們還可能會刻意隱瞞重要資訊，使得貸款公司得不到審批貸款所需資料，無疑會造成決策的失誤；有的經紀商甚至冒著違反法律的風險修改工作證明，調整薪資條等以達到成功申請貸款的目的。而新世紀金融公司正是將行銷客戶的工作完全外包給了上述極具道德風險的經紀人。這些做法降低了公司的成本，也使公司的業務得以快速成長，其 2006 年共發放 516 億美元次級貸款，被《華爾街日報》列為年度表現最佳的公司之一。在興旺的市場條件下，新世紀金融公司一躍坐上了美國次級抵押貸款市場的第二把交椅，成為行業中的佼佼者。

但是，問題也就出現在快速成長上，貸款規模的不斷擴大的背後犧牲的是對貸款人資格的審核，快速回覆，依賴經紀人，都使得貸款的品質根本得不到保證，最終當房價開始下滑時，還款違約率上升，不良率也越來越增加，融資方面逐漸出現了問題，公司難以駕馭，在公司風險防範方面出現的大漏洞，最終使該公司從興旺走向衰敗。

從融資角度來說，新世紀公司的興旺離不開華爾街金融機構和債券投資者的扶持。新世紀金融公司為了維持業務的正常運轉，要經常光顧華爾街籌集資金，他們將貸款出售給華爾街

的投行，投行再通過收購貸款並進行證券化運作，將次級債出售給全球投資者，緊密配合使得資金鏈得以延續，各得其所。

就經紀商的問題，美國政府在危機過後也意識到了其嚴重性，在 2008 年 5 月 21 日美國參議院就通過一項旨在打擊抵押貸款經紀商，要求他們接受美國聯邦調查局（FBI）的採指紋程式，並獲得州監管機構的執照方可進行工作的議案。

## 2.4.2 美國政府接管「兩房」，引發大地震

### (1)「兩房」成長史

房地美和房利美的成立，也正是美國人住房政策的一個體現。

1938 年在經歷過極為困難的大衰退時期以後，羅斯福政府希望通過為住房抵押市場注入流動性，使購房更容易，而房利美的成立正是充當此任，政府出資創建，從事金融業務，用以擴大資金在二級房屋消費市場上流動的資金。公司的性質在 1968 年時發生了一定的轉變，Raymond H. Lapin 成為房利美的總裁，在他就任的 30 年內，修改了公司的制度，使之成為一個私有的股份制公司。而這也恰恰契合了美國政府想要降低在房利美中的責任，提高其經濟效益的意圖。之後，為了打破房利美的壟斷，1970 年由美國政府贊助，旨在開拓美國第二抵押市場，增加家庭貸款所有權與房屋貸款租金收入的房地美

成立。

　　房利美和房地美的使命，就是為住房市場提供流動性、穩定性以及購買力。他們在二級市場上收購住房抵押貸款，組成一個資產池，然後以此為基礎在公開市場向投資者發行證券。這兩家公司為還款利息和基於他們證券的本金回報提供擔保。「兩房」提供的這種債券活躍了住房抵押貸款的二級市場，從而提高了住房抵押貸款商可用資金的供給，從而也提高了新購房者可用資金的供給。「兩房」的成立無疑是給住房抵押貸款市場注入了新鮮的血液，使得房屋市場的流動性增強，為人們買房提供了很好的管道，但是這種政府隱性支援的企業自身卻存在著缺陷，也為後來「兩房」危機埋下了伏筆。

　　一邊是政府支持，一邊是牟利動機，既可以實現政府的意圖，也可以利用市場化的靈活方式，應當是設計者的初衷，但是，為什麼這種體制難逃覆轍呢？

　　首先作為具有美國政府隱含擔保的準國有企業，「兩房」壓根不受任何公認的資本充足率標準的限制。因此導致相對於其龐大的資產組合而言，「兩房」的資本金少到不可思議。到 2007 年底，這兩家公司的核心資本合計 832 億美元，而這些資本卻支援著 5.2 萬億美元的債務與擔保，槓桿比率高達62.5。換句話說，「兩房」持有的住房抵押貸款債權只要出現1.6% 的壞帳，「兩房」的資本金實質上就消耗殆盡了，風險極高；商業銀行的資本充足率的法定下限是 8%，而「兩房」的

相對數據僅為 1.6%。

從 2004 年開始，這兩家公司就被指責操縱和有意誇大盈利。2006 年 12 月，房利美宣佈將削減 63 億美元的利潤，以糾正過去數年間的財會問題。同時，它也向政府繳付了 4 億美元的罰款。房地美的問題大同小異。它交了 1.25 億美元的民事罰款，並且承認自 2003 年以來誇大收益大約 50 億美元。無獨有偶，2005 年房地美還曾表示由於一個軟體的錯誤，導致另外 2.2 億美元的財報調整。但是以上的一切並不是巧合，事發之後，這兩個公司的首席執行官因為造假而被免職，管理層通過盈利造假來提升公司的財報表現，提升他們自己的報酬的醜陋行為曝光。可見，沒有合理的監管，「兩房」的管理層存在著極大的道德風險。

「兩房」享受著幾乎與美國主權債券同樣低的融資成本，從而客觀上刺激了「兩房」機構漠視風險肆無忌憚的擴張業務，資產負債表急劇膨脹，成為佔據美國住房與金融體系中心位置的兩家超級住房融資機構。「兩房」巨大的業務量，扭曲了美國住房融資市場的風險定價，助長了美國房價的攀升。「兩房」的業務擴張也指向了錯誤的方向：一向以穩健著稱的「兩房」在繁榮期間也經不起誘惑，除了傳統的優質貸款擔保業務外，在盈利動機的驅使下，開始大量購入私人金融機構發行的 MBS——「抵押支持證券」。該證券是把千差萬別的房貸打包，做成標準件，投資者並不知道其風險程度，而是依靠仲

介機構的評級來判斷。由於「兩房」的信用比較好，它們的融資的成本要低過 MBS，因此通過購買 MBS「兩房」便可以賺取其中的息差。這也為兩房帶來了巨大的風險。從 1997 年到 2007 年，短短十年間，房利美購買的其他機構發行的 MBS 從 185 億美元上升到 1278 億美元，足足擴大了 6 倍之多，同時期房地美購買的其他機構發行的 MBS 從 250 億美元上升到 2670 億美元。次貸危機爆發後，這些私人機構發行的 MBS 信用等級被大幅調降，市場價值相應下滑，從而加劇了「兩房」的帳面虧損。

## （2）美國政府無奈接管「兩房」

　　美國房地產市場的下滑帶來的第一波衝擊，導致了次貸市場垮台和貝爾斯登的失敗。而更為猛烈的第二波則席捲了眾多美國最大的金融機構，「兩房」就是其中之一。在案發當時，這兩家公司合共擁有或擔保了美國市場上大約一半的房產抵押，價值 5 萬億美元！ 2008 年 8 月 21 日，房利美股價收在了 4.40 美元，而房地美只有 3.30 美元了，股票縮水了 90%，如果美國政府沒有緊急的援救，它們只能以破產收場了。

　　該不該援救是此次美國政府接管措施引來的最大爭議。反對者稱，收購「兩房」股票，將其國有化，對美國全局而言並不是一了百了的事。一旦國有化，意味著要將目前兩家公司的資產組合部分地或全部地移入美國政府的資產負債表，這將

加劇財政赤字，有可能嚴重惡化美國當局的財政狀況。也就是
這場危機可以將利潤私有化而損失大眾化，用納稅人的錢來救
國家支持的企業！同時，「兩房」在成立初期本來就是國有企
業，在後來隨著美國住房抵押市場規模的擴大而逐漸演變為私
人持股的上市公司。將「兩房」國有化意味著美國政府走上了
回頭路。而且，這個行為跟美國政府宣導的基本經濟理念「自
由市場」相悖。

就在這樣一種情況下，美國政府卻當機立斷的進行了救援
行動，主要措施包括：第一，由美國國會 2008 年夏天批准創
建的聯邦房屋金融署接管「兩房」的日常業務，並撤換「兩
房」的首席執行官；第二，美國政府先收購「兩房」10 億美
元的優先股，這筆優先股的地位要高於目前市面上已存在的
「兩房」優先股；第三，如果必要，美國財政部將向兩家機構
分別注入至多 1000 億美元的資金，購買相當於「兩房」80％
普通股的認股權證；第四，美國財政部將通過聯準會向「兩
房」提供新的信貸額度；第五，財政部計畫啟動臨時專案，購
買由「兩房」提供擔保的住房抵押擔保證券，未來數日內的購
買金額即達到 50 億美元。事後諸多分析證明，美國的接管措
施是必要的同時也是無奈的。

兩家機構持有或擔保的住房抵押貸款總額達到 5.4 萬億美
元，幾乎占美國住房抵押貸款總額的一半，而其中的多數資產
又被打包成各類證券產品在二級市場上出售給了各類投資機

構。因此，房利美和房地美狀況惡化，直接影響到美國房屋貸款市場的正常運轉，進而給本就疲軟的房地產市場帶來更大壓力。

如果「兩房」資不抵債破產清算，除大量股東和債券投資者受損外，整個美國住房融資市場、房地產市場將遭受直接打擊，衝擊波還將蔓延到其他信貸市場乃至整個金融體系。美國政府將「兩房」國有化，這表明政府高度重視「兩房」對於維繫美國房地產金融市場順利運轉的重要性。其次，房利美和房地美發行的所有債券中，近五分之一為外國投資機構購得，總額近 1.5 萬億美元。由於擔心次級債危機影響，不少外國投資機構在 2008 年已經逐漸減持「兩房」債券，在一定程度上迫使美國財政部下定決心採取干預措施，否則可能出現更大規模的資金外逃。

因此，美國政府的救助，也是在一片指責聲中不得不進行的干預。

## （3）誰是受益者，誰又是買單者？

美國政府對「兩房」問題的處置，至少就短期而言，對於穩定當時金融市場急劇動盪不安的局勢，提升全球投資者信心，會在一定程度上產生積極的和有益的影響。但是，對於不同的利益相關者，卻有著截然不同的影響。

受益者可以說暫時逃過劫難。美國政府接管「兩房」的直

接受益人是其債權人，尤其是國際投資者。在危機爆發之初國際投資者大幅減持：俄羅斯 2008 年年初宣佈，持有 1000 億美元「兩房」債券；而到了 2008 年夏天，俄羅斯已經減持「兩房」債券近 40%，近日還在繼續減持。這也是上文中提到的美國政府之所以要進行救助的一個方面。而救助方案一出台立刻得到了亞洲國家的支援，這與中國與日本在 2007 年底分別持有 3760 億美元和 2280 億美元，分別為第一大和第二大兩房機構債持有人，有著密切的關係。美國是一個有巨額經常帳戶逆差的國家，國內儲蓄嚴重不足，依賴外國資本流入。因此，保爾森必須採取一切必要的措施，來維持國際投資者對美國主權信用與美國資產的信心，接管此舉正達到了這種效果。之後對於垂死掙扎的美國房地產市場來說，救贖行動可以說是為其注入了強心針，政府接管「兩房」很快使得住房抵押貸款利率降低了 50 個基點，從而使得房價可承受能力改善了 3%，無疑此舉降低購房的資金成本，舒緩房地產市場的壓力，穩定房地產市場。接下來，銀行以及股市也受到此舉的庇佑。對於飽受重創的銀行機構，美國政府對於「兩房」的處置，減少了其未實現的機構債權損失，全行業的淨資產相應增加 3%。因此，處置「兩房」的行動，暫時性的輕微地緩和了銀行資產減計與新資本募集的負擔。但是，銀行業所面臨的根本性困難並沒有消除。由於財政部在接管「兩房」時對優先股持有人的嚴厲懲罰，一些高度依賴優先股作為融資管道的區域性銀行，未來補

充資本金的難度將會更大。對於美國股市而言，政府接管「兩房」消除了一顆懸在頭上的金融定時炸彈。2008 年 9 月 8 日紐約股市三大股指均收高，道瓊指數終盤上漲近 300 點。

然而，冰火兩重天，在有人獲益的同時，也要有人為犯下的錯誤而買單。為了防止政府動用納稅人資金，防止產生新的道德風險，美國政府在處理「兩房」問題時，立刻把原有管理班子撤換，同時施加極為苛刻的注資條件，根據協定，「兩房」普通股東和優先股東先於持有高級優先股的美國政府承擔損失，這一切體現了公共利益與納稅人利益至高無上，債權人其次的方針。此舉使得股東與管理層不但不能指望從政府救援中得到什麼好處，而且還成為救援行動中的最大犧牲品。接管當日，房利美與房地美股價分別下跌了 90% 和 83%，均收於每股 1 元以下，「兩房」的普通股股東不得不忍痛賤賣幾乎要被摘牌的「兩房」股票。而「兩房」優先股的下挫也令其主要投資人——銀行及保險公司的未來業績下滑雪上加霜。其中受到很大影響的是美國的大量持有「兩房」股票的基金公司。這個「受害者」名單幾乎像是美國共同基金的大辭典，幾乎所有的美國基金巨頭都有份。2008 年 6 月底，至少有 14 只基金將其 5% 以上的資產投入到了「兩房」股票。資本研究全球投資者基金是「兩房」最大的基金股東，它分別持有房利美和房地美大約 10.86% 和 10.03% 的股份。

接管「兩房」的財務成本是非常高昂的。美國政府已經同

意對兩家公司分別注資最多 1000 億美元。這意味著 2008 年美國政府的財政赤字將達到歷史新高。接管「兩房」，意味著與「兩房」資產組合有關的信用風險很大一部分轉移到美國政府的資產負債表上。而且還將影響到美國國債，新增美國國債的信用評級可能被調降，存量國債的市場價值也可能縮水。

雖然我們看到接管無論對房市股市還是銀行都有好處，但是不能忽略的是措施僅僅可以產生短期效應，並不能扭轉基本面的根本變化趨勢或消除市場的強大調整壓力，住房市場的繼續下調，信用的緊縮，失業率的攀升，使得包括金融業在內的企業盈利預期變得更為暗淡，雷曼兄弟破產，華盛頓互惠銀行，美國國際集團等機構日益惡化的財務問題，都將成使美國面臨巨大的挑戰。

# 華爾街煉獄之落馬「兩房」CEO

## —丹尼爾‧馬德的和理查‧塞倫

資料來源：房利美、房地美網站

2008 年 9 月 7 日，美國財政部長保爾森在新聞發佈會上宣佈解雇房地美、房利美的的首席執行長，取而代之的是兩位有長期金融工作經驗的老將：美林前副主席 Herb Allison 將接管房利美取代丹尼爾‧馬德（Daniel Mudd）；U.S. Bancorp 前主席、凱雷投資集團（Carlyle Group）現顧問 David Moffet 將會接替房地美 CEO 理查‧塞倫（Richard Syron），塞倫和馬德都將會暫時留下來幫助完成過度。就這樣短短幾個月前還在金融界呼風喚雨的丹尼爾‧馬德和理查‧塞倫，開始經歷他們職業生涯中的煉獄。

## 一、曾經的輝煌

### 1、馬德，富有軍人氣息的 CEO

馬德生長於華盛頓，年輕時酷愛運動，還曾參加過 1980 年莫斯科奧運會划艇項目決賽，因此身體健碩，身高 190 公分的他挺拔英俊。

在求學方面，大學之前他曾就讀於著名的希德威爾友誼學校，該所學校的學生中不乏高官子弟，例如前總統克林頓的女兒就曾是該校學生，而新任總統歐巴馬也將送他的女兒到該校學習。高中畢業後，馬德取得了佛吉尼亞大學學習美國歷史學的學士學位。大學畢業後，他參加了美軍在黎巴嫩首都貝魯特的軍事行動，也正是這段經歷，使得軍人的辦事風格，貫穿其職業生涯，馬德一向認為要明確目標，執行命令，優先完成手頭任務，因此即使在由於「兩房」事件而受到指責時他也堅持說只要做出正確決策，就不必在意外界議論。退役後，他還進入哈佛大學約翰・甘迺迪政治學院攻讀公共管理學碩士學位。

馬德的職業生涯開始於通用電氣，主要在美洲、亞洲等地領導通用的金融服務業務。在通用公司工作的幾年中，馬德先後經歷了墨西哥貨幣比索貶值、亞洲金融危機和日本經濟蕭條等重大國際經濟事件，可以說從這些事件的處理中他積累了相當多危機管理的經驗。而也正是這些經驗使馬德得以順利接手出現 CEO 財務醜聞後的房利美。

縱觀其職業以及求學生涯我們可以得出馬德是一個十分果

斷而且經驗豐富的管理者，可是又是什麼使得他在房利美任職期間作出了許多錯誤的決定呢？

### 2、賽倫，從學界轉入商界的 CEO

提到塞倫，我們不得不說到他由學界轉入商界的經歷，應該說塞倫是美國 CEO 中最具學術氣質的。賽倫擁有美國波士頓學院經濟學學士學位和塔夫茨大學經濟學碩士和博士學位。並且曾經在美國東北大學和波士頓學院講授經濟學課程。在他的研究中，最具代表性的是其對抵押貸款經紀人的批判，他在研究中指出正是由於這些人的「貪婪」才使得次級貸款在低收入者或者信用欠佳的購房者中間得以普及，引發潛在危機。並且塞倫還認為實施某種類型的全國註冊制度，為抵押貸款經紀人設定（行為）標準是非常必要的。

之後塞倫還加入了美國財政部，任副部長助理，參與國內經濟政策制定。1981 年至 1982 年，他出任前聯準會主席保羅 • 沃爾克的助手。

進入商界，塞倫曾在各類金融機構任職，曾擔任過聯準會駐波士頓分支機構和聯邦住宅貸款銀行駐波士頓分支機構擔任高級管理人員，美國證券交易所首席執行官以及美國熱電子公司董事長。在經過多家金融機構的歷練洗禮後，2003 年 12 月，塞倫加入了房地美，成為這家巨無霸的非銀行金融機構的掌門人。

塞倫在學界以穩健著稱，而在其他金融機構中也未有太失

常的表現，但到了房地美事情似乎有了改變，塞倫變得有些激進了。

## 二、兩位 CEO 的「冒險精神」帶「兩房」進入困境

馬德於 2004 年執掌房利美後，開始不滿房利美只是穩健的固守其傳統核心業務，15 年和 30 年固定利率抵押貸款，認為它們的收益過低，而當時正在興起的風險較高的可調整利率貸款和次級貸款似乎更對馬德的胃口。於是馬德立刻有所行動，大量購進可調整利率貸款，資料顯示，2003 年 15 年和 30 年固定貸款占總資產的 62% 到 2005 年這個數字已經下降到 35%，與此相反的是可調整利率貸款的比例上升為 48%。馬德的這種做法並沒有得到大家的認可，美國財政部助理部長埃米爾 · W · 亨利說：「基本事實是，我們的金融市場沒有必要暴露於這種風險之下。」房利美股票持有者、德雷曼價值管理公司的大衛 · 德雷曼也說，馬德讓房利美轉向更高風險貸款專案往好處說，是「不成熟」之舉。馬德對於他們的批評卻沒有清醒地認識，依然我行我素，被高利潤蒙蔽著眼睛。

無獨有偶，房地美德當家人塞倫也不會放棄分蛋糕的機會，一起加入戰局，跟隨房利美的腳步出手次貸市場。

於是到了 2006 年，以穩健著稱，並且在以往多是收購優質債券的「兩房」竟然成為次級貸款的主要持有人。在危機爆發之時，它們仍擔保、投資了總值為 7000 億美元的次級或略

好於次級的 Alt-A 房貸，而這些正是其他金融機構避之唯恐不及的資產，根據監管當局的資料，現在美國金額低於 41.7 萬美元的房貸合約中，十筆就有八筆是由它們提供的。

　　事後就連塞倫也不得不承認房地美規模日益擴大，內部管理相對落後，就像「夫妻便利店一躍成為巨型超市」。對機構內部管理與規模擴張脫節，他還有另一種比喻，那就是：「一艘巨型油輪安在『福特』牌小轎車的底盤上。」

　　而正是這樣肆無忌憚，不計風險的擴張，使得兩房陷入泥沼之中。人們不禁奇怪，這兩位 CEO 都是在業內及富經驗的，並且在加入兩房之前，他們之前的職業生涯都是較為理性的，又是什麼使得他們這樣貪得無厭，不顧公司利益？答案是：高管們不合理的薪酬機制。

## 三、「兩房」高管，高得離譜的收入

　　正當在次貸危機中受損嚴重的美國兩大住房抵押貸款巨頭房利美和房地美經歷著地獄般的折磨時，它們的當家人的情況又是怎樣呢？答案出乎意料，並沒有想我們想像的那樣一起受難，而是仍然享受著高薪的待遇。

　　2007 年風暴來襲之時，「兩房」因次貸危機遭受的損失數以十億美元計，而當年「兩房」CEO 的年收入竟然高達 3000 萬美元，而且塞倫 2007 年的總收入 1830 萬美元比 2006 年還有 24% 的增長，「兩房」出現危機，CEO 薪資不降反增，令

人匪夷所思。這裡還有一樁流傳以廣的趣聞，賽倫有一項令人發笑的特殊開銷，他雇用律師與公司談判薪酬問題，而公司則為他報銷了 10 萬美元的律師費。

更為離譜的是根據美國的「金色降落傘」：即指僱傭合同中依照企業控制權變動條款，對離職管理人員補償的規定，馬德和賽倫兩人竟然可以得到多達 2500 萬美元的離任補償。幸好之後美國政府及時宣佈這一條款實效，將不允許兩大住房抵押貸款融資機構房利美和房地美向前任首席執行官丹馬德和賽倫支付巨額離任補償，不然「兩房」落難，兩位掌門人竟成了最佳受益者。

就此種情況批評聲早是不斷，相對於公司的糟糕表現來說，高管們的收入實在太高。「這（高管高薪）是當前金融災難中最讓人憤怒的事，」美國拉登堡 · 泰爾曼公司資深分析師理查 · 博韋說，危機本身「由管理失當造成，目的往往是個人利益的最大化。」

同時期也有人為這種高薪情況進行辯護，它們認為 CEO 們是物有所值，房地美發言人沙龍 · 麥克黑爾就曾公開表示，公司高管薪金標準由董事會諮詢同業收入水準而定，考慮了「一系列因素」，包括市場份額增加等。而且塞倫也確實做了很多事情，例如房地美在因審計控制執行鬆懈而曝出醜聞後，賽倫上任並推行大規模改革舉措。但是我們認為顯然麥克黑爾的說法是站不住腳的，「兩房」發生如此大的危機，它們

的 CEO 竟然還可以因為做的很多而得到高額的薪水？這樣簡直就是個人獲得利益，而公眾遭受損失。正是由於企業設定了這種高收益激勵的標準，並且在出現風險後，有政府出手挽救，高管們不必對自己的冒險之舉負責，而且還可以維持高額收入，才使得他們可以不顧高風險而拿公司的資產鋌而走險，下巨額賭注。可以說高薪是引導「兩房」CEO 誤入歧途的罪魁禍首。另外值得注意的是金色降落傘政策也給予了高管們不合理的庇護，甚至可以說是用納稅者的錢在為高管們犯的錯買單，此項政策雖然並不用於「兩房」CEO 身上，但是還未被取消，也是值得政府當局進行改進，以防再發生相同的悲劇。

# 3 | Part 1. 房市篇
# 醞釀危機的溫床

我們正在遭受自 1930 年以來歷史上最嚴重的金融危機的慘痛折磨。

　　　　　　　　　　　　——喬治‧索羅斯

## 3.1 危機蔓延：全球房市跌入谷底

### 3.1.1 世界房市慘澹經營，調整持續進行

　　2000 年以來，西方主要國家施行低利率宏觀政策，全球資本市場流動性過剩，資金面充裕，投機行為倡狂，導致全球資產價格嚴重高估，脫離了經濟基本面。當時全球一派繁榮昌盛的景象，各大金融機構紛紛對抵押貸款業務進行創新，並在這些貸款業務的基礎上設計出眾多炙手可熱的衍生品。在這樣一個大背景下，人們對房地產市場產生了過高的熱情和不切實際的心理預期，加上人們自身貪婪的本性，過多的投機行為不斷推動房市價格持續上漲，產生虛幻的房地產泡沫。然而隨著近來信貸緊縮政策的推行，流動性吃緊，受美國金融海嘯的影

響，世界房地產行業遭受沉重打擊，房價紛紛大幅縮水，「跌跌」不休。

## （1）美國扮演領軍者角色，帶領世界房價跳水

　　美國是帶動世界經濟全球化的「火車頭」，世界各國都是後面牽引的「車廂」，金融海嘯彷彿一場「病毒型流感」，正在以迅雷不及掩耳之勢傳播於整列火車。美國得了感冒，全世界就要患肺炎。所以，美國房產泡沫的破滅，刺破了歐洲大國和新興國家的房價神話，同時步入深淵。由於歐洲與美國在金融和經濟方面的密切程度超過了其他國家和地區，美國房地產市場的恐慌情緒和信貸危機首先傳播到歐洲，誘發包括英國、西班牙等經濟強國在內的房地產危機，各國支柱產業影響頗大。據英國《經濟學家》雜誌報導，過去 5 年發達國家房市總值由 30 萬億美元升至超過 70 萬億美元，增幅相當於其間世界各國國內生產總值的總和。全球房價一路飆升，形成歷史上最大的房地產泡沫，也是有史以來全球最大的一次資產泡沫。

　　大跌之後，在美國出現了「一幢房屋不如一斤白菜貴」的令人詫異的現象。美國一家銀行以 1 美元價格出售「汽車之都」底特律一幢兩層住宅，並且承諾隨之無償贈與 1 萬美元，等到第 19 天才迎來姍姍來遲的第一位有意購買者。然而在底特律 1.375 美元就可以買到一斤白菜。2008 年第三季度，美國全國房價指數在前兩個季度分別下跌 0.33% 和 3.53% 的基礎

上，同比跌幅繼續擴大至 4.80%。同時，新房開工數量持續下滑，2008 年 9 月新房開工數量延續了前兩個月的跌勢，僅為 81.7 萬戶，同比下跌 31.1%。新房銷售數量和待售新房數量在 9 月也分別跌至 46.4 萬戶和 40.8 萬戶，同比分別下降 33.1% 和 25.4%。2002 年到 2007 年這 5 年間，有近 1/3 的美國購房者的抵押貸款負債額已經遠遠超過其房屋淨資產，而持續下跌的房價又導致房主很難將房產轉手盈利讓出，這種停滯的兩難境地將使美國房地產市場持續低迷。

不光美國房地產市場呈現頹廢局面，世界多個國家的房市顯現衰退跡象，房價一落千丈。從日不落帝國的首府倫敦到地中海風情的西班牙，甚至一直蔓延到佛教發源地印度，房地產市場也迅速傳染了這種低迷的氣氛。

在倫敦，為了避免關門大吉，房地產經銷商正在為每週賣出兩幢房屋而苦苦掙扎，甚至有的地產交易商為了儘快回籠資金，挽回一些銷售額，被迫取消 2008 年年底前所有房屋交易的手續費，這將意味著每完成一筆交易，地產交易商自己將承擔 1 萬英鎊左右的費用。英國皇家特許測量師協會公佈的資料顯示，英國房地產市場正在快速降溫，英國 2008 年 8 月份房價指數跌至 30 年來最低水準，降至 78.5，這是該指數於 1978 年 1 月啟動以來的最低水準。2008 年 1 至 9 月份倫敦房價下降了 12.1%。其中，9 月是英國房價和銷售量下跌最快的時期，其降幅創造了 30 年之最，房地產市場的總體情況已經倒

退至 20 世紀 90 年代初期房地產危機時候的狀況。英國皇家特許測量師協會對房市前景表示悲觀，表示流動性資金極度短缺造成市場需求節節減弱，房市還將繼續衰退下去。除非一級市場資金得到緩解，抵押貸款流動性增強，否則房市還將繼續處於低迷狀態。

在西班牙，更是出現房屋乏人問津的場面。西班牙過去 10 年把房地產作為經濟增長的火車頭，大肆開發房屋建築，住宅建築量高達 400 多萬間，超過英、法、德三國的房屋建築總量。該國灼熱的經濟和成熟的旅遊業成為眾多外國移民遷移的理由，其深邃怡然的地中海美景和鬆軟細膩的海灘更是吸引北歐人士紛至沓來，人們紛紛湧向沿海度假勝地購置房產。那裡曾被稱為「戰無不勝」的房地產投資聖地，國內的房屋出售平均價格上漲近 2 倍。如今，經濟形勢惡化，銀行業出現信貸危機，抵押貸款流量趨緊，曾經在房地產市場中構建的海市蜃樓消失，房價急速下挫，房屋空置面積上升，房市倒退到三年前的水準。我們看一個事例，2005 年，費雷奧‧桑托斯在首都馬德里郊外投資購下 5 處小別墅，本打算 2009 年倒手賣掉，賺個缽盈盆滿。如今，竹籃打水一場空，市場上買主甚少，房價一落千丈，跌至三年前的購買價。算上時間成本、機會成本和通貨膨脹率，其手中的房產已經成為名副其實的負資產。由於仍要負擔高額的還款額，桑托斯現在叫苦不迭。「我只想儘快出手，逃離這場噩夢。」這是費雷奧‧桑托斯現在

最大的心願。

　　需要引起注意的一點，一個非常棘手的現象正在困擾著整個歐洲社會——人口自然出生率一直都在持續下降，已經步入嚴重的老齡化階段。據統計，以目前歐洲的人口負增長速度推算，到 2050 年歐洲 15 至 64 歲的總勞動力人口數量將會減少 25%。假如這種社會形態肆意發展下去，得不到有效控制，歐洲現存的住房總量就已經能夠迎合未來人群的購房居住需求，甚至綽綽有餘。所以，如此一般的房地產前景對於歐洲來講無疑是一種毀滅性的打擊，缺乏發展動力的房地產市場將嚴重阻礙經濟發展，令深陷泥潭的歐洲各國雪上加霜。

　　亞洲地區的房市也是一片陰暗，隨著一度躥升的股市回歸理性後，眾多投資者已經沒有充裕的資金進入房地產市場。加上金融危機對新興國家出口產業和金融服務產業的影響，使得新興國家的經濟增長出現停滯，購房者的信心受到極大的動搖，一向十分活躍的香港和新加坡房市出現疲軟的跡象。就連人口眾多的印度，其首都新德里的房價已經下跌了近 20%。而韓國受其金融危機影響，房價更是達到 35% 的跌幅。

## （2）全球房市為何同步調整

　　前幾年，全球房市同時出現房價高漲，行業火爆，「非理性繁榮」的勝景，主要原因包括銀行信貸的過度支援、寬鬆的金融環境和過剩的國際資本流動等。網路泡沫後，美國降低利

率刺激經濟增長，不斷進行金融創新。世界各國也紛紛效仿，採取寬鬆的貨幣政策，銀行信貸門檻不斷下降，金融產業茁壯成長，導致房地產行業井噴式的發展起來，帶動全球經濟快速增長。

英國就是典型的代表。大量外國移民和留學生的湧入，使房屋需求激增，寬鬆的貨幣政策，過低的貸款利率，使房地產行業存在大量的投機資本。而且商業銀行和抵押貸款提供商對抵押貸款者的信用等級和還款能力的審核尺度過於寬鬆，並且不斷推出各種創新型貸款方式和金融衍生品。100% 房貸在英國非常普遍，125% 的房貸也經常出現，這表明購買一套 20 萬英鎊的房屋，最多可以從銀行貸出 25 萬英鎊進行支配。過去十年，英國房價上漲 210%，而薪資水準僅僅上漲 95%。

美國金融海嘯的爆發，彷彿瘟疫一般，傳染到世界其他各國。房地產市場紛紛步入調整期。歐洲經濟與美國聯繫甚密，息息相關。由於美國金融機構發行了大量的次級債券金融衍生品，恰恰這些有毒資產被歐洲各國的金融機構大肆購買，期望賺取利潤。現在，金融海嘯爆發，這些曾經燙手的「寶貝」變得一文不值，歐洲各大金融機構資本金驟減，流動性吃緊，只能依靠政府的注資勉強維持生存，期望繼續像以前那樣發放住房抵押貸款，根本不可能。金融海嘯導致經濟的全面下滑，房地產市場的有效需求飛速減少。同時，美國是世界第一大消費國，眾多依靠出口帶動經濟增長的新興國家正是藉著這個消費

引擎，經濟才得以蓬勃發展。現在，引擎熄火了，美國民眾都
捂緊錢袋，改變過去透支的生活方式，以求自保，甚至對傳統
的耶誕節也毫無興趣。美國進口量的銳減，使那些新興國家深
受打擊，經濟增長減速，國民手中可支配資金驟減，需求下
降，房價下滑，房市低迷的格局隨之出現。

危機的傳導過程總有一個滯後性，金融海嘯也不可避免。
鑑於歐洲各發達國家與美國有著「一榮俱榮，一損俱損」的關
係，他們成為危機傳播過程中的最直接的受害者和傳播者，其
他一些新興國家和發展中國家將隨著危機的發展趨勢和程度，
逐漸深陷其中。

## 3.1.2 中國房市調整遭遇金融海嘯

### （1）寒風凜冽，中國房市陷入調整

2008 年開始，中國房市經歷了一個常常的火熱牛市之
後，開始進入了一個漫長的調整期。房地產行業討論的最多的
話題之一，竟然也類似股市的投資者一樣，是期望政府救市。

2008 年 1 至 11 月，中國商品房銷售面積 4.9 億平方米，
同比下降 18.3%，其中商品住宅銷售面積下降 18.8%。同時
中國商品房銷售額出現大幅萎縮，2008 年 1 至 11 月銷售額
為 19261 億元，同比下降 19.8%，其中商品住宅銷售額下降
20.6%。2008 年 1 至 11 月，中國完成房地產開發投資 26546 億

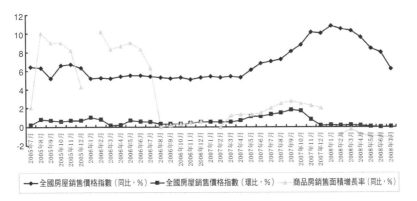

**圖 3-1　2005 至 2008 年中國商品房銷售面積和**
**房屋銷售價格指數變動情況**
資料來源：中經網資料庫 WIND 資訊

元，同比增長 22.7%，增幅比 1 至 10 月下降 1.9 個百分點。

11 月份中國 70 個大中城市房屋銷售價格同比上漲 0.2%，漲幅

比 10 月份低 1.4 個百分點，環比下降 0.5%。房價連續 4 個月

持續下降，並且下降幅度有不斷加大的趨勢。截至 11 月底，

中國商品房空置面積提高，空置面積 1.36 億平方米，同比增長

15.3%，增幅比 1 至 10 月提高 2.2 個百分點。其中商品住宅空

置 7084 萬平方米，同比增加 22.9%，增幅比 1 至 10 月提高 4.9

個百分點。2008 年前 10 個月，個人住房抵押貸款總共 2806 億

元，同比下降 22.9%。而 11 月份國房景氣指數 ❶ 為 98.46 點，

---

❶「國房景氣指數」是中國房地產開發業綜合景氣指數的簡稱。它是對房地產業發展變
化趨勢和變化程度的量化反映，由 8 個分類指數合成運算出綜合指數，並用百分制表
示。其中，綜合指數值 100 為景氣線，100 以上為景氣空間，100 以下為不景氣空間。

比 10 月份下跌 1.22 點，比 2007 年同期下跌 8.13 點，自 2007
年 11 月份達到最高點後一路下滑，步入不景氣區間。

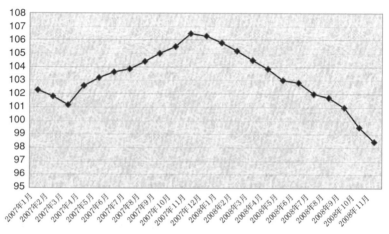

**圖 3-2 中國房地產開發景氣指數趨勢圖**
資料來源：國家統計局網站

據估計，2008 年房地產行業的資金缺口將達到 6730 億
元，房地產行業資金緊缺的特徵已經威脅到一些負債比率偏高
的開發商的生存能力。

## （2）地產富豪財富縮水

在新公佈的 2008 富比士中國富豪榜中，房地產富豪風光
不再，資產縮水程度驚人。最顯著的是，2007 年的首富，「碧
桂園」大股東楊慧妍，一年之內財富減少 1100 多億元，目前
僅僅剩下 151 億人民幣。房地產大亨許榮茂和郭廣昌也不甘示

弱，緊隨其後，資產分別蒸發 460 億和 314 億元人民幣。成也蕭何，敗也蕭何。過去數年在這個暴利的圈子裡，依靠房價持續高企運營的富豪們，正在房市的寒流中，褪去華麗的外衣。

　　在財富減少最多的前十位企業家中，房地產商就占到了 7 位。擁有上市公司的房地產富豪中，財富平均跳水 60%，而非上市公司的地產富豪中，財富平均縮水 30%。月盈則虧，水滿則溢，物極必反，事物的發展總要符合一定的規律，風險和收益總是相生相伴的。

## （3）該出手時就出手

　　為了降低購房者的支付負擔，中國不同地方的政府出台了大力度的改革措施，包括首次購買 90 平方米及以下普通住房的，契稅稅率暫時統一下調到 1%，商業性個人住房貸款利率最低下限擴大為貸款基準利率的 0.7 倍，最低首付比例調整為 20%，個人住房公積金貸款各檔利率分別下調 0.27 個百分點，同時對個人銷售和購買住房暫免徵收印花稅和土地增值稅等等。如果購買 80 平米，價值 100 萬的房子，首付 20 萬，貸款期限 20 年計算，新政策比原政策節省約 13 萬元資金（下圖表具體進行前後對比）。

表 3-1　政府推出利好政策對購房者的實際影響 ❷

| 買一套房子可以節省多少錢 | | | |
|---|---|---|---|
| 稅種 | 原稅收額度 | 現稅收額度 | 可節省房款 |
| 契稅 | 按照原先的 1.5% 徵收是 15000 元 | 10000 元 | 5000 元 |
| 印花稅 | 500 元 | 0 元 | 500 元 |
| 土地增值稅 | 本套房產是普通住宅不用繳納土地增值稅 | 免徵 | 0 元 |
| | 原月供 | 現月供 | 可節省房款 |
| 房貸 | 原先的優惠利率為基準利率的 7.47% 的 0.85 倍，還款額為 5893.91 元 / 月 | 現在按照優惠利率的 0.7 倍計算，還款額為 5381.37 元 / 月 | 20 年共節省 123010.02 元 |
| 總計 | | 128510.02 元 | |

資料來源：新浪財經

　　2008 年 11 月 10 日，中國出台 3 年 9000 億的保障性住房的建設規劃，將在一定程度上緩解低收入者的住房問題，同時將不同程度的減少對商品房的需求，加大房地產市場下行調整的壓力，對商品房價格的回落起到進一步的刺激作用。為了刺激消費，擴大內需，央行做出前所未有的重大舉措，從 2008 年 11 月 27 日起，下調金融機構一年期人民幣存貸款基準利率 1.08 個百分點。2008 年中國連續四次降息後，五年以上貸款

---

❷ 以一套 80 平米總價 100 萬（首付 20 萬、貸款 80 萬、貸款期限 20 年）的房子計算。

利息已經累計下調 1.71 個百分點,將使得購房者的購房成本大幅減少,支付能力得到改善,購買力得到一定的釋放。從最新的市場表現觀察,降息之後,上海、深圳、北京等一線城市房屋銷售回暖,購房者的熱情增溫,房市出現微妙的轉機。

## (4) 解讀房地產調整之謎團

　　嚴格來說,到目前為止,中國房地產尚未經歷過一次「增長—高峰—投資—收縮—低谷」完整的行業週期,絕大多數地產商是在擴張時期進入的,樂觀的房市預期,充盈的資金流量,使他們在地產界應對自如。

　　這個熱鬧的舞會,直到次貸危機的爆發,出現了拐點。

　　目前,中國的房地產市場可以說正第一次經歷真正意義上的全國地產調整。

　　從 1999 年住房制度改革以來,中國城市已經建成的住宅有 130 億平方米,按 3000 元每平方米的平均價格計算,市值有 40 萬億左右,如果房價下跌 30%,影響力大大高於股市。

　　經過這次調整,房地產行業必將由暴利時代轉向平均利潤時代,2009 年將是一個「剩者為王」的格局。房地產開發商必須適應新的市場運作模式,重新梳理經營理念思路,充分調整,否則將會面臨出局的結果。

　　短期內看,隨著在建房屋的竣工,短期將形成供大於求的局面,尤其是 90 平方米以上商品房,存在相當大的空置率。

全球經濟一體化使得中國在這次經濟危機中難以獨善其身，而房地產作為中國近年來帶動經濟增長的重要組成部分，必將深受影響。經歷過本輪金融海嘯的衝擊以及國內房地產業的改革調整之後，中國房地產業將回歸理性，這次調整將為中國房地產行業健康穩定的長期發展起到積極的推動作用。

## 3.2 借鑑之辯：日本走過的道路

### 3.2.1 房地產泡沫：日本的又一次戰敗

此次在美國由次貸產品引發的金融海嘯，從導火線看，是由房地產市場的非理性繁榮導致的，當房價大幅縮水，泡沫被捅破的時候，建立在此基礎之上的銀行信貸體系、衍生品運作盈利模式和經濟增長結構就要經歷這次泡沫破滅後海嘯般的衝擊。無獨有偶，歷史的必然性和重複性總是在不停地上演。在20世紀90年代，曾經經濟極度繁榮的日本也經歷了一次金融危機，並從此一蹶不振。

日本經濟在二戰結束後的50年間迅猛發展，取得了舉世矚目的輝煌成就。貿易和製造業欣欣向榮，電子、汽車和造船領域更是居於世界領先水準。80年代後期日本僅用幾年時間連續趕超英國、德國、義大利和法國，成為僅次於美國的世界第二大強國。

　　由於日本土地資源稀缺，到 1989 年，日本的地產價格已經飆升到十分荒謬的地步，摘得「世界土地價格排行榜」的桂冠，僅僅一個國土面積相當於美國加利福尼亞的彈丸島國的房地產總價值竟然超過幅員遼闊的美國的 4 倍之多。

　　20 世紀 80 年代中期以前，東京圈、大阪圈和名古屋圈房價收入比在 4 至 5 之間，但到了 1989 年，三個地區的房價收入比已經超過 10，核心地段超過 20。當時日本平均房地產價格是美國的 100 倍，東京大阪的價格更是紐約、芝加哥的幾十倍。日本富商為顯示自己的強大財力，出手闊綽地買下具有「美國標誌」的紐約建築洛克斐勒中心的 14 棟辦公大樓，擁有其 80% 的股份，甚至將美國人最驕傲的產業好萊塢影片公司也攬入懷中。

　　在過分充裕的流動性的驅動下，大量新資金沒有去處，積聚在稀缺有限的土地上。日本國民對日元的大幅升值倍感驕傲自豪，一半以上的日本人都持有多處房產，日本的街頭巷尾充斥著「煉金術」之類的大眾讀物，「地價不倒」、「房市不敗」成為盛行一時的神話。人們堅信房地產市場只會節節看漲，懷著一夜暴富的夢想，持續不斷地將資金注入到這個市場中去。

　　終於在 1990 年，日本這場信用擴張的盛宴在最高潮戛然而止，房地產泡沫突然破滅，房價大幅縮水 50% 以上，房地產市場瀕臨崩盤。在「蝴蝶效應」下，房地產危機迅速蔓延到股票市場，投資者的信心受到沉重打擊，紛紛撤出資金，致使

股市驟降，跌幅創紀錄地達到 85% 以上。同時各種以房產作為抵押的抵押貸款和房地產開發商的商用固定投資貸款過度集中在日本的銀行體系，造成資本金短缺，流動性緊缺的局面，引發信貸危機，至此歷史上著名的日本金融危機正式爆發。時至今日，日本還沒有完全從那場噩夢般的金融危機中緩解過來。

世界評價 20 世紀 90 年代破滅的日本房地產泡沫是：「二戰後，日本的又一次戰敗。」

## 3.2.2 不幸的家庭各有各的不幸

在日本的一些房地產投資者看來，日本房地產發展在世界版圖中有其特殊性。土地稀缺，人口眾多，是在二戰後的廢墟中艱難進行房地產建設的。伴隨經濟發展和房地產開發，一線城市的土地價格不斷飆升且高度壟斷集中。事實上在 1985 年的時候，泡沫化程度已經非常嚴重，如若在之後的 5 年間採取正確的貨幣政策，提早緊縮銀根，控制信貸規模，泡沫破滅的過程還是可以緩慢釋放的。同時 1985 年後日元的大幅升值以及對升值預期的過高估計，一同將瘋狂一時的日本推入了泡沫破滅的深淵。度過 5 年繁花似錦的經濟盛世後，泡沫的破滅使得日本陷入停滯的泥潭，不能自拔，日本經濟和房地產陷入了已經長達十多年的蕭條和低迷。

首先，日本超低的基準利率導致流動性充足，資金寬裕。

20 世紀 80 年代，美國通過提高利率來吸引國際資本，美元需求的增加使得美元持續保持強勢地位。1985 年 9 月為了防止美元過度升值，美英德法日五國財長齊聚紐約廣場飯店，對爭執已久的日元升值問題達成妥協，順利簽訂了《廣場協議》。短短一年間，日元快速升值，對日本的出口貿易造成了嚴重的影響，出口行業幾近滅頂之災。為了刺激國內經濟，日本政府放鬆銀根，連續五次降低利率，基準利率跌至歷史最低點，貨幣供應量大量增加，連續每年增幅超過 10%，1998 年甚至超過 15%，市場上資金極度充沛，流動性過剩。這些充沛的資金迅速流入財富效應明顯的房市當中，而並不是按照計畫注入製造業和服務業，一時間造成房地產價格飆升，飛速繁榮。寬鬆的貨幣政策導致資金氾濫，同時銀行信貸體系處於短期利益的誘惑，一味的擴張放貸，在不動產行業投入大量的資金，導致流動性過剩，引發了土地投機的熱潮。

　　第二，瘋狂誇張的信貸擴張加速泡沫的形成。即使在 1990 年，金融危機一觸即發的時候，在高額利潤的吸引下，日本各大銀行依然不停地發放貸款，在房地產市場持續高溫的環境下，把房地產貸款作為最佳盈利貸款專案。由於資金過度氾濫，本來應該立即施行的緊縮信貸政策不但沒有實施，反而愈演愈烈，起到推波助瀾，火上澆油的作用。另外，日本銀行不顧《巴塞爾協議》的限制，將持股人未實現利潤當作資本金向開發商出借，造成貨幣流通領域的進一步擴張。1991 年日

本銀行總貸款額達到當年國民生產總值的 90%，而美國僅為 37%。為了分享房地產市場這塊大蛋糕，日本上千家財務公司和投資公司等非銀行機構不顧政策限制紛至沓來，躋身於房地產金融行業，直接或間接向房地產貸款，總額高達 40 萬億日元。

日元的大幅升值吸引國際游資趨之若鶩。《廣場協議》之後幾年間，日元平均每年升值 5%，國際游資可以獲得實現「房價高升」和「匯率提升」的雙贏結果。這相當於給國際投機資本免費上了一個穩賺不賠的保險，形成一個迅速積累財富的溫床。再加上當時日本房地產市場泡沫急速放大，成為國際游資眼中的香餑餑。大量的資金注入到日本房市，推動房價節節高升，形成虛假的繁榮景象。

房地產泡沫的破滅，開啟了日本經濟的地獄之門，許多日本居民一無所有，負債累累，成為「千萬負翁」，嚴重影響消費，使日本內需持續低迷。日本銀行及非銀行機構的不良債務高達 100 萬億日元，金融危機結束後計為壞帳的達到數十萬億日元。

# 結語

對房地產市場來說，金融海嘯最為令人印象深刻的，是確認了房地產市場調整對於任何一個國家的經濟的衝擊能力，無

論是發達國家如美國，還是發展中國家如中國。

　　源自美國的房地產危機彷彿一場金融核裂變的「鏈式反應」，強大的衝擊波肆虐著眾多國家，導致全球範圍內房地產市場的同步深度調整。中國也應該從房地產危機的重災區美歐各國的慘痛教訓中學到不少，同時，身邊「彈丸島國」日本曾經發生的一切，特別是針對面臨調整期的房地產行業而言，也是我們應當認真對待、嚴肅思考的「前車之鑑」。

　　通過更深層的剖析，我們可以看到房地產市場與宏觀經濟之間存在著微妙和緊密的關係：房地產行業是國民經濟運行中的重要行業，其發展對於改善人民生活、促進城市化進程、擴大內需、帶動經濟增長都有不可替代的重要作用。其調整也會產生廣泛的經濟、社會影響。目前面臨金融海嘯，房地產市場的調整是整個宏觀經濟調整的一個重要部分，而這一次房地產調整也可以說是中國存在真正意義上的全國性的房地產市場以來的第一次，有許多值得深入分析和研究的重要課題：

## 第一，全球房地產行業週期波動若干特點

　　考察房地產本身的波動規律，可以有不同的角度和指標，但任何國家都不能脫離經濟週期波動來討論房地產市場的調整，這也是在接下來對中國現階段低迷的房地產市場進行管理時所應遵循的指導方針。

　　從現有的一些研究看，房地產市場的波動週期與整個宏觀

　　經濟波動以及其他類型的資產的波動有很多類似的地方，也有不少存在顯著差異的地方。例如從全球角度看，房地產市場的週期通常包括較長的上升週期和相對較短的下降週期，這與股市通常的「牛短熊長」正好形成一個對照。從波動特徵看，房地產市場無論是上升還是下降週期階段，往往不是平滑連續的上升或者下降，而往往是階梯狀的上升或者下降，投資者和開發商把握市場的變動往往有一個滯後。以上升週期為例，房地產在上升階段表現為階梯狀上升，共分為四個階段。

　　初始階段市場對房價的上漲保持高度的懷疑，觀望較重，價格小幅度上升，成交量少。進入第二個階段逐步形成市場的氛圍，觀望還是操作略顯猶豫。第三個階段開始形成市場的主流信心，繁榮市場形成，漲一段觀望一段，依然是階梯上升。到了第四個階段，房地產全面上漲，投資者一擁而入，市場從此進入危險期。

　　下降週期也是同樣呈現階梯狀下降。目前的調整階段即將進入加速下跌的曲線，市場正在等待標誌性事件的出現，以形成進入加速下跌曲線的拐點。而標誌性事件很可能是去年天價拿地的某企業因為遭遇流動性危機而導致破產。另外，在房地產市場的上升或者下降的週期中，往往存在大幅地偏離均衡定價的時期。同時，房地產市場的調整往往容易出現滯後的現象。從直接的原因上說，房地產市場從開始計畫建房到供應市場需要 3 年左右的時間。因為房地產市場的資產投資特性，往

往在牛市開始啟動的時期和加速的時期，多數房地產開發商不
敢進行新的土地的購買和房地產的開發，等到市場已經出現明
顯的調整了，多數的房地產開發商還是不願意承認這種調整的
現實，繼續以類似股市上熊市中的「搶反彈」的心態加大土地
購買和開發。

從目前的全球房地產市場看，至少可以肯定的是，西方發
達國家的房地產繁榮上升週期已經結束，房市危機已經從美國
蔓延到英國和整個歐洲國家。不過，因為金融政策的積極參
與，這一次調整的時間會相對較短，速度相對較快。這個週期
性調整趨勢是無法回避的。隨著國家宏觀調控政策的密集出台
和國內外經濟環境的不斷惡化，中國房地產行業呈現出明顯的
週期性回落的特徵，這既是受宏觀經濟回落的影響，也是房地
產自身波動的一個必然趨勢。目前，中國不少大城市的房地產
市場都不樂觀，交易量大幅萎縮。回落的市場價格反映了市場
的一個預期，是信心不足的直接表現。

此次金融海嘯，其實體經濟方面的原因，是美國房地產市
場的泡沫破滅和大幅的調整。中國房地產市場的價格調整或多
或少與此有關，2007 年開始的中國範圍內的房地產成交量下
跌恰恰證明了房地產行業的流動性不足與需求不足。

對於房地產的需求可以區分為兩大類：一類是由於真實的
購房需要而引致的剛性需求，另一類是投資性需求。目前在國
家一系列政策的影響下，如央行在二套房、房貸額度上進行的

非常嚴厲的控制，這一類需求受到了明顯的抑制。不可忽視的是，原有的一部分投資性需求可能向供給方轉化，在金融危機引致信貸緊縮、中小企業貸款困難的情況下，一部分企業或企業主會出售持有的投資性房產或地產，以緩解自身的經營性資金壓力，從而釋放出部分供給。這樣一來加深了目前房地產市場的悲觀氣氛。

### 第二，把握好中國房地產市場未來的發展趨勢

從金融和投資的角度看，無論是發達國家還是發展中國家，房地產作為一種投資資產，其規模都往往是顯著大於股票市場的，房地產市場與宏觀經濟波動的聯繫更為緊密，特別是中國經過房地產的市場化改革之後，全國意義上的房地產市場形成，使得房地產市場越來越顯著地受到宏觀經濟波動的影響。

對於下一步房地產市場的走勢，必須將其放到整個經濟的大的背景下考察，放到整個經濟週期的波動趨勢中考察，也需要放到中國經濟結構轉型的大背景下考察。

從整個大的經濟波動趨勢看，中國經濟經歷了過去五年的兩位數高速增長之後，開始進入一個週期性的回調階段，這個趨勢已經是確立的。房地產市場必然會不同程度受到這個大的背景的影響，形成不同程度的調整趨勢，這既包括過去施行的宏觀緊縮政策的效果現在逐步顯現，也包括資產市場開始普遍

進入調整趨勢，對於房地產來說主要表現為交易量的大幅萎縮和信貸的緊縮、融資成本的迅速上升以及由此帶動的不同地區的程度不同的房地產價格的調整。

同時，中國經濟也正在進入一個產業轉型的進程中，開始越來越強調從原來過分依賴低附加值的出口的增長方式轉向擴大內需的戰略，在這個過程中，原來出口比重較大的地區受到的影響較大，原來以內需為主要增長動力的地區則受到的影響相對較小，使得當前的房地產市場也呈現非常顯著的地區差異。同樣需要強調的是，在擴大內需的過程中，沒有房地產市場的發展，內需的擴大可能也難以獲得充足的動力，地方政府建立在「土地財政」基礎上的城市化路徑也促使不同地區的地方政府必然會設法促進房地產市場的發展。

## 第三，房地產企業的生存策略

這一調整過程對於不少盲目投機的房地產商來說是非常痛苦的，在這一輪房地產市場的大潮中，絕大多數房地產商是在市場持續上揚、快速擴張時期進入的，認為這個市場有暴利有很大成長空間。但是其中有不少的企業，並不一定具備房地產行業所需的基本素養和管理能力。只有在退潮的時候，我們才知道誰沒穿泳褲。我們通常說在房地產發展的過程中，能夠存活下來的公司要麼是成本控制得比較好，要麼他成長得比別人快，要麼他資本市場運作能力比別人強。要做一個持續成長的

公司，必須在這三個方面都有所作為。而目前，房地產企業的成本管理水準，低於任何一家江浙製造企業。其銷售能力則明顯低於任何一個日用品行業，後台的資料庫建設更是無法和我們的金融行業相提並論。利潤來源方面，房地產行業土地的貢獻率占了一大半，即使是最為優秀的房地產公司，其主要的利潤來源是購買土地到銷售這個開發階段的土地價格上漲帶來的盈利。不少其他行業的公司，也在房地產行業的巨額盈利能力的驅使下紛紛擠進這個市場。這種盈利模式難以持續下去。從這個方面來看，這次調整也可以理解為整個房地產行業的準入門檻的提高，行業出現重新洗牌的過程。

不少企業可能還沒有充分意識到這個宏觀週期的重大轉變，還繼續期望類似前幾年房地產市場在宏觀經濟快速增長推動下的爆炸式增長，這是不現實的。房地產企業要拋棄幻想，準備迎接週期回落的檢驗。我們要告誡房地產商，用暴利的心態做投資和決策，經常容易做出錯誤的決策。房地產商要忘記2007年，特別是2006年、2007年這一輪大牛市的頂峰階段所具有的每個月房價都在漲、利潤大幅上升的火熱情況。2009年將是一個「剩者為王」的格局，未來房地產市場可能開始進入一個平均利潤的時期，開發商應該在新的市場環境下，重新梳理思路，該調整的進行調整，該出局就讓它出局。

即使是不同地方政府促進房地產發展的舉措，也不能一廂情願理解為救助房地產商的舉措。房地產市場要走出調整期，

需要房地產商、地方政府以及消費者的共同努力。沒有房地產商在價格上的調整，目前居高不下的房價收入比不可能降低到一個可以接受的水準，銷售不可能出現明顯的恢復，房地產市場也不可能從當前的調整階段中走出來。各房地產企業只有正視這次週期調整，從自身出發，找到適合自己發展的新的經營模式，才能夠在未來健康持續地發展下去。

基於這個判斷，身處危機中的房地產商們不應坐以待斃，或是一味等待政府的救助，而是要積極彌補自身管理漏洞，進行創新，完善自己的財務管理和融資能力，真正為消費者提供優秀的、物有所值的產品。

這次調整洗牌將有助於中國房地產市場及早回歸理性。長遠來看，也將極大地促進中國房地產市場健康、可持續地發展下去。每一次危機中都孕育著變革的種子，經過這次金融海嘯的洗禮，未來的房地產市場將會比危機發生之前更加美好、燦爛。

# Part 2
# 投行篇

目前還在演進中的次貸危機，已經被公認為一場巨大的金融海嘯。這次金融危機的一個顯著不同之處在於巨型投資銀行的戲劇性破產。這成為金融風暴全面升級的導火線。那麼一個顯然的問題是：為什麼一度規模最大、實力最強、歷史最悠久的投資銀行會成為這次危機的中心？

也許美國投行從來都沒有像今天這樣被世人廣泛關注。為什麼金融機構沒有能像葛林斯潘所說的那樣是「保護自己股東利益的最佳方面」？

# 4 | Part 2. 投行篇
## 投行遭遇滑鐵盧

## 🔴4.1 投行的黃昏

### 4.1.1 新世紀金融為什麼成為第一個？

當歷史的時鐘走到 2007 年 3 月 12 日這一天，一個普通中國民眾可能從未聽說過的公司——美國第二大抵押貸款公司：新世紀金融公司（New Century Financial Corporation）發生債務違約，遭到包括高盛、摩根史坦利在內的債權人拒絕繼續為其提供資金，而無力支付即將到期的巨額債務，宣佈不再發放新的住房抵押貸款。受此消息影響，新世紀公司的股價暴跌至 87 美分，次日被紐約證交所停止交易，公司瀕臨破產。同年 4 月 4 日，新世紀金融公司根據美國的《破產法》第 11 章申請破產保護，這個昔日的抵押貸款市場的耀眼明星自此隕落，同時也掀開了次貸危機的序幕。

新世紀金融公司是由 Edward Gotschal、Brad Morrice 和

Robert K. Cole 三人於 1995 年募集的 300 萬美元左右的風險投資創辦，1997 年成功上市，專營抵押貸款業務，在《財富》雜誌評比的 100 家增長最快的公司中排名第 12 位，一時成長為抵押貸款市場的耀眼明星。

在美國，像新世紀金融這樣的房貸公司的業務模式主要是一方面針對購房者發放購房貸款，根據個人消費信用評級公司對客戶的評級進行客戶分類，對不同信用等級的客戶採取不同的還款方式和採用不同的利率；另一方面由於其自身不能吸收存款，所以通過以貸款者每月還款的現金流作為資產池發行 MBS ❶（Mortgage Backed Security）在債券市場上進行融資或者直接賣掉抵押貸款來融資，而華爾街的投行就承擔起了債券承銷幫助其融資的角色，從中賺取佣金。同時這些投行自身也會購買貸款公司發行的債券或者抵押貸款，然後再打包成 CDO ❷ 賣給全世界的投資者。為了規避其中風險，當這些房貸公司將手中的次級債務賣給大的投資銀行時，後者通常要求前者簽署一個回購協定（Repurchase Agreement），該協定規

---

❶ MBS（Mortgage Backed Security）：住房抵押證券。MBS 是最早的抵押貸款相關證券，代表對於一個抵押貸款池現金流的權利。MBS 發行人從銀行或貸款公司購買抵押貸款，形成抵押池，並以抵押未來現金流來償還 MBS 投資者利息與本金。ABS（Asset Backed Security）即資產抵押證券，其與 MBS 原理相同，只不過其現金流不是來自於住房抵押貸款，而是來源於其他貸款如信用卡、學生貸款等。

❷ CDO（Collateralized Debt Obligations）：債務抵押憑證。CDO 從本質上也是一種 ABS，普通 ABS 以信用卡等直接現金流為抵押，而 CDO 以 MBS、ABS 等衍生品的現金流為抵押。

定如果抵押貸款人在 60 天或 90 天以內出現了支付問題，前者必須將債務從投行手中買回。在風險控制方面，房貸公司內部會有自己的數學模型監控風險，同時還有專門的會計師事務所進行外部的審計與監督。這樣在整個抵押貸款市場上就形成了購房人、抵押貸款公司和投資銀行這樣的一個鏈條，同時評級公司和會計師事務所作為外部人也參與其中。

在葛林斯潘寬鬆的貨幣政策下，美國房市一片欣欣向榮。在此背景下，新世紀金融公司積極把握機會，最大限度擴大市場份額。為此，新世紀金融甚至不惜降低標準，向低信用等級人群發放住房貸款。在行銷手段上，公司一方面利用自己的行銷網絡，另一方面還把行銷業務外包給專門的抵押貸款經紀商，讓這些經紀商尋找客戶，向客戶們介紹可提供的各類貸款。如此一來，新世紀金融公司大幅縮減運營成本，規模迅速擴大，很快就成長為行業新星。但與此同時，公司也無法對客戶資料進行嚴格的審查，從而為後來危機的爆發埋下了隱患。

在鏈條的另一端，房貸公司們會經常光顧華爾街進行融資。2006 年，華爾街的投資銀行僅抵押貸款支持證券方面的佣金收入就高達 26 億美元。在火爆的行情下，房價一路飆升，直到 2005 年創 27 年來新高。次級抵押貸款的規模也迅速擴大，2006 年達到 6000 億美元，占全部抵押貸款的 20%。在此背景下，新世紀金融公司 2006 年共發放了 516 億美元的次級貸款，2007 年一月份就發放了 42 億美元的貸款，其中次級

貸款竟然占到了總額的 81%。「該公司窮凶極惡的持續放貸，完全無視風險的存在，他們放貸的目的只是為了轉手再賣出去。」後來美國破產法院的特派研究員 Missal 如此表示道，同時在 Missal 提交給破產法院的報告中寫道：新世紀金融公司至少違反了 7 條不正當的會計手法，其中大部分都不符合國際會計準則 GAAP 的要求。違規會計準則的使用，幫助新世紀金融公司在 2006 年第三季度報出利潤 6350 萬美元，而按照正常的會計方法新世紀金融 2006 年第三季度本應虧損。新世紀金融的瘋狂可見一斑。

　　然而，市場總是有週期的。隨著升息週期的到來，房價從 2005 年底開始回落，2006 年下半年，形勢發生逆轉，房價大幅下跌。當市場好時，貸款人還不起貸款時可以迅速出售掉房產，不僅可以還掉貸款，還可以賺上一筆。但當房價回落市場趨冷時，大量潛在的問題就會突顯出來，2006 年全美次級貸款的遲付率達到四年新高。一方面，隨著貸款違約率的升高，投資人開始對新世紀金融公司的債券或抵押貸款發生懷疑，不再買入其發行的債券或抵押貸款，新的融資難以為繼；另一方面，根據事先與銀行等機構投資者簽訂的協定，因貸款人違約新世紀金融公司要回購先前出售的抵押貸款或相應債券，如此一來可謂雪上加霜。結果無疑是公司的壞帳劇增和流動資金劇減。最終在 2007 年 3 月 12 日這天，高盛等主要債權人切斷資金供應，成為壓垮駱駝的最後一根稻草。新世紀金融公司股價

隨即暴跌，次日，紐約證券交易所將其停牌。

欲使其滅亡，必先使其瘋狂。在房地產市場瘋狂的日子裡，新世紀金融是其中最瘋狂的，完全無視風險的存在，急速擴張，各種手段無不用其極，成為明星中的明星。當退潮時，最先倒下的當非新世界金融莫屬了。2007 年 3 月份的某日，公司 CEO 布萊德 · 莫里斯在公司內部會議沮喪地宣佈公司即將申請破產。同年 4 月 4 日，公司正式向法庭提交檔，申請破產保護。自此，新世紀金融的成為抵押貸款業執牛耳者的宏圖偉業終成黃粱一夢。

## 4.1.2 貝爾斯登的潰敗從這裡開始：對沖基金

就在新世紀金融公司申請破產保護之後不久，《金融時報》傳出令華爾街乃至全球投資者都為之大大震驚的消息，華爾街老牌投資銀行貝爾斯登旗下的兩隻基金瀕臨破產。這次故事的主角，貝爾斯登是美國第五大投資銀行，擁有 85 年的歷史，被譽為近幾年華爾街最賺錢的投資銀行。因為貝爾斯登的江湖地位，人們開始意識到，我們當前所面臨的可能不僅僅是美國金融業的一個噴嚏。

早在 2003 年 10 月，貝爾斯登成立了一支新的對沖基金，也就是高端結構信用戰略基金（High-Grade Structured Credit Strategies Fund）。這是一家主要以擔保債券憑證（Collateralized Debt Obligations，下稱 CDO）為投資標的的

基金。此後，貝爾斯登又成立了另一支類似的基金，即高端結構信用強化基金（High-Grade Structured Credit Strategies Enhanced Leveraged Fund）。這兩支基金於 2007 年 8 月 1 日宣佈破產，而貝爾斯登從此也踏上了潰敗的不歸之路。

要想弄清楚這兩支基金倒閉的根本原因，還得從次級抵押貸款說起。如我們在前文介紹的，抵押貸款公司向投資銀行募集資金時是以抵押貸款作為抵押的，投資銀行當然深知次級貸款的風險，所以並不打算長期持有。但這些抵押貸款或抵押貸款作為標的生成的 MBS 的信用評級大多比較低，所以難以脫手。於是投資銀行通過律師事務所在開曼群島（Cayman Island）這樣的離岸金融中心註冊一個「特殊目的機構」（SPV, Special Purpose Legal Vehicle）以躲避政府監管和避稅。由新成立 SPV 買下其母公司所持有的 MBS 或抵押貸款，然後按照可能出現拖欠的機率切割成不同的幾塊（Tranche），衍生出新的證券，即所謂的 CDO 債務抵押憑證。每一個類別都有不同級別的風險和收益，並由標準普爾、穆迪或惠譽等評級公司給予不同的評級。高級類別的資產品質最高，也能最優先獲得償付。接下來是初級或者中級類別，最後是股權類別。對於拿到 AAA 評級的高級 CDO 可以比較順利的轉手出去，而對於中低層的則需要進行進一步的「金融創

新」了。一種叫 CDS ❸（Credit Default Swap）的產品就應運
而生了，買入 CDS 的投資人將得到投行的分期支付的違約保
險金，對於投資人來說這種分期支付的保險金現金流與普通債
券的現金流看起來沒有什麼不同，而投資者則承擔起 CDO 的
違約風險，這樣投行又將中低層的 CDO 中潛在的高風險轉移
出去。華爾街的天才金融家們並沒有在此處停住他們創新的
腳步，他們本著凡是有現金流的，就可以證券化的原則在把
基於 CDS 保險金的現金流打包發明了合成 CDO（Synthetic
CDO），真是生命不息，金融創新不止，最後連 CDO 的平
方、立方等誰也弄不清的產品都問世了。

貝爾斯登旗下的兩支基金通過使用槓桿工具來提高回報
率。對沖基金往往利用自身資產作為抵押向商業銀行貸款，通
過反復的抵押其資產，一個 1 億美元的基金往往貸出幾十億美
元的貸款，更高的槓桿帶來更高的回報，但不幸的是，如影
隨形的是更高的風險。貝爾斯登自身在這兩支基金的投資僅
僅 4000 萬美元，從公司外部籌集的資金則超過了 5 億美元，
利用槓桿，兩支基金最終控制了超過 200 億美元的投資。因為
極高的槓桿倍數，即使微小幅度的房價下跌，也足以對基金
的表現產生大的影響。在 2005 年底美國房價見頂之前，高端

---

❸ CDS（Credit Default Swap）：信用違約掉期。類似於保險，買入 CDS 的投資者可以
從對家那裡得到固定支付的現金流，如果 CDO 出現違約，則需要承擔由此造成的損
失。

結構信用戰略基金（High-Grade Structured Credit Strategies Fund）表現一直不錯。但隨著房價開始下滑，面對越來越多的贖回請求，基金不得不以低於模型定價的價格出售資產，導致基金表現下滑，從而引發更多的贖回，形成惡性循環。到2007年3月份，這兩支基金所持有的抵押貸款支持的CDO遭受巨大損失，陷入虧損。其中高端結構信用強化基金，成立僅10個月就損失高達20%。

貝爾斯登基金的危機其實暴露了近幾年來資產證券化背後所隱藏的風險。在過去的幾年裡，貸款公司、投資銀行通過資產證券化把風險轉移到對沖基金，從而毫無顧忌地向低信用人群發放貸款。而對沖基金通過其對沖策略對沖掉其所持頭寸的風險暴露，在理想狀況下可以達到市場中性，從而規避掉系統性風險。然而，貝爾斯登基金危機說明了這只是一個美好的願望而已。例如貝爾斯登旗下兩支基金都是投資次級貸款抵押的債券以及以其作為標的衍生出來的CDO的，又同時賣空ABX指數進行對沖。但2007年3月份CDO價格大幅下跌，但ABX指數 ❹ 卻保持平穩，對沖失敗，兩支基金雙雙陷入了困境，處於崩潰的邊緣，貝爾斯登不得不尋求華爾街其他投行的幫助，但得到的是和20世紀90年代它給長期資本管理公司

---

❹ ABX指數由總部設在倫敦的專營信用衍生產品定價和管理指數的瑪基特（Markit）集團，在2007年1月推出的反應次級債市場的基準指數。ABX指數主要跟蹤20支低信用債券的變化情況。

（LTCM）同樣的答覆——拒絕。此時，這隻「華爾街的獨狼」
才意識到關閉旗下兩支基金是它唯一的選擇。

此後，貝爾斯登解僱了其資產管理部門負責人，聘用了
65 歲的傑佛瑞‧雷恩（Jeffry Lane）來領導資產管理部門，
以期重整旗鼓，但此時的貝爾斯登已經元氣大傷。2008 年 5
月 29 日，公司股東不得不同意併購交易，最終以 10 億美元的
價格委身摩根大通。

### 表 4-1　貝爾斯登倒塌大事記

| | |
|---|---|
| **2008 年** | 5 月 29 日：貝爾斯登公司股東接受收購協定，同意以約 10 億美元的價格將公司出售給美國摩根大通公司。擁有 85 歷史的華爾街巨頭貝爾斯登公司轟然倒塌。 |
| | 3 月 16 日：摩根大通證實，將以總價約 2.36 億美元（每股 2 美元）收購貝爾斯登。 |
| | 3 月 14 日：聯準會決定通過摩根大通公司向貝爾斯登提供應急資金，以緩解該公司的流動性短缺危機。這是自 1929 年美國經濟大蕭條以來，聯準會首次向非商業銀行提供應急資金。 |
| | 3 月 12 日：施瓦茨在美國 CNBC 電視台發表講話安撫投資者情緒，稱公司目前流動性充足，並預計公司將在第一財季實現盈利。 |
| | 1 月 7 日：貝爾斯登公司首席執行官凱恩迫於壓力宣佈離職，施瓦茨接任該職。 |
| **2007 年** | 12 月 20 日：貝爾斯登宣佈 19 億美元資產減計。 |
| | 9 月 20 日：貝爾斯登宣佈季度盈利大跌 68％。5 月底至 8 月底間，公司帳面資產縮水達 420 億美元。 |
| | 8 月 5 日：貝爾斯登公司聯席總裁兼聯席首席運營官沃倫‧斯佩克特宣佈辭職，艾倫‧施瓦茨成為公司唯一總裁。 |
| | 8 月 1 日：貝爾斯登宣佈旗下兩支投資次級抵押貸款證券化產品的基金倒閉，投資人總共損失逾 15 億美元。 |

## 4.2 「雷曼現象」──危機的全面爆發

### 4.2.1 158年的美國神話

　　時光回到西元 1850 年，在雷曼三兄弟中最小的邁爾・雷曼（Mayer Lehman）來到美國阿拉巴瑪州和兩位兄長相聚後，雷曼三兄弟亨利、艾曼紐和邁爾決定把他們的乾貨店更名為「Lehman Brothers」，擁有 158 年美國神話的雷曼兄弟公司誕生了。

　　在美國南北戰爭結束之後，雷曼兄弟把公司總部從阿拉巴馬搬到了紐約並參與了棉花交易所的創建。最初他們還一直把業務的重心放在商品交易上，1884 年，艾曼紐・雷曼設立了公司理事會，公司開始涉足證券買賣、財務顧問和股票發行等業務。1887 年，雷曼兄弟加入了紐約股票交易所。1889 年，首次作為承銷商發行了國際蒸汽公司（Steam Pump Company）的股票，這時雷曼兄弟公司正式問鼎投行領域。直到 1906 年，雷曼兄弟公司在第二代接班人菲力浦・雷曼的領導下，與高盛合作，成功幫助西爾斯・羅巴克等公司上市，真正地從一個貿易商變身為一家證券公司，從而開啟了雷曼兄弟的新篇章。

　　1925 年，羅伯特・雷曼從父親菲力浦・雷曼那裡接手下一棒，開始了雷曼的第三代時期。1929 年 10 月，史無前例

的大蕭條來臨，雷曼兄弟公司遭受重創。幸運的是，雷曼兄弟
挺過了困難的大蕭條時期，並成為金融創新的先驅之一。二戰
後，美國的經濟蓬勃發展、欣欣向榮，雷曼兄弟在這一輪的經
濟高速發展中，幫助數位設備公司（DEC）、康柏公司等成功
完成首次公開發行（IPO）。隨後，一大批公司，如美國航空
公司、福特汽車、菲利浦‧莫里斯公司、美國大陸航空公司
等都進入了雷曼的客戶名單。到了六、七十年代，隨著雷曼兄
弟的眾多客戶成為跨國公司，雷曼也開始由一家美國本土的投
資銀行朝著國際性投行挺進。當成功帶領公司躲過了美國大蕭
條，並引領公司成功走上國際化道路的第三代掌門人羅伯特‧
雷曼於 1969 年撒手人寰時，整個雷曼家族竟無一人接班。雷
曼家族對雷曼兄弟公司長達 120 年的家族統治就此畫上句號。

此後，雷曼兄弟在上世紀 70 年代遭遇到了重大危機。
1973 年因投資失利損失 670 萬美元，幾近關門。公司實施了
一項「勒緊褲腰帶計畫」，才得以渡過難關。後來公司又因投
資銀行家與交易員之間重重矛盾而陷入麻煩，最終在 1984 年
被美國運通以 3.6 億美元的價格收購，遭遇自成立以來最大的
危機，不幸中萬幸的是雷曼兄弟這塊在華爾街掛了 130 多年的
招牌還是得以保留下來。

接下來雷曼兄弟的命運是和一位叫迪克‧富爾德的交易
員緊緊聯繫在一起的。1993 年，美國運通剝離公司的銀行及
經紀業務，雷曼兄弟公司也從中獨立出來。交易員出身的迪

克・富爾德臨危受命，接管了已經面目全非的雷曼兄弟，並於次年成功以雷曼兄弟控股公司（Lehman Brothers Holdings Inc.）的名稱在紐約證交所上市，正式成為一家公眾公司。在之後的 14 個春秋裡，雷曼兄弟一直在「華爾街罪凶狠的鬥牛犬」迪克・富爾德帶領下，屢創輝煌：2000 年，雷曼兄弟成立 150 周年，其股價突破 100 美元，並進入標普 100 指數成分股；2005 年，雷曼兄弟管理的資產規模達到 1750 億美元，被 Euromoney 評為年度的最佳投資銀行；2006 年，雷曼兄弟名列 Barron's 500 年度公司績效調查榜的第一名；2007 年，又被《財富》雜誌評為年度「最受尊重的證券公司」，從而登上了 158 年歷史的巔峰。

### 表 4-2　雷曼兄弟公司大事記

| | |
|---|---|
| 1850 年 | 雷曼兄弟公司建立（亨利・雷曼；艾曼紐・雷曼；邁爾・雷曼） |
| 1906 年 | 雷曼二代登場（羅伯特・雷曼），這一年雷曼兄弟公司已成為紐約最有影響的股票承銷商之一 |
| 1929 年 | 第一次遭遇危機：經濟大蕭條（羅伯特・雷曼） |
| 1973 年 | 第二次遭遇危機：權力真空、經濟衰退、加之雷曼兄弟投注利率失誤，損失 670 萬美元，公司陷入嚴重困境（皮特・彼得森） |
| 1984 年 | 第三次遭遇危機：因內部爭鬥被美國運通收購（路易士任公司 CEO） |
| 1994 年 | 剛從美國運通獨立出來的雷曼兄弟成功在紐交所上市（迪克・富爾德） |
| 2001 年 | 「911」襲擊：該公司設在世貿三樓的金融交易中心毀於一旦，但他們僅用了 48 小時就恢復業務（迪克・富爾德） |
| 2007 年 | 被《財富雜誌》評為年度「最受尊重的證券公司」 |
| 2008 年 | 9 月 15 日，宣佈申請破產保護 |

## 4.2.2 站在懸崖的邊緣

出身於交易員的迪克‧富爾德酷愛冒險、渴望競爭，行事果斷、雷厲風行，被華爾街人士稱為「華爾街最凶狠的鬥牛犬」。1993 年，富爾德開始接手貧瘠贏弱的雷曼兄弟，此後數次挽雷曼兄弟狂瀾於既倒。雷曼兄弟在他的領導下開始走上從低谷到巔峰，又從巔峰隕落之旅。

在富爾德的領導下，雷曼積極進取，大舉擴張投行業務，進軍炙手可熱的房貸市場和衍生品市場，雷曼用自有資產作抵押，向商業銀行、對沖基金、機構投資者大量借貸，再將借來的資金購買房貸相關資產，再打包發行新的產品賣給投資者，將槓桿機制用到了極致。房貸市場的蓬勃發展給雷曼帶來滾滾利潤的同時，也助其實現業務上的大舉擴張。2004 年，雷曼收購 BNC 房貸公司，以便能有源源不斷的次級房貸來源。2006 年一季度，BNC 房貸公司每個月發放次級房貸達到 10 億美元。此外，雷曼還收購了 Aurora 貸款公司，該貸款公司發放 Alt-A 房屋貸款。2007 年上半年，Aurora 貸款公司每月放貸高達 30 億美元。高風險有時確實能產生高回報，從 2003 年到 2007 年，雷曼的利潤達到了 160 億美元。過去 10 年，其股價年均上漲 29%，其競爭對手難以望其項背。在如此驕人的業績下，2007 年雷曼兄弟被《財富雜誌》評為年度「最受尊重的證券公司」，CEO 富爾德無疑也成了華爾街明星中最耀眼的那一顆。

然而，福兮禍之所伏。

近幾年來，雷曼採取大膽激進的策略，成為華爾街打包發行房貸債券最多的投行，自家也買入了大量與住房抵押債券相關的高風險資產，到 2007 年底積累了 850 億美元的房貸資產，其中高收益債券和房貸高達 327 億美元；同時，在高風險高回報策略的驅使下，2003 年底，公司槓桿比率為 26 倍，而到 2008 年一季度，則攀升到了 39 倍。在如此之高的槓桿下，一旦發生短期融資困難，被動去槓桿則會損失慘重。

終於，2007 年夏季次貸危機爆發。雷曼兄弟在 8 月份因此進行 10 億美元的資產減計，後又因為貸給對沖基金的槓桿貸款（Leveraged Loan）無法收回，致使在 2008 年一季度，又進行了高達 100 億美元的資產減計。2008 年 2 月結束的第一個財季裡，雷曼又利用公司資產作抵押，大量借貸押寶 Alt-A 資產，隨後的信貸市場惡化，新買入的 Alt-A 資產面臨新一輪的減計。隨著美國房地產市場持續惡化，住房貸款欠款不斷上升，雷曼不得不套現部分住房貸款資產，雪上加霜的是，雷曼所持有商業樓宇貸款資產在信貸危機的衝擊下同樣面臨著資產減計。雖然公司同時賣空 ABX（次級房屋貸款債券價格綜合指數）和 CMBX 指數（商業抵押貸款指數）進行對沖，但據《華爾街日報》報導稱，雷曼的部分對沖並未取得預期效果。在整個第二財季，雷曼累計一共變賣了 1470 億美元資產，為此不得不承擔大量的帳面損失，最終交出巨虧 28 億

美元的第二財季成績單。

面對岌岌可危的形勢，雷曼兄弟走馬換將，撤換首席財務官卡蘭與首席運營官格里高利，分別由洛維特和邁克戴德接替，前高管格班德和科爾克重返雷曼兄弟，分別擔任全球資本市場主管和全球股本投資主管。與此同時，雷曼兄弟宣佈了2008 年將解僱多達 1500 名員工，此數約占員工總數的 6%。而自 2007 年 6 月以來，雷曼兄弟已經解僱超過 6000 名員工。市場憂慮之心日益加重，2008 年 6 月 30 日股價跌破 20 美元，較年初 60 多美元下跌三分之二強，一時「貝爾斯登第二」甚囂塵上。

08 年 7 月份後，雷曼股價一路下挫，此時靠增發新股募集資金顯然是不太可能完成的任務，變賣資產成為融資的唯一選擇。其實雷曼兄弟一直在全球範圍內尋找合適的投資人，包括日本東京三菱銀行、加拿大皇家銀行、日本野村控股等都曾表達過入股雷曼兄弟的意願，但均無結果。2008 年 9 月 9 日，當被認為最有誠意的韓國發展銀行（KDR），因「交易條款談不攏及考慮到國內外金融環境」而終止談判時，雷曼股價當日暴跌 45.9%。次日，公司提前公佈第三財季報表，爆出高達 39 億美元的 158 年歷史最大單季損失，並提出一套拯救計畫，擬出售旗下資產自救。但市場並不認同該計畫，以股價連續暴跌給予回應。此時，雷曼兄弟已是站在懸崖邊上，命懸一線。

### 4.2.3 調整市道下的世態炎涼

　　就在美國總統喬治・W・布希剛剛宣佈接管「兩房」（房利美和房地美）之後，市場驚恐的心得到稍稍撫慰不久，韓國發展銀行（KDB）於 2008 年 9 月 9 日宣佈因「交易條款談不攏及考慮到國內外金融環境」而終止與雷曼兄弟的談判，隨即雷曼兄弟可能成為貝爾斯登第二的恐慌彌漫整個華爾街。當日，雷曼股價幾近腰斬，創上市以來最大單日跌幅，雷曼兄弟進入生死時速。

　　9 月 10 日，雷曼 CEO 迪克・富爾德在公司總部召開緊急會議，提前宣佈第三季度財報，爆出單個財季虧損 39 億美元，同時提出數項重組方案，初步擬定「好銀行」、「壞銀行」分拆計畫，以及通過大量減持房貸相關資產，出售其投資管理部門（Investment Management）來緩解流動性危機。富爾德力圖通過從根本上重組雷曼兄弟，以期度過 158 年歷史中最艱難的時刻。這位屢次帶領雷曼兄弟渡過危機的 CEO 堅信他們這次同樣也能全身而退。

　　然而在雷曼兄弟 6390 億美元的總資產中，淨資產大約只有 250 億美元，而且雷曼仍面臨著抵押貸款相關資產發生損失的風險。與其他競爭對手相比，在與房地產相關的證券業務上，雷曼要多得多。據雷曼前首席財務官布拉德・辛茨透露，雷曼的那些無法估值的證券化產品總值約 750 億美元，相當於其淨資產的 2.5 倍。儘管如此，雷曼兄弟的一些業務和資

產負債表中都不乏亮點：它的投行業務和投資管理業務皆盈利；在全球證券承銷市場中排名第七；在全球債券承銷市場中排名第十三，占全球市場份額 3.4%；其資產管理諮詢業務在全球排名第八，全球市場份額為 16.8%。而在雷曼控股旗下的分公司有雷曼兄弟有限公司、NEUBERGER BERMAN、Aurora Loan Services、雷曼兄弟銀行、Eagle Energy Partners和 the Crossroads Group 等多家。其中諸如雷曼兄弟 PE 合作夥伴公司、Aurora Loan Services、NEUBERGER BERMAN是完全獨立的業務。它們的資產管理業務、研究與運營業務，均完好無損。特別如 NEUBERGER BERMAN 專營私人財富管理業務，管理著 500 億美元的資產，是雷曼控股「遺產」中的一塊肥肉。許多感興趣的買家開始搜集資料，評估收購雷曼資產的可行性，以期能夠把握住「一生中只出現一次的機會」。

為了平息市場持續上升的恐慌，9 月 12 日晚間六點，聯準會、財政部的牽頭，花旗集團（Citigroup Inc.）、摩根大通（JPMorgan Chase & Co.）、摩根史坦利（Morgan Stanley）、高盛集團（Goldman Sachs Group Inc.）以及美林（Merrill Lynch & Co.）等華爾街大佬們聚集一堂，商討如何拯救雷曼兄弟、穩定市場。由於有摩根大通在聯準會為貝爾斯登 300 億美元高風險資產提供融資擔保的前提下，以跳樓價 10 億美元吞併貝爾斯登之先例，與會的大佬們摩拳擦掌、躍躍欲試。

然而，這次財政部長保爾森明確表示不會將納稅人的錢投

入救災，而只願扮演仲介角色，推動市場來解決問題。那麼在沒有政府出面擔保下，雷曼兄弟帳面上高達 530 億美元的問題資產將是個無法回避的問題。

利益才是華爾街永恆也是唯一的主題。

在沒有財政部和聯準會的介入下，整體收購雷曼就變得希望渺茫。一方面，沒人知道雷曼的問題資產到底價值幾何，這可能是一個無底洞；另一方面，一些機構自身也有數以十億計的問題債券資產，可能本身就是需要拯救的對象。此時此刻，問題變得十分簡單了，因為吸引大佬們來開會的是雷曼兄弟的部分「有興趣的」資產，而不是改善它的資產負債表。如此雷曼兄弟唯有破產一路可走，將它的資產將出售給報價最高的買主。只有這樣才能讓買賣雙方都履行為自身利益而戰的義務。13 日晚間，美國銀行宣佈不會收購沒有政府出資支持的雷曼，而與美林進行協商達成收購協定，14 日下午兩點巴克萊銀行正式宣佈退出交易。雷曼兄弟遭受致命的一擊，大勢已去，破產如期而至。

終於，2008 年 9 月 15 日，雷曼兄弟宣佈破產。這隻曾被紐約大學金融授 Roy C.Smith 形容為「有 19 條命的貓」，在歷經 158 年的風風雨雨之後，最終沒能從這場百年一遇的金融海嘯中逃生。

而在接下來的日子裡，盤旋在雷曼兄弟餘溫尚存的屍體上空的將是前來分一杯羹的華爾街禿鷲們。

### 4.2.4 山雨欲來風滿樓

　　在 2008 年 3 月摩根大通接手華爾街第五大投行貝爾斯登後，動盪的金融市場稍稍平靜。然而不久，因變更會計準則，房地美、房利美兩公司需籌資合計 750 億美元。受此影響，兩公司股票重挫雙雙跌至 13 年來最低點。經手住房抵押貸款總額約為 5 萬億美元，占據美國住房抵押貸款市場的半壁江山，並且受到政府隱性擔保的「兩房」臨危，對本已脆弱的市場來說，無疑是一記重磅炸彈。財政部與聯準會絲毫不敢怠慢，急急推出救援計畫，並於 9 月 7 日正式託管「兩房」。市場喘息未定，又傳來雷曼兄弟深陷破產困境。同樣，財政部和聯準會馬不停蹄，召集金融大亨們緊急磋商救援計畫。由於前有貝爾斯登和「兩房」先例，眾多考慮收購的買家都希望財政部和聯準會提供擔保。但是，聯準會紐約分行總裁 Timothy F. Geithner 對金融大亨們直言相告，當前的情形需要的是整個金融行業進行自救，問題已經不僅局限於個別的銀行了，如果金融業不集體想辦法，誰都有可能成為遭殃的下一個。隨後，Timothy F. Geithner、財政部長保爾森與證券交易委員會主席考克斯等高層官員明確表示，「美國政府不會將納稅人的錢投入救災。」

　　其實，保爾森等如此的表態也是意料之中的。3 月份貝爾斯登發生危機，雖對市場造成極大衝擊，但畢竟此時危機只是小荷才露尖尖角，政府希望迅速採取行動，消除恐慌，避免由

恐慌引發擠兌，進而陷入惡性循環。然而，隨著美國房地產市場持續下滑，以住房抵押貸款為標的衍生出的 MBS、CDO 和 CDS 等證券資產面臨大幅價值縮水，投資銀行、對沖基金等金融機構又大量使用槓桿，大都面臨著嚴重的資金短缺。整個金融體系都面臨著去槓桿化。現在，擺在美國財政部和聯準會面前的不是拯不拯救雷曼兄弟這一家機構的問題，而是一個兩條道路的選擇問題。

　　一條道路是政府通過加大印鈔機的馬力，來購買金融機構的問題資產，掩蓋金融機構的流動性問題，把私人債務變成國家債務，這樣做會引起超級通貨膨脹和貨幣貶值。這樣一是會損害美國納稅人的利益，這在貝爾斯登和兩房的拯救行動上已飽受詬病；二是會損害全球美國債權人的利益，投資者會用腳投票、賣出美元，從而危及美元的霸主地位和「動搖民主資本主義與自由市場的基本原則」，而這是美國的根本利益所在。第二條道路是讓市場自己來解決問題，為不良資產建立一個可交易的具有流動性的市場。而這意味著金融體系的去槓桿化，同時面臨著流動性短缺問題和風險資產的重新定價問題。對於前者，聯準會在貝爾斯登事件之後已經向投資銀行開放了短期融資窗口。至於後者則可能會導致金融機構面臨大量的帳面損失，如果雷曼兄弟賣掉高達 530 億美元的 CDO 和其他問題資產，價格將是市場價格（mark-to-market），而不是模型定價（mark-to-model），極端情況下這個價格甚至可能是零。此

外，總價值高達 60 萬億左右的 CDS 市場也需要重新定價。由於美國整個金融系統都過度槓桿化，資產重新定價將會帶來無法估量的資產帳面損失，無論對於金融機構還是美國家庭的資產負債表將產生巨大影響：對金融機構破產而言將面臨破產；對美國家庭來說面臨財富損失，不得不減少消費，進而影響實體經濟，實體經濟將面臨產能過剩和通貨緊縮。

鑑於此，美國財政部和聯準會面臨著兩難的選擇。完全走第一條道路，在政治上顯得不太可能，完全走第二條道路有可能面臨整個金融體系崩潰的局面。所以，財政部和聯準會只能採取中間路線，對於金融機構，只能抓大放小，棄卒保帥，救其必救。對於更多的金融機構而言，它們的未來則需要市場來給出答案。

雷曼兄弟，雖然在投行中位列第四，但畢竟對於整個金融系統而言還沒有達到舉足輕重的地位。保爾森態度鮮明，政府的責任在於保護整個金融系統的安全，而不是拯救一家又一家的問題機構，而且貝爾斯登公司事件以後，聯準會已經向投行開設了特別的融資管道，允許投資銀行像商業銀行一樣直接向中央銀行貸款。同時重點強調，與貝爾斯登猝死不同，雷曼的問題，市場已有充足的時間應對。而雷曼兄弟 CEO 迪克·富爾德一直不願意對 530 億美元的 CDO 等問題資產作「賤賣」處理，而在 7 月份的時候，第三大投行美林則以 2.2 折的跳樓價揮淚甩賣了票面價值高達 310 億美元的 CDO，市場

也給了雷曼和美林不同的判決：雷曼兄弟於 9 月 15 日宣佈破產，美林則以 440 億美元的價格被美國銀行收購。

雷曼破產、美林被吞，華爾街五大投行倒下其三，引發骨牌效應。最大的保險公司美國國際集團（AIG）告急，最大的儲蓄銀行華盛頓互惠銀行（Washington Mutual）被美國聯邦存款保險公司（FDIC）接管，投行界最後的大佬摩根史坦利、高盛向銀行控股公司轉型，揮手告別獨立投行時代。索羅斯認定「我們處在自 30 年代經濟大蕭條以來最糟的金融危機」；葛林斯潘掐指一算，百年一遇，是為金融海嘯。一時間，風聲鶴唳，山雨欲來。

## 4.3 傳統的華爾街模式投行時代一去不返

當多年以後，金融史學家們回顧今日的金融危機時，2008 年 9 月 21 日可能是一個需要特別提及的日子。正是在這一天，美國聯邦儲備委員會（Fed）批准摩根史坦利（Morgan Stanley）和高盛集團（Goldman Sachs）從獨立的投資銀行轉型為銀行控股公司。由於此前雷曼兄弟破產以及貝爾斯登和美林皆被收購，美國聯邦存款保險公司（FDIC）前主席 William Isaac 認為這是「華爾街獨立投行時代的終結」。

在轉為銀行控股公司之後，高盛和摩根史坦利將要接受包括美國證券交易委員會在內的數家聯邦監管機構更為嚴格的監

管：其中聯準會將監管其母公司；美國財政部將負責國家銀行特許；由於高盛和摩根大通新吸收的公眾存款將會得到聯邦儲蓄保險公司（FDIC）的保險，該機構也會行使監督責任。對此，兩家公司反應積極，都表示面對正在進行廣泛且深刻調整的金融市場，接受聯準會及更多機構的監管是符合時宜的，並且就保護公司業務及其網絡而言，是不無裨益的。而事實上，對於高盛和摩根史坦利來說，朝著銀行控股公司轉型實為無奈之舉，就在被批准成為銀行控股公司的前一周，它們還聲稱要堅持一貫的路線。但是，雷曼的破產引發市場極度恐慌，在一周之內摩根史坦利股價暴跌 69%，高盛也下跌超過 10%。由於股價崩盤，形勢岌岌可危，投資銀行一時無法從貨幣市場中進行短期融資，兩家機構總裁才無奈表示「別無選擇」。

隨著次貸危機不斷深入，越來越多的機構陷入困境，越來越龐大的風險資產需要重新定價，完全靠政府買單來解決問題顯然不現實。通過市場手段來緩解、解決問題成為必然的選擇。美國當局放任雷曼破產，實質上就是想表明此種態度。過去數十年間，華爾街的投資銀行們利用槓桿大多高達 30 倍上下，從高風險中火中攫取高額利潤，高盛和摩根史坦利等投資銀行的高管們個個從年終分紅中賺的鉢滿盆滿，而把風險留給投資者。金融危機的爆發終於使投資者對投資銀行的這種賺錢方式失去信心。在高盛和摩根史坦利轉型成為銀行控股公司之後，它們可以設立分支機搆吸收公眾存款，並且可以從聯準會

申請緊急融資。如此，因為可以利用存款來為自己的大部分業務融資，高盛和摩根史坦利至少保證了它們不會遭遇到與雷曼相同的命運。對整個市場而言，此舉也可以起到穩定的作用。普通儲戶在商業銀行的存款，由於有聯邦存款保險擔保，顯得相對安全。普通儲戶一般不會提取他們的在銀行中的存款，飽受金融危機打擊的華盛頓互惠銀行迄今的存款水準基本沒有變化就是最好的例證。事實上，高盛和摩根史坦利的轉型與摩根大通收購貝爾斯登及美國銀行收購美林的實質是一樣的：一方面通過合併財務報表降低槓桿率，另一方面可以緩解短期融資壓力。更重要的是，通過這樣運作可以提振投資者信心，避免市場過分恐慌產生的惡性循環。可以預期的是，在未來的市場中存活下來的可能只是幾家巨無霸的金融控股集團。獨立投行的時代已是一去不復返。

太陽底下無新事。這種趨勢的出現並不是什麼新興事物，而是歷史的回歸。事實上，獨立投行的歷史反映了20世紀的潮流：這就是大蕭條年代政府對證券市場管制的加強和在以後的年代裡政府管制的逐漸放鬆的過程。在19世紀，銀行不僅包括商業銀行業務，也包括投資銀行業務。1929年股市大崩盤後，人們發現許多臭名昭著的人物，如合眾國銀行（The bank of United States）的馬爾庫斯往往從母銀行借錢從事股市投機，當股市泡沫破滅後，大多數貸款無法償還，合眾國銀行也因此破產，儲戶存款也隨之虧損一空。接下來的1933

年，為加強管制，美國國會通過《格拉斯—斯蒂格爾法案》將
商業銀行和投資銀行分離，從而創造出了現代華爾街獨立投資
銀行。然而管制之道高一尺，創新之魔高一丈。自上世紀 80
年代以來，美國的金融創新特別是金融衍生工具方面的創新發
展極其迅速。在超額利潤的誘惑下，華爾街投資銀行利用金融
工程技術，巧妙運用各種複雜的數學模型，發明設計出的一個
個令人炫目的金融衍生產品，為廣大的投機者創造了各種套利
機會，各大投行也從中牟取不菲的佣金。然而，華爾街在大力
進行金融創新的同時，金融監管和風險評估無法跟上金融創新
特別是金融衍生工具發展的腳步，導致大量風險積累在金融機
構和整個金融體系中。隨著房地產泡沫破滅，這些最為激進的
投資銀行自然落入金融海嘯的中心，而今被迫與商業銀行聯
姻，不得不重回混業經營之路。

　　如前文分析，從短期看走投資銀行混業經營之路可以改善
它們的資產負債表，降低槓桿以及獲得短期融資，從而可以穩
定市場，暫時遏制危機向更大範圍蔓延。然而，挑戰仍然存
在。隨著相關法案在 1999 年被廢除，商業銀行亦被允許涉足
投資銀行業務。自由市場理念的宣導，監管的放鬆，面對越來
越大的提高股東回報率的壓力，商業銀行也紛紛捲入到衍生品
的盛宴當中，大都配置了一定的風險資產，自然其中的高風險
也就滲透到商業銀行之中。此外，投資銀行和對沖基金為了提
高槓桿，也用其所持有的風險資產作抵押向商業銀行貸款，在

去槓桿化的大勢下，個中風險亦不可小覷。一方面房地產市場仍未見底，實體經濟也開始衰退；另一方面高達 60 多萬億的 CDS 市場需要重新定價，危機仍將繼續，商業銀行以及金融控股集團能否從這場金融海嘯中脫身仍是未定之數。

另外，獨立投資銀行轉型走混業經營之路，利用商業銀行為投資銀行融資，監管當局面對將是大蕭條之前的局面：如果為了防止大蕭條時合眾國銀行倒閉之類的事件再次發生，投行發生危機時不能動用公眾存款，混業經營也就變得沒有意義。如果允許動用商業銀行儲戶的資金應急，風險隨之向普通儲戶擴散，如此一來就完全摒棄《格拉斯—斯蒂格爾法案》的精神，而該法案是美國監管當局從大蕭條中吸取教訓的產物。如今，為緩解短期壓力而飲鴆止渴。事實上，美國的商業銀行本身也有規模龐大證券部門，簡單成為金融控股公司根本不能真正解決問題，這不是一個關於分業與混業的問題，而是一個創新與監管的問題。因此，真正從根源上解決問題需要更嚴格的風險控制與金融監管，整個金融體系需要更大的穩定性和更低的風險。這樣看來，次貸危機是以危機的方式逆轉過去幾十年「放大信用和自由市場化」的趨勢以及摧毀由此主導的美國金融秩序。正如美國曼哈頓大學 Charles Geisst 教授在《華爾街：一段歷史》中所寫的：「隨著它們（高盛和摩根史坦利）不得不投身存款業務以求自保，高槓桿時代將結束，隨風而去的還有曾經那一張張印著總統頭像的豐厚回報。」

# 4.4 投行如何走向未來？

偉大的哲學家聖奧古斯汀在他的名著《上帝之城》❺ 一書中指出：世界上存在著兩重同構的秩序：「上帝之城」的秩序和「塵世之城」的秩序。人間秩序是充滿邪惡和苦難的，人間秩序的完美化和拯救之途就在於「上帝之城」的秩序。以此來看，巨型投資銀行的災難就是一種缺失「上帝之城」秩序的惡果。

失敗的監管、無序的金融市場最終需要一場危機來徹底結束這種無序的狀態和人們的無休止的貪婪。

## 4.4.1 重塑金融監管的「上帝之城」

為什麼金融機構沒有能像葛林斯潘所說的那樣是「保護自己股東利益的最佳方面」？答案就在於「上帝之城」的嚴重缺失。那麼什麼是金融市場中的「上帝之城」？這在於兩個核心的層次：其一是企業的信託責任與股東價值最大化的理念；其二是有效的外部金融監管，前者是企業內部所奉行的秩序，後者則是強制企業依秩序行事的秩序，兩者的有效結合，根本上就可以保證金融市場的有序運行，而他們的缺失則可能導致災

---

❺《上帝之城》這部世界名著，前後歷時十四年，乃奧古斯汀的晚期著作，其中的內容融匯了他一生中的主要思想，因此可以說《上帝之城》是他思想的成熟之花，是他一生思想的結晶。

難，這一次金融危機就是一次靈驗。

因此，這次史無前例的投行巨頭破產大案，無論從其破產之前的一系列高槓桿、高風險行為，還是其破產之後所引起的「多米諾」效應來看，處於風口浪尖上的「投行滑鐵盧」首先將被視為現代史上最大的監管失敗。次貸危機之前，投行所使用的槓桿級別使之極為脆弱，這是一種高風險行為。大型投資銀行的平均槓桿比率很高，但未受到任何審慎監管機構的監管，這是監管失敗之一；其次監管方過於迷信自我監管有效性，他們認為投行會「管好自己」，而事實上，投行們並沒有這樣做，不但沒有為投資者帶來紅利，還把他們帶入了深淵，這是問題之二，即投行們信託責任的缺失，他們把投資者的利益置於不顧，完全無視股東價值最大化的基本理念。如果這些銀行的高管們不能為股東權益而服務，甚至以犧牲股東利益來漁利自己，那麼，一個自然的問題：他們的底線在哪裡？很清楚，如果失去了「信託責任」，沒有了「道德血液」，就等於沒有底線。在這種情況下，企業會做什麼呢？我們已經看到了：投行製造有毒資產，三鹿生產「三聚氰胺」。

總之，這種無效的監管方式以及信託責任的喪失所產生的問題之多，風險之大，令人震驚。許多大型貸款機構並未透露表外業務風險。在某些情況下，它們自己也不理解這些風險。而更為根本的是，目前的這種監管模式允許另一個龐大的金融體系長期游離於監管者的視野之外，並在正常的銀行業網絡之

外發展起來。這個體系包括投行和抵押貸款金融公司等。它們既不受監管又不透明，而且槓桿比例高得驚人。正是在這種情況下，隱藏的巨大風險被忽略了，直到今天，對於華爾街精英們來講，一場不期而遇的金融海嘯不失為「一劑鎮定藥」，它足以讓以投行為中心的金融機構清醒起來，也可以讓曾經自以為是的監管機構清楚地認識到他們錯了。

然而錯誤的代價是巨大的，世界各地的市場參與者被這一系列破產案嚇得目瞪口呆。那麼最有讓人擔心的結果就是投資者信心喪失，以及前所未有的恐懼感，而這又會進一步導致信貸凍結，全球資本市場出現暴跌。目前，由投資銀行破產所「點燃」的全球金融市場動盪已愈演愈烈。信心不足，信貸緊張已成事實。而解決信心問題也已經成為監管者面臨的最大問題。

如何做到有效的金融監管呢？首先，經過這次危機的重新洗禮，一個全球性的共識呈現在世人面前：金融監管失靈會產生危機。而之所以出現這樣的監管失靈，很大程度上在於監管機構改革沒有跟上金融機構商業模式的重大變化。因此，監管方面的改革必須認識到這種深刻的轉變，並以此為基礎，重新調整監管框架。我們知道傳統銀行的模式是「發起並持有」，銀行發起一筆貸款，一直持有它並且收息。這在很多國家尤其在中國仍然是一種主導模式。但是在過去 30 年中，這一模型不斷轉變為「發起並銷售，發起並分散」，銀行把這筆貸款發

放之後，把它銷售出去，把它證券化分散。這個模式的重大轉變需要監管機構的監管理念相應做出重大調整，但是很遺憾，他們沒有！

很多人把這次危機的原因歸結為證券化。然而這是一個極大的誤解，證券化本身沒有錯，它提供流動性，解決商業銀行的資產負債表裡的流動性錯配問題。真正的錯誤在於監管機構並沒有意識到商業銀行風險管理的主動性已經發生了根本變化。傳統模式下，銀行只有商業銀行一種，這種機構會進行主動的風險管理，去評價貸款方是否具備償還能力，並會主動評估抵押品的價值，會堅持收入作為第一還款來源。因此，當銀行的目標是自己持有這些貸款的時候它是個主動的風險管理者；但當它的目標是把這個貸款賣出去的時候，它就放棄了主動風險管理的基本原則，包括以收入作為第一還款來源。這不是他們不懂，而是商業模式變了，它沒有義務為貸款負責。模式變了，激勵和約束就不同了。所以葛林斯潘在美國國會聽證反思自己錯誤的時候講了一點，「我錯就錯在我過分的相信，金融機構的管理層會比監管者能更好地保護股東的權益和金融機構的資產，現在看來，他們在高激勵下沒有這樣做」。他提出改進的措施也不是停止證券化，而是考慮要不要規定銀行持有一定比例的證券化資產。當他們持有自己發起的信貸資產時，他才有動機去跟蹤、管理基礎資產的風險狀況。

因此，不能說是證券化本身是錯誤。華爾街的最大問題是

激勵約束的失衡。有一個諾貝爾獎獲得者反思說，這個賭局從一開始就註定要出現問題。整個華爾街破產的主要原因相當於，我們出錢讓大家去賭，贏了他們發獎金，輸了我們填窟窿，這樣的一個遊戲規則肯定會激勵他們去冒險。

現在是我們重塑「上帝之城」的時候了，而且我們似乎已經看到了希望。

數十年來，華爾街一直對有關方面加強監管的努力加以抵制。因此，美國最著名的兩家投行自願服從聯準會監管的決定，生動地表明瞭監管格局即將發生變化。

摩根史坦利和高盛向傳統商業銀行轉變的舉動本身等於最終承認：商業銀行與投資銀行之間模糊的界限，而這也將意味著金融服務行業需要創建一個全新的監管框架。本質上講，這個框架必須解決一個根本問題：事前監管如何避免妨礙效率，事後監管如何防止道德風險，這無異於一個「刀刃上的平衡」，考驗著監管者的智慧。總之，重塑「上帝之城」，衝突之多，困難之大，任務之巨，但前進沒有回頭路。

此外，如果明白這次危機的根源之一在於金融監管之敗，而不是金融創新之敗，那麼，就會清楚，金融創新難說再見，甚至，一定程度上，世界能否走出這次全球性金融危機仍然需要進一步的創新。

## 4.4.2 向前看：展望投行的未來

縱觀近百年來每次金融危機，就會發現，每次危機在醞釀和形成的時候，在泡沫形成的時候都會說「this time is different」，這一次是不一樣的；過去是「金磚四國」；再前推是 IT 資訊技術；再往前則是鐵路。可是每次金融危機過後反思才發現，「every time is same」，每一次都是相同的：過度的負債，流動性達到充足的、用之不竭的假像，充足的流動性導致資產泡沫，相信這些轟然倒下的投行大佬們對此應該毫不陌生吧。

　　每一次，當我們反思過去錯誤的時候，總會再一次把滿腔希望寄予未來，那麼一個未來的華爾街將以一種什麼樣的面貌呈現在我們面前呢？

　　華爾街走過了一個生命的輪迴，從希望的春天到絕望的冬天，從無盡的繁榮到無底的衰退，它的成功源於它的聰明，而它的失敗則是因為太聰明。未來的華爾街將是什麼樣子，你可以想像，活力如昨還是一蹶不振？也許我們看不到盡頭，但一些跡象已經顯現，這就是：商業銀行與投行的整合、更多政府干預、更為嚴厲的金融監管……

　　過去的華爾街已經過去，未來的華爾街正在孕育之中，未來將會呈現一幅什麼樣的畫卷，我們只有選擇等待。但不管怎麼，我們可以大致猜測一個新的華爾街將會是一個什麼模樣？最為可能的場景是：新的華爾街將不得在政府干預和道德風險

之間尋找新的平衡。為避免金融風暴對美國金融體系的衝擊，美國財政部和聯準會實施了果斷而迅速的救援行動，這種典型政府干預主義雖然有助於阻止風險，避免傳染，控制危機的範圍，但同時也會滋生潛在道德風險，這是一個短期與長期權衡取捨的問題，處理得好，利大於弊，處理不好，弊大於利。換言之，政府干預的目的在於「清理和清掃華爾街」，而不是成為華爾街的主人。

回首過去，華爾街的成功和它的失敗似乎都基於一個相同的理由：自由市場與國家干預之間永恆的衝突。

華爾街的故事是一段值得向人們講述的傳奇。因為，正如羅馬人一樣，在華爾街這個偉大的博弈場中的博弈者，過去是，現在還是，既偉大又渺小，既高貴又卑賤，既聰慧又愚蠢，既自私又慷慨——他們都是，也永遠是普通人。總之，人類仍將在貪婪與恐懼，瘋狂與理性中求索、前行。❻

---

❻ 引自：約翰‧戈登《偉大的博弈》

## 落難的 CEO——斯坦利 · 奧尼爾

圖片來自新浪財經

　　他出身貧寒，從一個普通的汽車工人，做到華爾街巨頭的 CEO。喜歡冒險的他參與在了 CDO 市場的這個世紀大豪賭，隨著 CDO 市場的崩潰，在這場豪賭中敗下陣來，年僅 55 歲就被迫提早結束了本應精彩的職業生涯。這就是華爾街巨頭中的第一位非洲裔美國人——美林公司前 CEO 斯坦利 · 奧尼爾。

　　1951 年 10 月，斯坦利 · 奧尼爾出生於美國南方的阿拉巴馬州一個農民的家庭，他的祖父曾是一名黑奴。自古英雄出寒門，貧寒的出身造就他冷酷的外表、剛毅的內心，同時也激發了他改變命運的鬥志。中學畢業後，奧尼爾成為通用汽車公司的一名工人，聰明和勤奮的他很快就升為領班。但奧尼爾並

不滿足於此，好強的他一直在尋找更好的機會，終於在通用汽車公司的幫助員工上大學計畫的幫助下完成了大學學業，隨後又依靠自己的刻苦努力獲得了公司提供的哈佛商學院學習的獎學金並獲得了 MBA 學位。哈佛商學院的學習經歷是他人生轉折的起點，他完成學業後先在通用汽車公司的財務部門工作，後被投資銀行業所具有的挑戰性深深地吸引。35 歲那年，他正式加盟美林，成為高收益債券部門的一員，從此開始譜寫人生的輝煌。

奧尼爾從 1986 年加盟美林公司以來，歷任高收益債券部門主管，投資銀行經理，執行副總裁，公司機構客戶負責人，首席財務官，經濟業務部門主管等，幾乎涵蓋了美林公司的所有業務。他在每個職位上都力求完美，經他接手後的部門業務都有較大的增長。他的沉著冷靜，果敢堅決在 1990 年奮力將美林公司的垃圾債券業務從毀滅中解救出來和 1998 年對沖基金長期資本管理公司垮台時努力制止公司的損失中表現得淋漓盡致，令人印象深刻。卓著的成績使他在 2001 年成為公司的總裁兼首席運營官，2002 出任首席執行官，次年接任公司董事長。從而登上個人職業生涯的頂峰，但他事業的輝煌還會延續嗎？

在執掌公司的最高權柄之後，奧尼爾的強悍的領導風格便顯露無遺，大刀闊斧，銳意改革。首先，他改革了美林的傳統管理體制，拋開了一度掌握公司大權、臃腫遲鈍的執行管

理委員會，一個精簡高效的工作委員會取而代之，工作效率得以大幅提高。同時為了縮減成本，在奧尼爾接任 CEO 的頭三年裡，美林在全球一共裁減了 2.4 萬個職位，占全部職位的 1/3。不僅如此，他還凍結了全部人員的工資，下調獎金。這當然會動了許多人的乳酪，「帳房先生」、「華爾街的魔鬼」、「奧馬爾」（注：塔利班首領）……諸如此類的綽號不脛而走。謾罵不是戰鬥，也無法阻擋奧尼爾的決心，因為他對於深知公司的發展，高效率和低成本是唯一的法寶。在美國商業文化中，財務報表漂亮與否是檢驗成敗的唯一標準，在奧尼爾的改革下，美林的利潤率迅速回升，2003 年公司的利潤率達到 27%，比 2001 年提高了 10 個百分點。但奧尼爾並沒在現有的成績上裹足不前，如何迅速擴張業務是他議事日程上唯一的主題。也許是他天生的冒險性格，奧尼爾對伴隨房地產市場擴張發展起來的高度投機的 CDO 市場充滿了極度的熱情，然而在 CDO 市場的豪賭能幫助奧尼爾譜寫新的篇章嗎？

謀事在人，而成事在天。奧尼爾在 CDO 上的豪賭，帶給他的不是事業的新篇章，而是一枚苦果，在 2007 年第三季度，隨著次級貸款危機的爆發，美林公司核銷的壞帳達到了 84 億美元。在公司內外的壓力下，董事會通知奧尼爾捲鋪蓋回家。雖然奧尼爾在離開時帶走了相當於 1.6 億美元巨額退休金，但是對於這樣一個通過自己的努力打拚，從一個汽車工人成長為金融巨頭的人來說，這樣的離開方式始終有些遺憾。對

於愛思考的奧尼爾來說，不知他是否反思過他的遭遇是因為他的個人性格還是這個制度的一個必然？

## 「飄搖的」前美國財政部長——保爾森

圖片來自 http：//www.chinaqiw.com/rwcjgy_bes/

　　保爾森，為了他的救援計畫，孤注一擲，自嘲地單膝拜見眾議院發言人南茜・佩洛西，卻又在計畫通過後，數度修改，令人摸不著頭腦，儘管變化如此多端，但他的思路卻始終如一，那就是力排萬難，拯救風雨飄搖中的金融業。保爾森，一個昔日的自由主義者，卻在金融風暴的大旋渦中，雷厲風行地接管「兩房」、救助 AIG，卻又備受責難地拋棄雷曼。保爾森，甚至被人稱為「民族英雄」，他掌握金融危機中生殺大權，從購買問題資產、到注資銀行、再轉移到消費者信貸，致力於重振金融市場信心，卻又堅決地拒絕對困境中的三大汽車工業巨頭施以援手。在這裡，我們看到的，好像是一個相互矛盾的人和他的似乎相互矛盾的故事，但無論怎麼樣，這會是一

個絕對精彩的故事，而且是不會重演的故事。

## 一、保爾森其人

　　保爾森 1946 年出生在芝加哥郊區，曾經立志成為一名護林員，但最終卻先後上了達特茅斯大學和哈佛大學。他的經歷是典型的美國超強男人的故事。他曾獲得雄鷹童子軍獎章，是常春藤聯盟的足球明星。1964 年他考入美國東部常青藤名校之一達特茅斯大學，獲得英語語言學位，1968 年，保爾森進入哈佛大學商學院，後獲得哈佛大學 MBA 學位。從哈佛大學商學院畢業後，保爾森一腳邁進五角大樓，為尼克森政府工作，在 1973 年的備忘錄上他這樣描述自己的價值觀：「我凡事講求分析和質疑。」「保爾森是一隻牛頭犬，很像年輕時的切尼。」保爾森的好友說起他的早期華盛頓歲月時，對他不無讚嘆，在水門事件導致尼克森下台之前，他已於 1974 年前往高盛就職。34 年後返回華盛頓時，在對他能否在布希任期最後幾年創造多少傳奇的懷疑聲中，他本希望推出稅法和社保改革。如今，問題已經不再是他是否能創造傳奇，而是他能創造出什麼樣的傳奇。他曾經告訴《財富》雜誌：「我不是想在事後修改歷史，而是要創造歷史，完成並做一些事情。這可能並不完美。」

　　在金融危機之前，對於這位高盛前首席執行官而言，完成交易從來都不是一個問題。但在努力迫使美國國會賦予自己

絕對的自由，以動用 7000 億美元納稅人資金挽救華爾街和美國經濟時，他卻孤注一擲，自嘲地單膝拜見眾議院發言人南茜·佩洛西。

有人認為，自擁有 70 年歷史的摩根大通出手平息 1907 年的紐約金融危機以來，甚至是自美國第一任財政部長亞歷山大·漢密爾頓 1792 年通過借款購買政府債券以穩定美國各銀行以來，沒有一個人曾試圖動用如此強大的金融火力來結束一場危機。因此，美國《新聞週刊》雜誌視此舉具有史無前例的奪權性質，把保爾森作為封面人物，稱他為「亨利國王」。

## 二、保爾森為何放棄雷曼？

保爾森清楚地知道雷曼公司的帳簿中含有數十億美元的不良投資，為此他曾經敦促雷曼的首席執行長理查·福爾德找出一個解決該公司問題的辦法，甚至曾親自請求其他公司購買一部分雷曼的不良資產，並且努力勸說另一家銀行收購雷曼。但是隨著危機的深化，風險的不斷暴露，雷曼已不具備這樣的能力。

隨著 9 月 13 日週末那天，雷曼兄弟飛速地滑向破產的深淵。保爾森幾個月來最擔心的時刻也終於來臨。然而，事後保爾森說，雖然聯準會曾經緊急援助過貝爾斯登公司，並且在數日後幫助保險業巨頭美國國際集團擺脫困境，但是，由於所有的辦法都行不通，聯邦政府已經束手無策了，它無力幫助雷

曼，即使雷曼的破產預示著一場金融風暴的降臨。

至於雷曼的破產，保爾森堅稱，這只是過去幾周爆發的金融危機的「症狀，而並非原因」。他聲稱，真正的問題在於，世界各地的銀行過去草率發放了太多判斷失誤的貸款，這些貸款如今又回來困擾它們。最近，在與歐洲的央行行長會晤之後，保爾森說：「讓人吃驚的是這一問題的波及面。許許多多的國家曾經言之鑿鑿地聲稱它們沒有問題，事實證明，這些國家的問題極其嚴重。」

保爾森補充說：「十年之後，沒有人會說雷曼兄弟公司的破產是這場危機爆發的根源。」

但是隨著雷曼的破產，特別是在整個金融體系在無底的深淵邊搖搖欲墜的時候，不斷有人質疑保爾森的應對之策。華爾街的高管以及歐洲各主要金融中心的官員紛紛譴責保爾森任由雷曼公司破產的決定，正是這一事件將恐慌的衝擊波蔓延至整個銀行體系，將一起金融風波轉化為一場摧枯拉朽的金融海嘯。對此，保爾森為自己辯護道：「我原本可以更早一點發現即將出現的次貸問題，但是，這並不意味著我會有什麼大不相同的表現。」

保爾森和他的批評者的觀點分歧主要集中在：雷曼公司的官員認為，他們相信雷曼並非只有一個，而是有兩個潛在買家：美洲銀行和英國的巴克萊銀行。但是這兩家銀行都有條件。據一位知情人士透露，美洲銀行希望聯準會提供一筆650

億美元的貸款以彌補雷曼的不良資產敞口。巴克萊銀行也要求政府提供擔保，用以保護它免受收購完成前雷曼的業務惡化可能造成的損失。

然而，政府最初並沒有明確無誤地告知美洲銀行和巴克萊銀行，它不會施以援手。保爾森和蓋納的態度也讓雷曼公司的官員感到政府很可能會為真心實意的買家提供幫助，保爾森那時也在積極勸說華爾街各大金融機構創建一項 100 億美元的基金，用以吸收雷曼公司部分不良資產。但是，後來對政府不願鄭重表態倍感失望的美洲銀行已經將注意力轉向美林公司，該公司願意被收購。第二天，同樣感到失望的巴克萊銀行也選擇了退出。

然而，保爾森並沒有對雷曼的破產表示出悔恨之意。「我從不認為，在解決雷曼的問題時，拿納稅人的資金去冒險是恰當之舉。」保爾森認為，最重要的問題在於這樣做是否合法。按照法律規定，聯準會有權力為任何一家非銀行機構貸款，但是只有在貸款的「安全性令聯準會感到滿意」的情況下才可以這麼做。當記者追問為何聯準會貸款數十億美元給貝爾斯登和 AIG 是合法的，而給雷曼貸款為何又是不合法的這個問題時，保爾森強調指出，雷曼的不良資產已經在它的資產負債表上形成了「一個巨大的黑洞」。相比之下，貝爾斯登和 AIG 則擁有更多值得信賴的抵押物。

雷曼公司的破產造成了災難性的後果。「雷曼是世界上最

大的商業票據發行商之一，」投資研究公司的董事總經理約
什 · 羅斯納爾說。商業票據指的是各公司為日常營運融資而
向市場發行的短期債券，雷曼破產後這一市場已基本停滯。
「你怎麼能任由它破產，而又沒有預期到商業票據市場將會遭
受滅頂之災呢？」為什麼可以拯救貝爾斯登而又不出手救助雷
曼呢？眾議院金融服務委員會主席、麻塞諸塞州民主黨眾議員
巴尼 · 弗蘭克對此深感不解。自危機爆發以來，弗蘭克大體
上支持保爾森採取的應對措施。「如果緊急援助是一件正確的
事情，他們又為何只做一次？」他問道。

保爾森對此回應道，只有在緊密援助法案獲准通過後，政
府才有權力去干預類似雷曼這樣缺乏充足抵押物的非銀行機構
的破產事務。

一個多世紀以來，還沒有哪位財政部長面臨過比保爾森正
在苦苦應對的這場金融風暴更棘手的危機。幾個月來，他和他
的團隊一直在晝夜不停地工作，試圖阻止危機進一步惡化。他
說，鑑於過去 10 年來累積的金融過度有其深層次的問題，他
和他的助手們已經竭盡全力了。然而，或對或錯，歷史將是最
終的裁判。

## 三、保爾森救援計畫：「思想轉變三部曲」

出於種種原因，保爾森一定會慶幸還有 3 個月就要卸任了
（編按：目前已卸任）。原因之一是他可能不再需要到國會回答

對他曾公開堅決反對其他銀行業危機解決方案的質疑了。

國會議員們也許已經習慣了保爾森的火爆脾氣，然而令他們無比痛苦的卻是他的善變。保爾森曾經一次又一次地向參議院和眾議院堅持，向金融機構注資並非正確的做法。他對參議院銀行委員會說，有些人說我們應該向銀行注入資金，通過購買優先股向銀行注入資金。這是破產時才會採取的做法。然而，就在兩天後，他向眾議院金融服務委員會說，有許多計畫提出：「讓我們直擊問題的根本。讓我們向我們認為陷入困境的這些機構注資。」這是處理破產的做法，是不是？當你注入資本時，這就是日本的解決模式。他們後來陷入了長期衰退，但他們的做法就是，你知道，參與到其中，向銀行注入資金，這就意味著政府從很多方面講要經營這些銀行。因此你們青睞優先股的方式。而我們要做的是努力採取不同的做法，因為目前的情況同歷史上任何一次危機都不一樣。

然而，援助計畫實施中途，他再次改弦易轍，將焦點轉到消費領域，卻又並在最後關鍵時刻拒絕對汽車工業提供援助。

### 1、購買問題資產到向銀行業注資

10 月 12 日，保爾森宣稱，當局已取消購買不良抵押貸款證券的計畫，從而意味著由他所極力主導的救助方案又一次轉移焦點，由購買問題資產開始轉向銀行業注資，而後者曾經是他堅稱反對的。

保爾森認為，7000 億美元援助方案如今將專注於為搖搖

欲墜的銀行持續注入資金；但也將設法根據這項「問題資產援助計畫」，為「銀行以外」的金融部門提供協助。他說：「過去三周來，我們持續檢討購入不流動抵押貸款資產的相對利益。」這一次，我們又再次領教了他的善變。儘管如此，對於布希政府採取大規模市場介入行動處理當今金融危機，他堅持認為，過去錯誤導致當今情況並不會令美國政府感到驕傲；但是，對於現在正採取的解決行動，他並不感到遺憾後悔。

他解釋到，主要用意原在購買金融機構不良資產的援助計畫重點有所改變，是因為情況發展較預期嚴重。但他表示，政府仍將以 1000 億美元資金，購買不良資產。這項計畫，已用掉了布希政府對金融機構 7000 億美元援助計畫可得的第一筆款項。布希政府在向國會再要求另外可得的 1000 億美元後，剩下的 3500 億美元國會可予以否決，預料將留待下任政府解決。

保爾森說，他以對國家有利為由，說服包括高盛在內的九大金融機構參與這項計畫，他們也「快速」同意；這些金融機構占了全國銀行存款的百分之五十，他們的參與可鼓舞投資人信心，也可鼓勵其他銀行參與。雖然許多小銀行對外表示不願意加入這項計畫，但保爾森說，有「不錯數量」的銀行表示有興趣。

保爾森也強調，政府援助計畫要投資的是「體質健康」的銀行，讓他們持續提供借貸，是鼓勵資本注入健康的銀行，因

此，和政府先前接管兩大房貸機構，以及入股美國國際集團不同，注資計畫是「關於成功」，而非「關於失敗」。

到目前為止，美國政府已經向多家美國銀行注資 2,500 億美元。這是政府為恢復金融系統信心而採取的歷史性舉措。

### 2、救助計畫再次大變身，消費者成焦點

11 月 13 日，美國政府購買金融機構不良資產的計畫再次改弦易轍。美國財政部稱，目前計畫將 7000 億美元援助案的剩餘經費，優先用於強化銀行資本的同時，開始強調減緩消費信貸壓力，而不是購買不良資產。

保爾森承認，據財政部當前評估，購買不良資產並不是使用這項計畫資金的最有效方式。他指出，消費者信貸流動性不佳，已讓車貸、學生貸款與信用卡取得困難；當前消費者可以獲得的貸款匱乏，這不僅削弱了消費者支出能力，同樣也導致經濟疲軟。另外他指出，財政部也正考慮，要求未來向政府求援的企業需要進行私人募資，以符合受援資格。保爾森列出的優先事項中，並未提及民主黨國會議員希望的汽車業救援。在接受記者提問時，保爾森說，汽車業很重要，「我們需要解決方案，但方案必須要可行」。他表示，這項計畫的目的是在處理金融業。

### 3、拒絕救助汽車業

在其他產業紛紛要求政府救援之際，保爾森卻表示，美國政府的 7000 億美元金融援助方案是為了穩定和強化金融體

系，並非解決所有經濟難題的「萬靈丹」。雖然有國會議員警告任何一家大型美國汽車公司的倒閉都可能帶來系統性風險，但美國財政部長保爾森再次重申他反對動用 7,000 億美元救助計畫中的部分資金援助美國汽車生產商。他認為救助美國汽車生產商並非實施問題資產救助方案的目的所在。但他也承認，任何一家汽車生產商的倒閉都不是什麼好事，必須避免這一情況的發生。

保爾森坦承，全球金融危機蔓延擴大，正重創美國經濟，但他強調指出，金融救援方案應該繼續聚焦於金融業。

總之，強硬的保爾森最終還是表示「財政部希望將工作重點放在金融系統而非製造領域。」他一再表示，財政部的 7,000 億美元救助資金旨在用於幫助金融行業。他的這番表態令人對汽車製造商爭取部分救助資金的努力產生懷疑甚至是絕望。

如今，困境中的汽車業似乎有點希望拿到政府的救援資金，但這個交易和保爾森已經沒有太大關係，那是一個主要關於歐巴馬的故事了。

總之，金融危機中保爾森的表現揭示了他很多鮮明特徵：解決問題時積極果斷，能夠通過艱苦努力辦成不可能之事，但是對市場經濟的把握不像一位經濟學家，而更像一位實幹家，或者是一位強硬的首席執行長。在金融危機的危險時刻，他需要權力，用任何自己認為合適的方式花掉 7000 億美元，以穩定金融體系然而他僅用了兩頁半的紙張便將這一救援要求提交

給美國國會。

　　這一次，如果保爾森能夠贏得他一生中最大的交易，他可能會作為最有實力的財政部長而被人們銘記。相信當未來回首這些歷史時，這將是一個傳奇故事。據有的在華爾街工作的美國金融界人士評論，美國人不幸，因為她遇到了百年一遇的金融危機；美國人幸運，因為她有保爾森。希望這個終極評論會被證明是正確的，那時，希望美國已經走出了金融危機的陰影，重新走向了另一個坦途。

# Part 3
# 銀行篇

房地產市場的發展離不開銀行信貸，而信貸鏈條則是維繫美國金融業正常運轉的「生命線」。從美國全民貸款買房開始，風險的鏈條開始傳遞，次貸海嘯也開始醞釀。

在信貸鏈條傳導之初，商業銀行就對次級抵押貸款的品質並不是最為關心的，因為這些資產是要轉售給那些證券、信託等機構。而這些機構則通過證券化打包的方式創造出新的金融衍生工具，給買來的低質資產套上了一層華麗的外衣以誘惑風險偏好更高的金融機構，例如投行。投行則進一步將這些信用等級偏低的證券進行剝離、再組合，最後順利通過評級機構的「品質鑑定」，炙手可熱的「AAA級」優質投資產品便誕生了。

風險傳遞並沒有停止，投行不僅將這些上了優質商標的產品賣給了保險公司、對沖基金，還把由商業銀行的信貸資產改頭換面而來的各種所謂的創新產品又賣回給了商業銀行，也許在利益的驅使下連商業銀行自己都不認識這些包裝精美的產品就是他們當時賣出去的垃圾資產了。此外，商業銀行不僅自己購買這些產品，還不斷地為對沖基金提供貸款，以致越陷越深。

現在來看，不單單是投資銀行，似乎全球的銀行業都被捲入了這場金融海嘯之中。

# 5

**Part 3. 銀行篇**

# 「前赴後繼」的次貸犧牲品

> 順境的美德是節制，逆境的美德是堅韌，這後一種是
> 較為偉大的德行。 ——培根

貝爾斯登賤賣了；美林被收購了；雷曼破產了；高盛和摩
根史坦利同時改旗易幟轉為銀行控股公司了。眼看著擁有悠久
歷史的華爾街五大投行就這樣倒下，人們不禁會擔憂這場次貸
血祭的下一個犧牲品會是誰？也許華盛頓互惠銀行（以下稱華
互）的倒閉已經給了我們答案。

## 5.1 華盛頓互惠銀行成主角

### 5.1.1 小機構變大銀行

#### （1）美麗的光環

華互曾是美國最大的儲蓄銀行，擁有 3097 億美元的資
產。同時，它還是美國最大的抵押貸款銀行，與富國銀行同為

最早開創抵押貸款的大銀行，全美銀行業綜合實力排名第六，被譽為全美零售銀行巨頭。在《財富》雜誌 2004 年度「最受人羨慕的公司」排行榜中，華互銀行在「創新」組別中排名全美第一。同期，該行還獲得了《美國銀行家》雜誌「最佳零售銀行團隊」等多個獎項。

那麼，擁有如此絢麗頭銜的華互是如何發展壯大起來的呢，這還要追溯到 1889 年。

## （2）從一口著火的煮膠鍋說起

時間回到西元 1889 年，當時一口著火的煮膠鍋引發了一場火災，燒毀了西雅圖的 25 個街區。為了向居民提供建築貸款，重建家園，華互銀行成立了。

在華互的成長道路上一直伴隨著大大小小的收購，從加利福尼亞到休士頓，從西海岸到美國東部。1997 年，兩家大型儲蓄銀行爆發了接管之戰 —— 全美第二大儲蓄銀行 Great Western Financial Corp. 正努力抵擋長期對手 H.F. Ahmanson & Co. 的敵意收購。然而，螳螂捕蟬，黃雀在後。華互用了一年半的時間把兩家銀行都收歸旗下，使其在加利福尼亞州的收儲額佔據了整個市場的近 1/5。之後，華互又購買了位於休士頓的儲蓄銀行 Bank United Corp. 和其 180 億美元資產以及 PNC Financial Services 和 FleetBoston Financial 的抵押事業部。接連不斷的收購使得華互的抵押貸款發放額躍升了

200％。終於，在結束了對佛羅里達 HomeSide Lending 和紐約州 Dime Savings 銀行的收購後，華互也完成了從小型地方性銀行向國際大型商業銀行的完美變身。

不管是煞費苦心的服務環節、高度親民的人性化網點佈局、各式各樣的便民措施還是銀行上下像零售員一樣的經營理念，華互一直堅守著在最大限度上通過提高服務品質和創新服務模式來吸引中低收入客戶群體的經營理念。在當時，這樣具有獨到眼光的客戶定位使得華互避開了同行業在高端客戶群體和企業業務領域的激烈競爭，在零售銀行業務上占得先機，為其雄心勃勃的併購奠定了良好的客戶基礎和超強實力。

在完成了近 31 次併購和一系列的發展創新後，華互的資產迅速膨脹到目前的 3097 億美元。無論在廣告、行銷，還是研發上，華互都能與對手一比高下。但從目前華互的狀況來看，其激進的收購措施雖然使得其資產和業務規模得到了快速發展，但快速併購和產品創新所帶來的風險及其防範與管理的複雜度、成本的提高，機構的尾大不掉等問題也隨之而來。同時，中低端客戶的經濟實力相對薄弱也最易受到外界影響而產生「羊群效應」。因此，如果遭遇市場突變，華互的主要客戶群——中低收入的客戶——無力償還房貸的風險就會比那些以優質資產客戶為主要貸款人的銀行要大得多。不幸言中，在此次金融環境發生動盪時，信心最為薄弱的普通中小客戶擠兌存款的情況果然發生了。這也許是華互抵禦危機的免疫力相對較

弱的一個原因。當然，華互倒閉的原因遠不止這一個。

## 5.1.2 「生日」變「最後的晚餐」

生日總是代表著一個新的開始和希望，經歷過幾次金融危機的華互還能在當今競爭如此激烈的銀行業——尤其是在華爾街——慶祝 119 歲生日，實屬不易。然而，這一次有著摧毀一切態勢的次貸海嘯卻無情的把華互的「生日宴」變成了「最後的晚餐」。擁有 119 年歷史的華互成為次貸海嘯中的又一祭品。

### （1）華互倒閉的原因

美國儲蓄機構監理局於當地時間 2008 年 9 月 25 日晚宣佈，「鑑於華盛頓互惠銀行『流動性不足，無法滿足公司債務的支付要求，因而該行不能安全、穩定地進行業務』，勒令華盛頓互惠銀行停業」。聯邦儲蓄保險公司董事長希拉 · 貝爾表示，之所以選擇在星期四關閉華盛頓互惠銀行，而未遵循銀行在星期五倒閉的慣例，是因為媒體報導事先走漏風聲，為了穩定客戶情緒，只能提前行動。

截至 2008 年 6 月底，華互總資產已達到 3097 億美元，這遠遠高於 1984 年慘遭關閉的大陸伊利諾伊國民銀行和 2008 年 7 月被政府接管的印地麥克銀行的資產額，成為美國歷史上最大的銀行倒閉案的主角。

究其根源，資產配置失衡和外部信用體系的惡化是華互倒

閉的根本原因。而資產配置失衡是華互倒閉所暴露出的其銀行內部的自身缺陷。

華互曾將客戶存款大量運用於住房貸款業務，並積極推出以住房和商業房地產進行貸款抵押的債權商品，正是這種當年華互所堅持的、也曾為華互帶來快速發展的盈利產品如今將華互推向了次貸海嘯的風口浪尖。在次貸危機爆發之初，華互的大部分資產都投在了高風險的次級房貸上，2300 億美元與房地產相關的貸款中，169 億美元為抵押貸款，而與其相關的對沖產品則少得可憐，由此產生的信貸風險與房價的相關度過高。資產配置不平衡和風險的過度集中使得美國房屋價格開始修正時，貸款者變得無力還貸，華互的負債一下子就飆升到幾十億美元。隨著次貸危機日趨嚴重，華互的經營每況愈下。

華互的住房貸款業務從 2006 年就開始出現問題。當年，華互銀行房貸部門損失了近 4800 萬美元，而 2005 年該部門淨收入還是 10 億美元，可以說是一個天上，一個地下。在 2008 年的前三個季度已經蒙受了 63 億美元的損失下，華互預測在未來兩年半的時間裡來自次貸和其他家庭貸款損失將會達到 190 億美元。而華互的股價也因次貸跌去了近 95%，即使被列入美國證交會的禁止賣空清單，也難以打破「跌跌」不休的窘境。

為了減輕次貸危機所造成的損失，華互曾一度終止了兩種綜合抵押貸款商品，以減少風險較大的貸款，其中包括終止全

部的負攤還抵押貸款 ❶。為了滿足不同中低端客戶的要求，華互還開發了許多像這樣設計複雜的次級抵押貸款，但現在它們已經成了品種多樣的「炸彈」，一旦房屋價格下跌這根引線點燃，華互腳下的地雷就會隨時引爆。

就在華互內部自身缺陷開始顯現之時，市場環境的惡化又成為了加速華互倒閉的外部因素。自 90 年代以來，美國低利率和競爭加劇的市場環境使得銀行為了追求更高的利益而忽視了「高利潤伴隨著高風險」這句投資箴言。加之美國監管機構對創新業務監管滯後，在新型證券化產品和各類衍生工具的風險還未被充分了解和暴露之前就開始了大規模推廣，而這種風險結構本就複雜的創新產品在經濟全球化和金融混業經營的背景下變得更難以掌控。次貸危機所導致的信用體系的惡性循環使得危機波及面不斷擴大，由兩房到投行再到現在的華互。

不可否認，華互的次級抵押貸款業務確實幫助了很多懷揣美國夢的中低消費人群實現了買房的夢想，華互本身也通過創新各種類型的次級抵押貸款在房地產市場火暴之時賺取了高額的利潤。但事物總有它的兩面性。次級抵押貸款面向信用較低、無實際償還能力的借款人，推出無首付、低首付的房屋貸款，貸款結構的複雜度加大了風險防範的難度，再加上房市的低迷，使得華互即使拍賣抵押物也無法彌補止付的違約損失。

---

❶ 負攤還抵押貸款（Negativeamortization）是指月供很少甚至低於利息的任何期限的貸款，時間推移將引起此類貸款本金增加。

涉足次級抵押貸款頗深的華互一步走錯，滿盤皆輸。

### 流動性不足──華互倒閉的直接原因

自從次貸危機爆發以來，人們對於市場的信心與日劇減。華互也因次級抵押貸款造成的連番虧損而遭遇信心危機。自2008 年 9 月 15 日起，僅僅兩個星期內，華互銀行存款就已遭客戶擠提 167 億美元，資金不足致使華互無法滿足公司債務的支付要求。流動性缺乏成了華互倒閉的直接原因。

### 評級機構的又一悶棍──華互倒閉的推動因素

當千瘡百孔的華互還在為籌措新資金和尋找買家而傷腦筋時，多家評級機構又給了華互一悶棍，集體調低了華互的評級。

繼債券評級 2008 年 9 月 15 日被降至垃圾級後，華互 25 日又遭標普調降信貸評級，因為在標普看來，美國金融機構持續受壓，資金狀況緊張，不僅華互總公司整體財務狀況面臨困境，一旦華互被分拆出售，這家銀行的債權人違約風險也將增加。另外，標普也把華互的優先股評級從「B-」調降至「CC」（均屬非投資等級），信用評級從「BBB-」降至「負向」觀察，這僅比「垃圾」債券高一級。同時決定在 29 日收盤後把華互從標準普爾 500 指數 ❷ 中剔除，而換之以 Flowserve Corp.。

---

❷ 標準普爾 500 指數成份股公司的市值不得少於 40 億美元，受華互銀行在 9 月 25 日先被美國聯邦存款保險公司接管，然後又迅速被摩根大通公司收購影響，當天收盤時，華互銀行的市值已降至 2.726 億美元。

　　禍不單行。穆迪投資者服務公司也以華互金融適應性下降、資產品質惡化以及特許權可能會受到侵蝕為由，將華互的長期存款級別由 Baa2 調低至 Baa3，優先無擔保債務評級由 Baa3 降級至 Ba2，這一等級意味著華互已經低於「投資」級別。而惠譽國際則把華互的長期信用評級從 BBB 降級至 BBB-。

　　雖然華互極力辯解這些評級與他們的金融狀況並不相符，但評級機構對華互的集體降級還是嚴重挫傷了華互銀行客戶的信心。客戶擠提造成的流動性缺乏使得華互的相關業務難以為繼，最終難逃倒閉的厄運。回過頭來看，如果評級機構能在危機爆發前「盡忠職守」，哪怕保持一半的清醒，做到提前預警，也許次貸危機的破壞力不會變得如此巨大，波及範圍不會如此廣泛，至少不會如此的出人意料。但現在其「馬後炮」式的等級調降卻只能加快次貸海嘯吞沒華互的速度。

## （2）華互倒閉的衝擊波

### 華互倒閉的內部影響

　　華互的倒閉不僅震驚了整個華爾街，也在華互內部造成了一次小型地震。首當其衝的就是華互 CEO 凱里 · 基林格。這位曾帶領華互走過 18 年風風雨雨，將華互從一家名不見經傳的地區性儲蓄機構培養成為全美銀行業巨擘的華爾街大師因

未能阻止華互住房貸款的進一步損失而「下課」，於 2008 年 9 月 7 日被解除了華互 CEO 的職務。而早在 2008 年 6 月份，華互就已經通過投票表決解除了基林格的主席職務。曾經基林格充滿創新理念的經營風格和積極發展次貸及其他風險抵押貸款業務的經營方式給人留下了極為深刻的印象。但也正是他這種激進的拓展方式使得華互在快速擴張的同時，也將自身暴露於高度的信貸風險當中。

### 華互倒閉的外部影響

華互的倒閉對於外界市場的影響主要表現在對消費者信心的打擊和再次惡化的就業市場。

對於華互的忠實顧客來說真的是愛之深、痛之切。曾經看到一篇部落格講述了一位在美華人對華互倒閉的切身感受。「沒有了華互，他根本不知道平時怎麼用錢。因為，大通銀行存款沒有利息；匯豐銀行有高活期利率，但沒有支票本；美國銀行有免費支票本，但沒有利息。只有他家樓下的華互，有很高的活期利率，又永遠有免費的支票本，有親和力……」可見，在喧鬧的金融危機中，只有華互的倒閉，在像他這樣的小老百姓心中投下了一絲悲傷的倒影。

之前投行的倒閉也許並沒有讓老百姓切身的感受到次貸危機已經來臨，畢竟敢從投行那裡買東西的不是資金闊綽的保險機構，就是過著刀口舔血般生活的對沖基金。但華互的客戶定

位是在中低端的廣大消費者，這是美國消費群體的中流砥柱。華互的倒閉使得長久依賴於華互頗為實惠的金融產品的老百姓們感到震驚。在他們眼裡這樣實惠又親民的大銀行都倒閉了，還有什麼是值得信賴的呢？因此，華互的倒閉也更易於引發來自普通消費群體的信心危機，而一旦這些消費者失去信心，房市和股市的回暖將變得更加艱難，對於重建美國的信貸鏈條和平復危機傷痕也十分不利。

另外，華互倒閉所引起的裁員風暴也在不斷席捲著華爾街。2008年初，華互因關閉一系列住房貸款中心而裁減了3000名員工。緊接著，華互於2008年6月19日宣佈，將在加州、佛羅里達和華盛頓裁減逾1200名員工以削減銀行成本。11月25日，華盛頓再次宣佈，將在加利福尼亞州舊金山地區裁員約1600人，並於12月1日生效。而就在此宣佈生效當天，摩根大通表示將對收購的華互實施重組，並裁員9200人。這接連不斷的裁員計畫一次次重創著華爾街的就業形勢。在這次金融海嘯中像華互一樣翻船的金融機構不斷的貢獻著失業率，這必然會影響到美國社會的安定。而在如今迫切需要消費者恢復信心的情勢下，失業率的不斷上升，直接切斷了消費者的收入來源，又何談重建消費信心呢？

不管怎麼說，華互倒閉已成了不爭的事實，被查封、接管後的它又將何去何從呢？

### 5.1.3 3097 億變 19 億

在華互被美國聯邦存款保險公司查封、接管後，幾經波折，美國聯邦保險公司最終將這個「爛攤子」拋給了摩根大通。這也是摩根大通在接手貝爾斯登後，第二次扮演起「救市主」和「抄底手」的角色。

#### (1) 摩根大通接到「繡球」

2008 年 9 月 25 日，摩根大通宣佈通過競標程式收購了華互的銀行業務中所有存款、資產和部分負債（不包括華互的高級無擔保債、次級債和優先股且並不影響其約 452 億美元的存款保險基金）。作為該交易的一部分，摩根大通僅需要向聯邦存款保險公司支付 19 億美元。另外，摩根大通將不會收購華盛頓互惠銀行的母公司或其非銀行子公司的任何資產或負債。在投資分析師亞當斯眼中：「與早先的出價相比，摩根大通這筆交易幾乎算是偷竊而來。」而加州奧克蘭市的年金和投資分析家亞當 · 司考特則表示，「摩根大通在此時出價，得到的遠比他要付出的 19 億美元來的實惠。」事實真是如此嗎？併購究竟對華互和摩根大通是利是弊呢？

#### (2) 併購的利與弊

其實，此次併購並不是一帆風順，在華互被危機纏身之初，它並沒有放棄努力。自 2008 年 9 月 15 日美國第四大投資

銀行雷曼兄弟公司申請破產保護、美林慘遭收購後，華互就開始急切的尋找買主。聯準會和財政部也一直敦促這個次貸「重傷患」尋求併購，甚至瞞著銀行管理層為它尋找買主。花旗銀行、摩根大通和富國銀行在內的多家銀行都曾表現出收購華互的興趣，而摩根大通表現得最為積極。

　　早在摩根大通 3 月份忙於收購貝爾斯登之際，華互前 CEO 基林格就曾致電摩根大通 CEO 戴蒙，告知華互正陷入資金短缺的困境，並考慮與潛在買家和私人股權展開相關協商。於是，摩根大通在經過一番調查後提出了總價 70 億美元、折合每股報價 8 美元的初步收購意向，但卻遭到華互高層的拒絕。後者並未披露相關原因，而摩根大通的一些高管對華互拒絕接受這一報價感到十分憤慨。當時，華互的股價為 11.81 美元，遠高於摩根大通的報價，銀行業受次貸危機的影響也並未完全顯現出來。所以，華互可能還抱有一絲希望而不願低下它高昂的頭。於是，華互掛牌自售的計畫暫時擱淺。但故事發展到現在，華互股東手中的資產早已蒸發殆盡，面對政府和市場的不斷施壓，接受摩根大通的收購計畫實屬無奈之舉。而對於摩根大通來說，收購華互是機遇也是挑戰。

　　摩根大通目前是美國第二大銀行，以 1.78 萬億美元和 7229 億美元的資產和儲蓄額（截至 2008 年 6 月份）位列美國銀行（最近接手了美林集團）之後，旗下擁有 3157 家分支。在這場金融海嘯中，受益於銀行管理層對次級 CDOs 產品採

取了及時且堅決的規避政策，摩根大通的相關虧損僅為 50 億美元，而花旗和美林則分別巨虧了 330 億美與 260 億美元。

被收購的華互銀行總部位於美國西部的華盛頓州，在西部地區的業務網絡非常廣泛，而且有著良好的客戶基礎。而摩根大通總部設在紐約，一直希望在西海岸站穩腳跟的大通對西部地區的零售銀行這塊「蛋糕」必定覬覦已久。通過這次收購，將會立即增加摩根大通的收益，其 2009 年每股收益預計增加超過 50 美分。到 2010 年，如果不計重大業務投資，公司將實現每年節省稅前成本約 15 億美元。此外，公司還將通過收購華互極大的拓展業務覆蓋範圍。收購結束後，華互銀行分佈在美國 23 個州的 5400 家分支機構都將歸入摩根大通囊中。同時，摩根大通在加州、華盛頓和佛羅里達將增加網點，創建起覆蓋美國 42% 人口的第二大支行網絡。而拓展後的網點將為摩根大通擴大企業銀行、商業銀行、信用卡、消費者信貸和財富管理業務打下良好基礎。屆時，在吞併了華互之後，坐擁 5400 家分支機構和 9000 億美元存款的摩根大通將成為美國銀行業的巨無霸。

這項交易的成功也使得摩根大通首席執行長傑米 · 戴蒙夢想成真。「此次交易對公司和公司股東有著重大戰略意義。正是我們不懈的努力使得力圖打造一個強大的業務網絡和資產負債表的長期目標得以實現」，戴蒙說。而巴爾—蓋諾爾投資諮詢公司經理馬特 · 麥克科密克則稱，「戴蒙清楚感覺到用

『跳樓價』攫取市場份額的機會已經出現」,「他已變成了一部併購機器。」

　　高興之餘,摩根大通也要清醒地看到收購華互帶來的問題,畢竟摩根大通是在「拯救重傷患」,而不是在「拉壯丁」。摩根大通得到了華互龐大的網絡資源,但同時也要承擔因收購華互而可能帶來的房地產抵押貸款方面的損失。例如,出於對與剩餘壞帳相關的信貸損失的預計,摩根大通將在併購交易中減計來自新增貸款組合的約310億美元的資產。為了避免此種情況惡化,摩根大通開始想盡辦法將受損失的風險降到最低。

　　首先,摩根大通計畫發行80億美元股票,為收購華互額外籌資,以維持目前公司強大的資本充足率。另外,在收購華互後,摩根大通接手了540億美元借款人的還款負擔會逐月增加的貸款,致使其抵押貸款業務上的風險敞口急劇加大,於是摩根大通於2008年10月31日推出了一項重點針對此類貸款的應對計畫。該計畫將對700億美元借款人已經或將有可能斷供的抵押貸款重新訂立還款條件。而重訂後的還款協議將會在增加可降低借款人還款負擔的條款、降低相關利率或縮小償還本金方面尋求可能。雖然這種涉及可能多達40萬借款人的做法會使摩根大通損失數十億美元的利息和貸款服務費收入,但如果能從耗時破財的申請住房止贖和出售止贖住房中解脫出來,對於摩根大通來說還是值得一試的。

在金融海嘯開始席捲華爾街以來，無力償還抵押貸款的房主不斷增加，雖然美國政府一直在試圖解決銀行體系和信貸市場出現的問題以遏制這一勢頭的惡化，但效果並不明顯。2008至2010年期間，全美預計會有730萬房主拖欠抵押貸款，拖欠率約為正常水準的3倍，其中約430萬人將失去自己的住房 ❸。從目前美國經濟和各大金融機構的狀況來看，在住房價格停止下跌之前，美國經濟和金融市場是無法全面復甦的，因為止贖率的不斷上升會進一步打壓房價，形成惡性循環。而摩根大通零售部門主管抵押貸款和分行業務的負責人查理斯 · 沙夫表示，「對我們來說坐等這一問題獲得解決是沒有意義的……我們推出重訂還款條件的措施是要拿出一個在盡可能解決止贖問題上能夠引領整個銀行業的東西。」

確實，無論從經濟層面還是政策層面上，銀行業都面臨著相當大的壓力來幫助政府和市場解決止贖問題。而摩根大通的這一雄心勃勃的舉措使我們看到，銀行界也漸漸意識到，採取重訂抵押貸款條款的方法而不是任由止贖事件發生，才可以防止止贖率的不斷上升、提升房屋貸款組合的價值。

## （3）摩根大通的未來

併購華互對於摩根大通來說充滿了機會，也伴隨著挑戰。

---

❸ 資料來源：研究公司 Moody's Economy.com 數據。

但從長遠來看，還是有其積極意義的。在未來兩年，摩根大通會將華互的零售銀行、住房貸款和信用卡業務轉入摩根大通銀行品牌，並使用摩根大通銀行的技術平台。摩根大通和華互的客戶們在未來的幾個月內就可以免費使用兩家公司合併後共計 14000 台自動提款機，而全部計畫將在 2010 年年末之前完成。摩根大通正在金融海嘯的不斷洗禮下逐漸壯大，而華互的未來已經逝去。

一個華互倒下去，還會有多少個「華互」前赴後繼呢？

## 5.2 以史為鑑

「華爾街沒有新事物」，回望 20 世紀以來全球經濟發展過程中出現的幾次重大的金融危機，我們似乎看到了次貸危機的影子。

## 5.2.1 歷史的車輪

### (1)「滑稽」的監管層和衝出「牢籠」的笨熊──美國儲貸危機 (1986-1995)

1980 年代，眼高手低的儲貸機構、糟糕的監管政策和失敗的援救計畫，造就了美國歷史上的儲貸危機。80 年代 1100 家商業銀行破產，630 家儲貸機構無力償債。從 1988 年開

始，3150 家被聯邦政府保險的儲貸機構中有 500 多家已陷入破產境地。到 1991 年，美國納稅人不得不拿出 800 億美元挽救儲貸業。整個美國為了這場金融災難付出了人們難以想像的代價。

美國國會在大蕭條時期批准設立儲貸機構，是想建立一個為居民提供穩定、可負擔的住房抵押貸款的專門機構，以提升住房擁有率。當時儲貸機構的經營被局限為吸收短期儲蓄存款和提供長期固定利率的抵押貸款。雖然儲貸業有著自己的監管機構（聯邦房屋貸款銀行理事會）和自己的儲蓄保險公司（聯邦儲貸機構存款保險公司），但當危機來臨時，這些機構形同虛設，即使有美國納稅人支撐，也難逃被重創的厄運。儲貸機構的管理層長期遵循著著名「3-6-3 法則」：存款利率 3%，貸款利率 6%，每天下午 3：00 關門去打高爾夫球，行業技能長期處於停滯不前的局面，加之前面提到的僅吸收短期存款、發放長期固定貸款的經營結構的單調性使儲貸業存在著潛在的不穩定性和較低的抗風險能力。只有當利率長期穩定地處於低水準，使儲貸業的資產收益高於資金成本時，才不至於產生問題。

然而，忽視問題並不等於沒有問題。1960 年代，來自商業銀行和證券市場的競爭分散了市場資金，使得可用於抵押貸款的資金總額發生變化。到了 70 年代後期，為了控制達兩位數的高通貨膨脹率，聯準會開始著重以貨幣總量作為降低通貨

膨脹的手段。這使得市場利率上升到前所未有的水準，大批儲貸機構無法應付日益高漲的資金成本而逐漸失去了清償能力。到 1970 年代末，儲貸機構開始不斷流失儲戶，在當時，人們更願意冒點風險去換取更高的利率，於是像貨幣市場共同基金等新的短期市場基金變得更受人們青睞。

面對各種競爭壓力，儲貸機構的高官們當然不能坐視不管，開始頻繁向國會施壓。1980 年，國會終於提高了儲貸機構支付存款利息的上限，力圖挽回一些流失的客戶。但滑稽的是，立法者並沒有及時相對的調整儲貸機構的抵押貸款利率，就像是好心搭救一名正抓著木板的落水者，拿走了他的救命木板，卻忘了拋給他救生圈。

一年後，管理層這才如夢初醒般得意識到在提高了存款利率後，應該及時調整抵押貸款利率。然而，這種覺醒來得太晚了。這延遲的一年裡存款利率從 1979 年底的 13% 一路飆升到 1980 年的 20%。儲貸機構一邊要保證支付給新儲戶兩位數的利率，一邊卻只能從原有的貸款人身上收取 8% 甚至更少的利息。儲貸機構就這樣收少支多，一邊被推、另一邊被拉的走向了危機邊緣。

正當利率調整剛剛告一段落，新的隱患又悄然而生。1982 年國會通過了一項徹底放鬆管制的法律，允許儲貸機構向大批新業務提供貸款。從開設酒精工廠到建立風力發電農場，甚至在拉斯維加斯開賭場，或開闢空中通勤航線，儲貸機構這隻衝

出了「牢籠」的笨熊就像是發現了蜂窩，不管不顧的撲向了市場。然而，笨熊終歸是笨熊。儲貸機構的管理者們只習慣於喝喝咖啡、打打高爾夫、處理些簡單的抵押貸款，而根本沒有意識到也沒有能力去評估新業務帶來的複雜的信用風險。

就這樣，直到 1995 年風暴基本平息，「滑稽」的監管層和衝出了監管「牢籠」的笨熊上演的這出戲碼才算落幕。最終，美國納稅人用了 1240 億美元為被蜇得滿身是包的儲貸機構療傷。

## （2）同病相憐──北歐銀行危機（1990 年代）

北歐金融危機出現在 20 世紀 80 年代末，1992 達到高峰。1980 年代初期北歐銀行業的放款比重及利息設定等都受到一連串限制。至 1985 年金融改革取消金融機構貸款限額管制並允許本國居民自由借貸外債後，市場才變得更加開放，但同時，銀行間為了爭奪市場占有率紛紛向高風險、低品質的貸款伸手。1985 至 1989 年北歐三國房價和股市表現都呈倍數成長，投機的熱情如開閘洩洪般的湧入市場。芬蘭在 70 年代末至 80 年代末的房市繁榮中，實際房價上漲了 112%；5 年內瑞典房市上漲 50%，股市上漲超過 200%。政府為了對抗經濟過熱，於 1987 至 1992 年間陸續升息，導致經濟出現衰退及資產價格（尤其是商用不動產）大幅下跌，而銀行多以不動產抵押貸款居多，受到資產價格下跌的影響，銀行壞帳不斷增多，北

歐銀行危機爆發。

## 5.2.2 銀行危機的導火線

挪威中央銀行前行長曾說過：銀行危機是由於「糟糕的銀行、糟糕的政策和糟糕的運氣」造成的。從一定角度來看，這樣說是有道理的。

通過研究美國儲貸危機、北歐銀行危機、日本金融危機以及此次的次貸危機，我們可以看到銀行危機的演變過程往往遵循著這樣的邏輯：貨幣政策放鬆、信貸擴張——經濟向好、房地產泡沫形成、道德風險加大——宏觀經濟政策轉向——泡沫破裂——銀行破產、信貸緊張——銀行業危機擴散到實體經濟導致經濟衰退。其中，過度繁榮安逸的市場環境、人為地干預經濟週期和銀行業本身存在的道德風險在歷史上幾大危機的成因中頻繁出現。

### （1）吹啊吹，把市場吹上天

每次危機爆發之前，經濟總是處於穩定或者膨脹繁榮期，房地產行業欣欣向榮，股市漲勢喜人，流動性異常充裕，負債比率不斷上升。正是這種經濟的快速發展模糊了監管者和金融機構的眼睛，讓危機有機可乘。

回望 80 年代的儲貸危機，從儲貸機構成立的那天開始，美國的利率環境一直保持著穩定的發展狀態，儲貸機構過著

「勤儉穩健」的日子，美國經濟正從大蕭條時期的衰退中逐漸恢復過來。

20 世紀 80 年代初期的北歐銀行危機也是如此。當時，北歐銀行業的管制較為嚴格，放款比重和利息設定等都是受限制的。直到金融改革取消了銀行貸款限制，市場變得更加開放和自由化，金融機構、各行各業以及人民大眾都受到高利潤的誘惑，將資金大量投入到房地產和股市，經濟看上去空前的繁榮。

20 世紀 80 年代後期的日本經濟終於擺脫了「石油危機」的影響，實體經濟在生產和需求兩旺的推動下快速發展，金融市場也開始升溫，出現了歷史上少有的繁榮期。

此次次貸危機發生之前，前面提到的美國政府為了拉動美國經濟走出 2000 年網路股泡沫破滅、經濟衰退的陰影而採取的政策使得美國房地產在過去 10 年持續升溫。依舊是利益的誘惑使銀行放貸的積極性空前高漲，借貸條件也越來越寬鬆。

經濟的復甦和快速的膨脹式發展正是當時政府想要看到的政策效果，他們希望經濟在擺脫前一次危機時的步伐有多大就邁多大。然而，政府的過度寬鬆和金融機構的得意忘形所造就的虛假繁榮和安逸最終變成了孕育危機的溫床、爆發危機的導火線。

## （2）人為的悲劇

在儲貸危機的醞釀過程中，聯準會 20 世紀 80 年代晚期重啟升息機制的人為干預，使得利率由 1986 年的 6% 升至 1989 年的 8.25%。2.25% 的升息推動著美國房地產市場逐漸回歸理性，而房價的下跌造成了銀行貸款違約率不斷攀升。本應在此時擔保儲貸機構資金正常運轉的聯邦信貸保險公司卻先走了一步，於 1986 年宣告倒閉，儲貸危機一觸即發。

北歐國家政府為了對抗 1985 至 1989 年間的經濟過熱，在 1987 至 1992 年間陸續升息，以房屋價格為標誌的資產價格劇烈下跌。之前的自由化時期，政府強烈的稅收刺激政策使得挪威、瑞典和芬蘭的實際稅後利率曾降至為零，而現在持續的升息使得借款人面臨著逐漸升高的還款成本，市場流動性明顯不足，投資熱情遞減，經濟衰退跡象明顯，以 1991 年 9 月第一家銀行 SkopBank 被芬蘭央行接管為標誌，北歐危機正式爆發。

為了挽救日本經濟，新一屆日本銀行總裁採取的所謂「電擊療法」使央行向商業銀行放貸的利率，即基準利率（稱為「公定步合」）在短短的 4 個月時間裡被連續提升三次，一直提高到 4.25%，而一年後又再次提高至 6%。大力度的金融緊縮政策迫使商業銀行命令全體職員集體收回貸款。這種極端的調控政策使得日本經濟高台跳水、一落千丈。以 1991 年四大證券公司醜聞為轉捩點，地價暴跌為開始，金融危機徹底爆發。

在美國，從 2004 年 6 月起，聯準會貨幣政策開始從緊，短短兩年時間內利率由原先最低的 1% 升到了 5.25%。連續升息提高了貸款成本，抑制需求和降溫市場的政策效果開始顯現。尤其到了 2006 年，長期貸款利率的上漲使得美國房屋價格急轉直下，樓市漸入寒冬，次貸危機瀕臨爆發。

## （3）銀行的道德風險

當銀行危機發生時，人們總是把過錯歸咎於失敗的調控和糟糕的運氣，而銀行多是以受害者的姿態接受幫助。可實際上，對比歷史，銀行的道德風險不容忽視。

### 儲貸危機中的道德風險

在儲貸危機中，儲貸機構自身對於風險的忽視、投機的僥倖心理和不擇手段可以說表現得淋漓盡致。當儲貸機構在危機中蒙受損失時，他們並不會做出相對的資金準備或計提壞帳，而往往會鋌而走險，承擔更長期、更巨大的風險，其結果只能是死得更快、更難看。1982 年，占美國儲貸業資產 60％ 的 1824 家參加保險的儲貸機構按新的「管理會計則」計算的淨資產已低於淨資產占資本比例要求。而大多數機構並沒有採取相對的措施來調整其資產負債比率，反而繼續從事高風險投資。因為這些機構自身擁有的資本量已經很少，如果成功，就能獲得高額利潤，擺脫危機，如果失敗，損失由聯邦儲蓄貸款

保險公司承擔。於是，各種形式的垃圾債券變魔術般的出現在市場上，儲貸機構將自身完全暴露於風險之下，為危機的爆發埋下了隱患。

### 次貸危機中的道德風險

從前面介紹的次貸風險的傳遞過程中可以看到，在此次的次貸危機中，貸款機構通過證券化把次級抵押貸款出售給商業銀行或投行從而把次貸風險轉嫁給了金融市場上的廣大投資者，而抵押貸款公司基本不承擔信用風險就能獲得高額的利潤。這極大地刺激了次級抵押貸款的快速膨脹。之前提到的「零首付」、「零檔」等貸款方式，不查收入、不查資產的貸款標準比比皆是。貸款標準、償債能力核查等早已被拋到了腦後。一些放貸公司甚至編造虛假資訊使不合格借貸人的借貸申請獲得通過。在這種情況下，本來根本不可能借到錢或者借不到那麼多錢的「邊緣貸款者」，也被蠱惑進來。

商業銀行和投資銀行買入抵押貸款後，再經過評級機構評定，形成了花樣繁多的「有擔保的債務權證」，賣給全球的投資者。在這過程中，包銷者和投資人之間的資訊不對稱使得投資人無法真正了解資產證券化中的風險，只追求其高額的利率回報。於是，以次級抵押貸款為基礎的債務權證快速的搶占了市場。

可以看到，膨脹的外部經濟環境、人為干預市場和銀行業

本身存在的道德風險幾乎成為了歷史上每一次拉動危機爆發的三大馬車。歷史的反復重演一定不是巧合。

## 5.2.3 不同危機下的銀行業救贖

通過比較次貸危機和歷次金融危機的結果和政府的解決措施，可以發現政府對於危機發生的反映和推出拯救計畫的時機和策略是影響政策效果的關鍵。

### （1）錯失良機

說到美國儲貸危機，政府放縱性的拯救措施使市場錯過了解決危機的最佳時期，這也是此次解決危機的失敗之處。假若政府早些採取正確的拯救措施，那麼整個儲貸行業的損失會比後來小得多。但這僅僅是假設。在布希政府上台前，美國政府採取了讓已經喪失清償能力的儲貸機構繼續經營的挽救措施：放鬆對儲貸機構的經濟法律約束；放開其持有資產種類的限制；降低資本金的最低限額；甚至美國政府默許儲貸機構在會計上動手腳，人為增加資產總額。

而當聯邦房屋貸款銀行理事會試圖遊說國會要求更多撥款以渡過難關時，政治上一貫強勢的儲貸業自以為是的態度和對調控的層層阻撓成了危機沒有得以及時解決的一大重要原因。1983 至 1987 年間任聯邦房屋貸款銀行理事會主席的 EdwinGray 曾痛斥國會領袖迫於儲貸業的壓力而低頭。整個

1980 年代，美國儲貸危機在一片混亂中愈演愈烈。1988 年總統大選期間，民主共和兩黨對儲貸社危機都保持沉默，「不該讓民眾知道的事情，儘量少讓他們知道」。直到 1989 年 2 月老布希總統帶來的一份挽救計畫，使岌岌可危的儲貸業看到了一絲希望。隨後，美國國會通過《金融機構改革、復興與強化法》，增加 500 億美元來清理有問題的儲貸機構：提高儲貸資本比例，每 100 美元的不動產抵押貸款須有 1.5 美元的有形資本與之相對應；嚴控儲貸機構的資金運用方向；解散了聲譽掃地的聯邦房屋貸款銀行理事會和已經破產的聯邦儲貸機構存款保險公司。另外，美國政府還設立清算信託公司接收儲貸行業的不良信貸資產，負責監管其經營運作。

市場注入了新的血液，有了新的授權和經費，監管當局才開始大刀闊斧地清理、關閉儲貸機構。1986 至 1995 年間，1043 家機構清盤，總資產超過 5000 億美元；747 家儲貸機構被接管，總資產達 3940 億美元。直到 1995 年，破產機構明顯減少，儲貸危機才開始漸漸平息。

雖然此次儲貸危機以付出了極大地慘痛代價而結束，但事情總有它好的一面。危機過後，美國政府和監管機構的監管方式開始轉變，更加注重防患於未然，在金融機構發生問題的早期出手干預，將問題機構的損失控制在該機構股東的承擔範圍內，而避免殃及其他利益相關人。

## （2）不幸中的萬幸

與其他幾次危機中的政府表現比較，北歐幾個國家快速及時的救市政策算是不幸中的萬幸了。早在危機發生之前，丹麥、芬蘭和挪威等國家就建立了銀行保險基金。在有些銀行遇到困難的最初階段，丹麥和挪威便利用這些基金來幫助他們，而當主要銀行需要資本注入時，芬蘭和瑞典兩國政府也一點不害羞，在危機的早期便直接參與其中了。因此，北歐銀行危機的解決很快地進入了政府的掌控之內，這也是此次救市政策的成功之處。

在當時，如何處理好出問題的大銀行是各國政府面臨的最大挑戰，在這個問題上各個國家的做法有所不同。

丹麥是唯一一個能夠安穩坐在幕後的政府，正是之前我們提到的丹麥銀行謹慎的投資行為和良好的資產基礎使得政府放手讓銀行及其保險基金在中央銀行的協助下，尋求解決危機的辦法，是其他國家應予以借鑑的成功案例。

在瑞典，政府則完全控制了兩家主要有問題的銀行並促成了大量儲蓄銀行的合併，成立了瑞典儲蓄銀行。雖然如此，政府還是更樂於向銀行提供間接性的支持。1992 年 12 月瑞典政府向包括次級債務在內的所有銀行負債（不包括股本）提出了一攬子擔保計畫。轉年政府成立了銀行協助局、特別資產管理公司、中央清算機構等加快問題資產的處理和問題銀行的改組和合併。1996 年 1 月 1 日瑞典又實施了保障金額為 25 萬克朗

的存款保險制度，為收受存款的銀行進行擔保。在整個危機過程中，瑞典政府相關的支出總計為 92 億美元，約占當時整體 GDP 的 3.6%。

芬蘭政府的做法和瑞典差不多，也是暫時性的收購了一家出問題的商業銀行並幾乎收購了全部的儲蓄銀行——合併成芬蘭儲蓄銀行。1992 年芬蘭成立了政府保證基金，承諾將在任何狀況下保證銀行體系的正常運轉，並採取部分銀行國有化等措施積極整合銀行業。和瑞典一樣，芬蘭政府在 1993 年 2 月也對銀行負債出具了一攬子擔保，幫助銀行繼續維持國際業務。至 1994 年，芬蘭當局為救市耗費成本約 GDP 的 7.5%。

而挪威政府所採取的挽救策略與瑞典和芬蘭政府存在著明顯的區別。挪威政府沒有允許一些資本在正常水準之下的銀行繼續開門經營，而是預先採取行動，把主要的問題銀行快速置於直接的掌控之下，這樣就避免了銀行的所有者和管理者借政府的擔保採取不當操作的風險。

北歐銀行危機在各國政府相對及時、有力的挽救措施下漸漸平息。可以看到，銀行危機所帶來的長期的、具有深遠意義的結構性變革更多的是受政府處理問題銀行的方式影響。在北歐銀行危機期間，各國的銀行變得更為集中，政府控制銀行和各種合併有助於降低銀行的數量，以打破供遠大於求的局面。

## （3）遲到的日本政府

在目睹了之前美國儲貸危機的失敗救市策略後，日本在面臨危機時，依舊重蹈覆轍，在監管上的一味順從、姑且遷就、自欺欺人加劇了日本銀行危機和不良貸款問題，成為日本政府救市的一大敗筆。

從 1990 年日本金融危機爆發開始，除了幾項公共措施、提供資金計畫和一些民間救助計畫外，在長達 10 年的金融危機中，日本政府幾乎毫無作為，直到 1998 年 10 月才立法並成立特別機構，將資金直接注入問題金融機構中。遲到的政府援助使得日本經濟長時間籠罩在危機的陰影之下。

自 1992 年起，日本陸續推動了多項公共措施和補充資金計畫，但成效有限。1993 年 1 月，由 162 家民間銀行成立的共同不良債權收買機構，提出了不良債權的揭露和呆帳沖銷指導原則，並為出資金融機構的債權人提供擔保，但依舊效果不明顯。直到 1995 至 1996 年，日本當局的態度才發生轉變，不再不折不扣的執行不讓金融機構破產的官方政策，明確承諾了開始使用公共資金處理陷入困境的金融機構。1998 年 10 月，日本政府推出了《金融再生法》，撥款約 5200 億美元直接注入問題機構，規模為歷代金融危機之最。日本政府透過入股方式為有問題的機構提供暫時性的融資，或直接由政府指定機關予以清算，抑或把問題銀行的營運權交給政府資助的過渡性銀行處理。另外，日本於 1999 年 4 月成立了全國性的整理回收

機構，負責執行債權回收與銷售等業務。

從整體上看，導致日本監管當局反應遲鈍、前期救市極為失敗的原因比較多，比如在政治上缺乏領導能力，政府的存款擔保機構管理不善，存在著相互分離、又時而相互競爭的監管機構（大藏省、農林水產省和郵電電訊省）等等，但最為發人深省的是，面對已經存在的歷史教訓，日本政府「自我安慰」式療法和對不動產市場「空想式」的上漲預期則是來自政府思想根源的徹底失敗。

## （4）次貸進行時

次貸危機以來，美國政府採取了多種措施來挽救陷入僵局的金融機構。不管那些拯救措施的名字叫的多麼複雜，其目的簡單來說意在改善銀行等金融機構的資產負債表，提供充足的流動性和資產擔保。

與以往的危機解決方法相比較，我們可以看到美國政府通過代理銀行收購問題銀行的做法與日本當年的做法很類似。例如美國銀行收購美林、摩根大通收購華互和當年日本政府推行的將問題銀行的營運權交給政府資助的過渡性銀行處理的政策極為類似。這種近似銀行間互助性的救援政策避免了政府直接掌控銀行、既做參與者又做監管者所帶來的「大銀行不倒」的道德風險。其次，美國政府放寬銀行拆借的擔保品的範圍更是吸取了北歐的經驗。而瑞典和芬蘭政府也都在危機之時推出了

對銀行的一攬子擔保計畫，以保障其海外業務的持續。另外，美國曾經提出的 7000 億財政紓困法案中，由財政部購入金融機構的不良資產的做法既不屬於儲貸危機中政府對銀行的直接接管，也不同於芬蘭式的將問題機構國有化，而是借鑑了瑞典通過購買銀行體系內的不良資產解決資金問題的處理方式。但此次次貸危機中金融機構的壞帳遠超過 7000 億美元，僅靠剝離不良資產讓金融機構恢復生機只怕是隔靴搔癢。

然而，保爾森在 11 月 12 日突然宣佈，美國不再動用 7000 億美元救市基金收購「有毒資產」，而這曾是美國政府龐大宏偉的救市計畫的核心內容。

保爾森表示由於市場的不斷惡化，美國第二階段的救市計畫將以消費者為主，尚未動用的 4100 億美元基金將用於增加學生貸款、汽車貸款和信用卡的供應量。

## 結語

次貸危機還沒有結束，卻已經改變了美國和曾經以美國金融體系為標榜的發展中國家的諸多看法。因為，當前危機的深度和廣度都超過了大蕭條以來的任何一次危機，其破壞力起到了強烈的震懾作用，而其會帶來怎樣的變革更是發人深省。

未來的美國銀行業將何去何從呢？從銀行的規模來看，美國銀行業將會進入一頭獨大、強者愈強的階段。目前，美國三

家最大的銀行的規模經過金融海嘯的洗禮已經更勝從前，美國
銀行、摩根大通和花旗集團分別以占美國存款總額 10.99%、
10.51% 和 9.8%，存款合計約占美國存款總額 31% 的比例成
了次貸危機過程中發展起來的第一梯隊。美國銀行業在飽受次
貸海嘯的衝擊時，似乎也把這種強大的破壞力以一種史無前例
的聚合力表現出來。對於經濟學家來說，十多年來一直預計的
銀行業會呈現的「檳鈴形」結構 ❹ 很有可能會隨著次貸危機的
不斷加深而轉變成「不倒翁」式的市場狀態 ❺；對於消費者來
說，金融服務供給方的不斷壯大和聯合並不是一件好事，因為
這種趨勢將意味著較少的選擇餘地以及更高的服務費用；對於
美國經濟來說，這些逐漸龐大起來的銀行將擁有更多元化的業
務領域以更好的抵禦大規模衝擊，穩定金融市場；但對於政府
來說，這些不斷發展的大銀行可能會由此變得過於龐大而不能
崩潰，這極易縱容他們的過度冒險而引發再一次的道德危機，
如何才能把握好監管力度變得尤為重要。

　　從發展模式來看，貝爾斯登、雷曼、美林、高盛和摩根史
坦利作為獨立投資銀行失敗了，這給已經存在了一個多世紀的
獨立投資銀行發展模式敲響了喪鐘。同時，美國銀行、摩根

---

❹ 銀行業的「檳鈴形」發展結構是指幾家大型銀行位於一端、數千家小型銀行位於另一
　端，市場呈現大銀行和中小銀行平衡發展的態勢。
❺ 「不倒翁」式的市場狀態即中小銀行由於現在的市場環境等因素而逐漸被市場淘汰或
　被大銀行收購，而大銀行則越來越大，出現「大銀行不倒」的現象。

大通和花旗等銀行巨頭的成長，似乎宣告了全能銀行對決專業銀行的勝利。但金融歷史告訴我們，全能銀行傳統業務和高風險的投資業務並存的模式，不僅會加大基本銀行職能風險，也會對整個銀行業的公平競爭造成壓力。另外，企業集團結構複雜、難於管理，內部利益衝突等問題也不容忽視。總而言之，最大的危機也預示著最大的變革。

歷史不會以一種我們臆想的方式來宣告一個時代的終結或是開始，也不會那麼快的告訴我們一個帝國衰退之後，誰將會成為歷史的繼承者。身處在歷史的長河之中，也許我們只能聽到一些散落的音符，但終有那麼一天，我們會知道誰能奏起最後的勝利樂章。

# **6** 唇亡齒寒的全球銀行業

Part 3. 銀行篇

> 資本主義的原罪是，有福時並不一定為大家共用；社
> 會主義的先天美德是，有難時大家一定同當。
>
> ——W · 邱吉爾

## **6.1** 全球銀行業「連坐」

伴隨著美國房地產市場泡沫的破裂，次貸浪潮直席全球銀行業，花旗、匯豐紛紛報虧，投資銀行接連傾覆，北岩、東亞遭受擠兌，眾多中小銀行關門倒閉，使次貸危機演變成為一場世紀金融海嘯。

### **6.1.1** 次貸的銀行「帳單」

金融海嘯逐波升級，各家銀行不斷減持資產，全球銀行業進入隆冬時節。國際貨幣基金組織（IMF）曾於 2008 年 4 月份發表報告預測，全球銀行業次貸損失預計將在 5100 億美元上下，全部行業機構預期將在這一輪金融海嘯中損失 1 萬億

美元，截至 2008 年 5 月，全球金融業累計披露的次貸損失是
3440 億美元，仍有 350 億美元的潛在損失 ❶。可見，美國此次
的金融海嘯是非常嚴重的，銀行業所付出的代價也是巨大的。

## （1）歷史不會忘記——次貸危機中倒閉的銀行

雖然投資銀行先後倒閉使華爾街神話不再，各國股市跌宕
起伏使投資者深陷其中，全球房市跌入穀底使購房者欲哭無
淚，但更令人心惶惶的是商業銀行的紛紛倒閉。

### 表 6-1　倒閉銀行一覽表

| 時間 | 銀行 | 資產（億美元） |
|---|---|---|
| 2007-09-28 | 網路銀行 | 252 |
| 2007-10-04 | 邁阿密山谷銀行 | 0.867 |
| 2008-01-25 | 密蘇里州道格拉斯國民銀行 | 0.585 |
| 2008-03-07 | 密蘇里州休姆銀行 | 0.187 |
| 2008-05-09 | 阿肯色州 ANB 金融國民協會銀行 | 21 |
| 2008-05-30 | 明尼蘇達州第一誠信銀行 | 7.52 |
| 2008-07-11 | 加利福尼亞州 Indy Mac Bank | 320.1 |
| 2008-07-25 | 內華達州第一國民銀行 | 31 |
| 2008-07-25 | 加利福尼亞州第一傳統銀行 | 2.54 |
| 2008-08-01 | 佛羅里達州第一優先銀行 | 2.59 |
| 2008-08-22 | 堪薩斯州哥倫比亞銀行信託公司 | 7.52 |
| 2008-08-29 | 喬治亞州誠信銀行 | 11 |

❶ 資料來自《金融時報》2008 年 5 月 20 日。

| 2008-09-05 | 內華達州銀州銀行 | 20 |
| 2008-09-19 | 西佛吉尼亞州 Ameribank | 1.15 |
| 2008-09-25 | 華盛頓互惠銀行 | 3097❷ |
| 2008-09-25 | 密歇根州 Main Street Bank | 0.98 |
| 2008-10-10 | 伊利諾州 Meridian Bank | 0.39 |
| 2008-10-26 | 喬治亞州阿爾法銀行 | 3.54 |
| 2008-11-07 | 休斯頓的佛蘭克林銀行 | 51 |
| 2008-11-07 | 洛杉磯的太平洋安全銀行 | 5.6 |

資料來源：作者整理。

　　自次貸爆發以來，已經有 20 家美國銀行破產，在這次的金融海嘯中，中小銀行比大銀行陷得更深、損失更加慘重。根據美國 FDIC 資料，目前美國資本在 10 億美元以下的小銀行有 7777 家，事實上，這些小銀行才是比較危險的，因為根據美國的歷史經驗，每當經濟衰退的時候，中小銀行由於自身規模較小，涉及的業務領域相對單一，所以只要與其業務相關的行業受到衝擊，這些中小銀就有可能泥足深陷、無法自拔，比如主要業務領域是進行住房貸款的銀行，在這次的金融海嘯中受到的衝擊是較大的。

## （2）各國銀行「傷痕累累」

　　由於金融海嘯的源頭是在美國，美國的銀行業無疑是受到

---

❷ 截止 2008 年 6 月底。

了重大的損失，但是由於近年來金融全球化的發展趨勢，各國
的金融機構聯繫得更為緊密，遭遇如此重大的金融海嘯，能夠
倖免於難的銀行確實不多。

### 歐洲的難兄難弟們

#### ① 瑞銀壞帳 140 億美元

當人們都在對德國最大的商業銀行——德意志銀行——
自 2003 年以來的首次單季報出虧損的消息欷歔不已的時候 ❸，
才發現，原來這只是「小巫見大巫」；歐洲第一大銀行——
瑞銀集團 2007 年第四季度淨虧損為 125 億瑞郎（約 114 億
美元），全年虧損 44 億瑞郎，需要進行 140 億美元的壞帳沖
銷，更有花旗的分析師指出，瑞銀的壞帳沖銷不止於此，2008
年對於瑞銀來講，依舊是前途多艱。

#### ② 煎熬中的法國銀行

截至 2008 年 7 月底，法國四大商業銀行因金融海嘯遭受
的損失總計近 170 億歐元。其中損失最為慘重的是農業信貸銀
行，其資產減計總額高達 55 億歐元，興業銀行的損失為 49 億
歐元，Natixis 銀行損失 39 億歐元，巴黎銀行損失為 23 億歐
元 ❹。而雷曼兄弟的破產，對於法國銀行業來講無疑是雪上加

---

❸ 德意志銀行 2008 年 4 月 29 日發佈的財務報表顯示，2008 年第一季度該行資產減計
27 億歐元，從而造成其該季度淨虧損 1.41 億歐元。

❹ 資料來自新華網。

霜，法國金融業的損失約為 310 億歐元 ❺。

　　由於遭受巨額損失，各家銀行均面臨著頭寸不足、資金短缺的問題，為達到《巴塞爾協議》關於資本充足率的要求，紛紛通過增資、融資的方式來緩解自身所面臨的困境；與此同時各家銀行紛紛進行內部整頓，著重風險的內部控制環節，同時為了防範進一步的危機，普遍提高了貸款的利率，房貸條件也更為苛刻了。

### ③ 北岩銀行遭受擠兌

　　在次貸風暴剛開始的時候，英國的北岩銀行因主要經營房貸業務而不幸「中招」，自身虧損和央行救助的消息在同一天（2007-9-14）發佈，消息一出，立刻招致大規模擠提，僅兩天的時間，銀行全部存款的 8% 就被儲戶提走。為避免局勢惡化，英國央行向其提供資金支援以保障儲戶的資產安全。

### ④ 市場信心大幅下跌

　　對於金融行業來講，市場信心至關重要，歐洲銀行業在面臨次貸損失的重壓同時，還面臨著金融市場信心缺失所帶來的打擊，通過英國北岩銀行的擠兌事件就能看出，市場信心已經大幅下跌，恐慌的情緒不斷蔓延，英國金融服務監管局曾表示，在北岩銀行擠兌風波後，市民對金融機構和監管當局的信心缺失是 2008 年的最大風險。因此，在恢復市場的同時，必

---

❺ 資料來自新浪財經。

不可少的是市場信心的重建。

## 日系大銀行亦不能倖免

在美國金融海嘯所造成的影響漸漸擴大的情況下，日本各大銀行蒙受的損失程度雖比不上歐美銀行業劇烈，但是虧損的數值也在急劇上升。據統計，截至 2007 年底，日本銀行業的損失總額約為 56.3 億美元；而根據日本金融廳的發佈的報告，2008 年一季度日本銀行業的損失接近 80 億美元，如果算上非直接的損失，日本銀行業的次貸損失可能達到 230 億美元。

## 花旗銀行風光不再

提起花旗銀行，人們再熟悉不過，因為花旗集團是全球最大的金融服務公司，也是在中國開業的第一家美國銀行。由於受到美國金融海嘯的衝擊，花旗銀行的虧損逐漸浮出水面，2007 年的巨額虧損已經令花旗元氣大傷，2008 年花旗更是岌岌可危，就在 2008 年 11 月 20 日這一天，花旗的股價暴跌 26%，而轉一天紐約股市強勁反彈，但是花旗的股價卻逆勢暴跌了近 20%，為避免對金融體系的更大衝擊，美國政府決定向其注資 200 億美元來緩解其所面臨的困境。

始於 2007 年的金融海嘯，由於雷曼兄弟、美林等投資銀行的倒閉引爆高潮之後，其嚴重性陡然上升到了一個新的高度；而花旗告急，更是給美國或更多跨國商業銀行的前景抹上一筆濃重的慘澹。

## 6.1.2 銀行必受牽連

　　不可否認的是，次貸危機的源頭、重點都是指向商業銀行（見圖 6-1、圖 6-2），商業銀行向購房者提供了貸款、隨後將其打包給投資銀行、再為對沖基金提供貸款購買信用掉期產品（CDS），商業銀行的種種經營活動，擴大了自身的經營收益水準，但是作為產業鏈上如此重要的一環，如果風浪來襲，又怎能獨善其身呢？

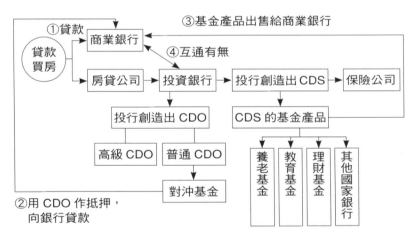

圖 6-1　次級貸款證券化過程及涉及的機構

下表是各家金融機構購買次貸產品的相關狀況：

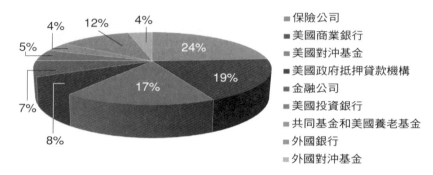

圖 6-2 購買次貸產品的金融機構占比 ❻

　　通過其中圖例可以看出，在持有次貸產品的金融機構中，美國商業銀行持有 19%，外國銀行持有 12%，也就是說，有 31% 的次貸產品是掌握在銀行體系中，當次貸危機全面爆發之後，所有與次貸相關的金融機構，都不可避免受到波及，銀行體系既是貸款的提供者，又投資了大量的次貸產品，其受到損失是不言而喻的。在任何一場聲勢浩大的金融危機中，商業銀行作為金融領域的領頭羊，都是不可能全身而退的，只是損失程度的問題。

## 6.1.3 政府、央行各顯神通

　　面對洶湧而來的金融海嘯，全球各國、各經濟體的央行不

---

❻ 資料來源：Green law etal（2008）。

約而同地採取了整齊劃一的降息行動。

2008 年 10 月 7 日，澳大利亞中央銀行宣佈，調整基準利率從 7% 降低到 6%；2008 年 10 月 8 日，聯準會、歐洲央行、英國央行、中國央行等世界主要經濟體的央行發佈聲明，均降低基準利率。除此之外，瑞士、瑞典、加拿大央行也均進行了相應的利率調整。

隨著金融國際化程度的加深，一國的金融感冒必定會傳染至全球，甚至使某些其他國家發燒或病危，特別是如此來勢洶洶的「流感」。美國的危機已然成為世界的危機，各國的金融市場都出現不同程度的震盪，單一國家的政府干預已經不能解決問題，需要各國「大會診」，為世界市場「共同手術」才有治癒的可能，因此才會出現這史無前例的全球行動，雖然這場「大手術」順利進行了，成功完成了，但是對病懨的市場而言，還需要更長的時間來恢復。

從市場表現不難發現，聯合救市的效果明顯高於各國的單獨行動。因為世界各國的金融市場都遭到史無前例的破壞，單一市場的利好消息相對於全球金融市場而言，只是杯水車薪。

在金融市場已經高度一體化的今天，通過這次金融海嘯的爆發和救市，充分表明了聯合協調、共同進退是未來世界金融監管的發展方向。

## 6.2 老師出了問題，學生應當如何辦

### 6.2.1 中國的銀行體系為什麼能夠保持穩健？

#### （1）中國銀行業的直接損失並不大

全球各方一直都在關注中國銀行業在金融海嘯中的損失程度，根據 2008 年初，各家上市銀行公佈的 2007 年年報中可以看出，受次貸影響最大的要數中國銀行，損失大約在 155 億元人民幣，確認的損失在 33 億元，做了 95 億元的減值準備；工商銀行沒有在年報中作出具體的數額披露，但是做了 28 億元的減值準備。

2008 年以來，隨著金融海嘯逐步升級，一波接著一波考驗著市場的承受能力，次貸盛宴更是見者有份、無一倖免，不過總量上並不大。

中國工商銀行持有雷曼兄弟公司債券及與雷曼信用相掛鉤債券餘額共計有 1.518 億美元，占到工行資產總額的 0.01%；中國銀行名列雷曼兄弟 30 大無擔保債權銀行，居同業拆借第 19 位，中國銀行紐約分行持有雷曼相關的債券 7562 萬美元，占中國銀行總資產的 0.01%，淨資產的 0.19%；招商銀行 2008 年 9 月 17 日公佈了其關於持有美國雷曼兄弟公司債券情況的公告，經統計，招行持有美國雷曼兄弟公司發行的債券敞口

共計 7000 萬美元，其中，高級債券 6000 萬美元，次級債券 1000 萬美元 **❼**。

## （2）銀行系 QDII 受「池魚之災」

「覆巢之下，豈有完卵」，因與外資金融機構掛鉤，中國現有的 QDII 產品均受到大幅衝擊，截至 2008 年 10 月底，外資銀行正在運作的 207 款 QDII 產品中只有 2 款盈利；中資銀行運行的 46 支 QDII 中只有 3 款盈利 **❽**。

## 6.2.2 防微杜漸——警示大於影響

次貸危機源於美國、波及全球，全球的金融市場都在為美國的衍生品市場買單，從簡單的次貸產品創新最後成為世紀金融海嘯，在這個金融創新的過程中，風險被不斷的深化、而且擴散到金融行業的各個領域。美國的銀行最初設計次級貸款證券化的時候，也是希望借此分散風險，但是隨著其中利益關係的不斷博弈，在衍生產品的基礎上繼續創新、升級，不斷地將產品進行衍生，通過槓桿效應放大了風險等級，系統性風險不斷升級；投資者在進行相關投資的時候，產品的透明度相對較低，購買者可能根本就不清楚其中的利益關係，也不明白這些

---

**❼** 部分資料來自《國際先驅導報》2008-9-18。

**❽** 資料來自西南財經大學信託與理財研究所統計報告。

產品的設計鏈條是怎樣的，處於被蒙蔽的地位，自然也就不了解產品的風險狀況。而且，美國的金融監管部門沒有及時的跟蹤監管，甚至姑縱對沖基金的交易，使得市場混亂。當前兩個明顯的問題，一是金融全球化的過程中逐漸形成了一個全球的金融市場，但是這個市場上卻沒有監管者；而是金融創新產品缺乏透明度，投資者意識不到風險。

正是這場世紀金融大海嘯，中國的「老師」出了問題，這就讓我們不得不思考，中國的金融業如何才能立足中國自身的金融需求，走出中國自己的道路。

## 希望不是沒有暴露的華爾街裸泳者

—— 摩根大通 CEO 傑米・戴蒙

圖片來自 http://www.life.gznet.com/men/zhuanji/2007/112919289.shtml

### 盡顯掌舵人價值

「只有潮水退去的時候才能看出誰在裸泳。」巴菲特說。這次突如其來的金融海嘯使得華爾街的金融機構如遇寒冬，各家銀行 CEO 的日子也很是難熬。從「兩房」到五大投行，從華盛頓互惠銀行到股價「跌跌」不休，搖搖欲墜的花旗，如今看來都是一些裸泳者。這次似乎次貸危機戀上了華爾街，遲遲不肯離開。然而，危機也許可以解釋成「危險＋機會」。如果五大投行向人們解釋了什麼是「危險」，那麼摩根大通則表現了什麼是「抓住機會」。而使得摩根大通在危機中還可以求發展，先後收購了貝爾斯登和華盛頓互惠銀行，成為能與美國銀

行抗衡的全美最大銀行之一的，正是摩根大通 CEO，有「華爾街神童」之稱的傑米 · 戴蒙。

## 一、一通國際長途

「鈴鈴鈴……」一陣急促的電話鈴聲打破了摩根大通負責證券化產品的威廉 · 金的安靜夜晚。當時的他正在盧旺達考察他們參與投資的咖啡豆種植情況。讓金大吃一驚的是電話那頭竟然是遠在美國的戴蒙，「千萬不能小看了次級貸款！得盯緊點！」戴蒙的聲音很是激動，「我們必須立刻清空一些資產。不然，過不多久，它們便會化為烏有，以前也發生過這樣的事。」戴蒙警告金。正是這通電話標誌了摩根大通整體決策上的轉折，並最終幫助其在這場沒有硝煙卻異常慘烈的次貸戰爭中安然抽身。

這通電話究竟是怎麼回事呢？這還要從 2005 年講起。2005 年之前，在華爾街最炙手可熱的抵押貸款證券化業務中，摩根大通充其量只是個小玩家。到 2006 年，華爾街的次貸業務已如日中天，摩根大通的證券化抵押貸款業務也得到了快速發展，並涉足了次級擔保債務權證。但緊接著發生的兩件事改變了戴蒙繼續大量持有次級相關產品的想法。首先是在當年 10 月的一次對其零售銀行的常規月度業務總結中，摩根大通抵押服務業務部總裁發現次級貸款的逾期付款正以驚人的速度上升，戴蒙心裡清楚，這一指標的上升說明次級貸款行業的

承銷標準正在惡化，越來越多的垃圾資產正在進入信貸鏈條的傳導，次貸市場的潛在風險正在不斷加大。另一個是摩根大通投資銀行聯合總裁史蒂夫 · 布萊克和比爾 · 溫特斯發現，對沖基金、保險公司和其他客戶對高收益的擔保債務權證票據需求很大，這就意味著諸如美林、花旗這樣的大銀行不得不持有巨額的 AAA 級債券才能提供充足的金融產品來滿足客戶的需要，但與其所承擔的相對風險來看，這種 AAA 級的債券收益只比安全程度最高的美國國庫券高 2%，但在當時，很多機構都已經把防範風險的意識拋到月球去了，依舊毫無顧忌的大量持有。不過，布萊克和溫特斯卻沒有掉以輕心，他們根據信貸違約掉期（一種轉移交易方定息產品信貸風險的掉期安排）得出了與持有截然相反的結論。到 2006 年底，次級擔保債務權證的違約掉期果然急劇上升。戴蒙於是開始堅決規避相關的業務，才有了上面那通重要的國際長途。

## 二、是穩健，還是風險沒有暴露

　　也許很多已經落馬的 CEO 不禁懊悔，當初其實也意識到了次級抵押貸款相關業務的巨大風險，只可惜……也許這恰恰體現了戴蒙獨有的眾人皆醉我獨醒的冷靜判斷力和高效堅決的執行力。在堅定了總體投資策略後，戴蒙開始快速、大量的拋售摩根大通持有的次級債，將近 120 多億美元的次級抵押貸款幾乎被他悉數拋盡，並停止幾乎全部的相關業務。由於摩根大

通對次級抵押貸款業務的避而遠之，甚至拒絕承銷次級 CDOs 產品，從 2005 年到 2007 年間，摩根大通在固定收益承銷業務方面的業績與其他各行相比黯淡了許多，其行業第三的位置一路下滑至第六位。但在 2008 年哀鳴遍野的華爾街，摩根大通卻以 2007 年全年淨收益創 154 億美元新高而創造了新的歷史，即使在次貸海嘯逐步升級的第四季度，摩根大通仍然交出了實現 30 億美元淨收益的滿意答卷。而當時花旗、美林卻以 2007 年第四季度虧損都達 98.3 億美元，花旗 2007 年全年淨利潤僅有 36.2 億美元而美林則虧損 77.8 億美元的新低打破了歷史紀錄。笑到最後才是真的笑得最好。

戴蒙不僅帶領著摩根大通挺過了金融海嘯的襲擊，還在華爾街的金融機構一個個沒落之際，開始了它的征途。2008 年 3 月 16 日，摩根大通以約每股 2 美元價格（總價為 2.36 億美元）幾乎是空手套白狼的收購了當時市價為每股 30 美元的貝爾斯登。而後憑藉著在華爾街形象的逐漸高大，當聯準會需要一個強有力的金融機構來收購已經不得不掛牌自售的華盛頓互惠銀行時，摩根大通再一次以英雄身份出現，答應了美國政府的請求：以 19 億美元的超低價格收購了華盛頓互惠銀行。從此，摩根大通成了僅次於美國銀行的全美第二大銀行。也許人們會好奇，戴蒙究竟做了什麼，能讓摩根大通身處次貸海嘯的洗禮下卻還留有如此實力來壯大自己呢？

## 三、戴蒙的得與失

摩根大通之所以在次貸危機中脫穎而出，首先要歸功於戴蒙領導的摩根大通在面對次級 CDOs 產品帶來的高額利潤時，依舊保持了清醒的頭腦，採取了及時且堅決的規避決策並輔助以相應的對沖機制。而素有華爾街神童之稱的摩根大通 CEO 傑米 · 戴蒙和他的團隊則因採取的激進規避舉措而被華爾街視為亂世英雄。

其次，摩根大通按部就班、從不鬆懈的經營管理方法使得風險爆發的可乘之機少了又少。戴蒙和他第一梯隊的 15 位高管每月都會定期召開持續全天的公司運營委員會會議，並針對公司六個運營部門召開集體議會，一開就至少三小時。戴蒙軍團圍繞著一本厚實的「行政經理報告」中提到的任何一個有關本部門的資料仔細研究，基於冷靜的思考和對資料的理性分析，使得戴蒙和他的團隊在眾人都被次貸的巨大利潤搞得五迷三道時，依舊能保持清醒，特別是對那些可能是某種危險警示信號的資料戴蒙更加關注。如果報告的資料顯示某個投資專案的風險遠遠超出了預計或者相關風險根本難以界定，那麼戴蒙就會毫不含糊地選擇退出，雖然在當時戴蒙的這種做法總被人說成畏畏縮縮，但事實證明，穩重謹慎的投資理念沒什麼不好。

最後，「戴蒙軍團」的第二大主力團員隊伍嘗試建立的一套更為完善的風險控制機制和摩根大通首席風險長巴里 · 茲

布羅堅持在談判桌上要求對方公佈更多的資訊來充分了解對方，以此來將風險最小化的管理手段等都為摩根大通防範風險立下了汗馬功勞。

正所謂時勢造英雄，戴蒙和他的軍團對於潛在風險的審慎態度和精確判斷以及高效的執行效率使人們在次貸危機中看到一絲希望。

當然，有得必有失，戴蒙的管理也不是十全十美。在退出次級抵押貸款的同時，戴蒙逆向思維的投資了某些不確定性較大的槓桿收購並進入了特大抵押貸款市場。但這一次的逆勢而動讓他狠狠地摔了一跤。為此，摩根大通已宣佈減計 15 億美元的抵押貸款和槓桿貸款資產，並減計其投資的房利美和房地美優先股 6 億美元。「我們在房屋貸款方面做得很糟糕，對此我們很遺憾。」戴蒙在接受《財富》雜誌採訪時並不諱言。但在華爾街這樣一個地方，戴蒙掌舵下的摩根大通所彰顯的價值和其利己利他的境界已經讓摩根大通的投資者們倍感欣慰了。

## 四、戴蒙的成長史

講起戴蒙的成長史可以說是一波三折。1985 年 6 月，戴蒙與華爾街的傳奇人物桑迪‧韋爾被美國運通「放逐」，波折開始。第二年（1986 年），他們一起前往馬里蘭州並接管了巴爾的摩商業信貸公司。在經歷了一連串的購併後該公司發展成了旅行者集團。1998 年 4 月，由桑迪‧韋爾與花旗原

CEO 約翰 · 里德共同掌印的新花旗帝國誕生了，旅行者集團與花旗銀行價值 700 億美元的這場交易使得戴蒙和桑迪 · 韋爾的事業漸漸步入輝煌。但就在新花旗建成不久，這對原本配合默契、情同父子的黃金搭檔卻因猜忌而分道揚鑣，戴蒙離開了「恩師」，也離開了花旗，剛剛起步的事業戛然而止。但是戴蒙並沒有就此消沉。經過一年的休整，戴蒙精挑細選的接手了美國第一銀行，並一手把美一銀行打造成了一個「西部花旗」，其快速的業務發展和穩步的業績吸引了來自華爾街的目光。2004 年 1 月，摩根大通以 580 億美元收購美一銀行，合併後，新摩根的規模僅屈於花旗集團之下。而傑米 · 戴蒙再次回到了紐約，回到了華爾街。然而這一次的重返，「花旗小子」戴蒙已經讓人刮目相看了。

## 五、痛定思痛

在認可了戴蒙的成績後，我們也無需過分的誇耀，畢竟像戴蒙對於市場和創新工具帶來的風險的謹慎態度是每一位在華爾街摸爬滾打多年的大銀行家本該有的素質，只不過在越發複雜的創新產品和超高額的利潤面前，有的人選擇了「裸泳」。

說起來讓各大銀行家甘冒「裸泳」風險也不肯撒手的創新衍生產品本來是具有分散、轉移銀行資產負債表風險作用的，但正是這樣的特性使銀行放鬆了信貸標準和風險控制，並通過無限的風險傳遞極大地隱藏了風險源頭，導致銀行各種預測和

管理風險的複雜模型和壓力測試形同虛設。也許次貸危機真正可怕的地方不是倒了多少家銀行，而正是大銀行家還沉浸在自認為優秀的風險管理能力和好用的創新工具時，猛然發現一隻他們親手養大的怪獸竟然已經溜出了風險管理系統的牢籠，在全球市場上肆意妄為。沒有像戴蒙一樣謹慎並強烈的風險防範意識和較為完善的風險管理體系，我們只能被怪獸追著打。而現在當務之急就是開始思考如何解決次貸暴露出的銀行內部風險管理問題、如何完善公司治理、如何解決新《巴塞爾協議》的局限性等等。

總而言之，戴蒙的表現值得肯定。也許這位聘請了英國前首相布萊爾為高級顧問的摩根大通 CEO 現在正是風光無限。但計畫永遠趕不上變化。華爾街的格局已經改變，走了投行，又來了變身的高盛和摩根史坦利，而美國銀行、花旗、摩根大通正向著巨型金融集團不斷發展。等待華爾街的會是什麼樣的新格局呢？等待像戴蒙一樣在危機中求發展的銀行家們的又會是什麼呢？

# Part 4
# 股市篇

雷曼宣佈破產，次貸風暴第四波來襲。美國股市空前強度暴跌，恐慌迅速傳染到全球，全球股市猶如一張張多米諾骨牌般倒下。歐洲股市一片血紅，俄羅斯被迫關閉股市，冰島股指演繹高台大跳水。至此金融海全面爆發。全球股市結束牛市，踏入漫漫「熊」途。

# 7

Part 4. 股市篇

## 遭到黑色風暴襲擊的美國股市

「在別人恐懼時貪婪，在別人貪婪時恐懼。」

——沃倫・巴菲特

## 7.1 烽煙四起的美國股市

### 7.1.1 暴風雨來臨之前的寧靜

自從 21 世紀開始，隨著新興世界國家的崛起，美國的貿易逆差開始飛漲，外貿情況開始惡化，同時隨著美國的軍事擴張計畫的進一步擴張，軍費不斷上漲，財政狀況也每況愈下。為了避免美國經濟的下滑，布希政府開始實行寬鬆的貨幣政策和財政政策。從 2001 年開始，聯準會連續 12 次降息，把聯邦基金利率從 6.5% 調低到了 1%，利率的降低激發了投資者的積極性，加速了美國對世界各個地域的投資，促進了全球化的發展，最終加速了全球經濟發展的速度。而從 2002 年開始，美國的房價就開始以每年 10% 甚至以上的速度上漲，形成了

房地產市場的高度繁榮。但是過快的經濟增長和不斷上升的貨幣供應量又帶來了流動性過剩的問題。由於資本成本低下，投資熱情不斷高漲，人性對利益的貪婪讓人們逐漸淡忘了對風險控制的重要性。

在連續降息 13 次後終於開始實施相反的宏觀經濟政策，於是開始加息，聯邦基金利率由 2004 年的 1% 直線上升至 2006 年的 5.25%，連續加息達 17 次之多。而在這段時期內，由於之前美國貨幣政策調整在利息方面總是一上一下，兩者之間的相隔期不會太多，所以很多投資者都樂觀的預期利率會馬上掉下來的，特別是房地產的相關投資者。因此利率的上升並沒有給美國房地產市場的繁榮帶來實質性的影響，市場依然強勁，在 2005 年達到了 17% 的增長率。而這種繁榮也帶動了次級抵押貸款市場的迅猛發展，很多應該被評估為不具備償還能力的貸款者也獲得了房地產貸款，而且越演越烈。這種次級抵押貸款的金融創新和房地產的過度繁榮造成了相互間的惡性促進，造成了經濟上的「虛假繁榮」。

隨著經濟的繁榮發展，美國股市也取得了史無前例的收成。直到 2007 年美國次貸危機爆發以前，美國已經經歷了 15 年的繁榮時期。從 1992 年到 2006 年，美國的年平均 GDP 增長率為 3.15%，平均失業率為 5.39%，而年平均消費價格指數（CPI）增長率僅為 2.62%，這樣的資料讓美國的股市像一位茁壯成長的少年，節節衝高。不過在 2000 年時美國出現了一輪

網際網路泡沫破裂，但隨後美國經濟馬上恢復，並再次出現高增長低通脹的良好狀態。美國道瓊指數在 2003 年跌破 8000 點以後，開始反彈，並於當年 12 月 11 日再次達到 10000 點。之後 3 年道瓊指數在 10000 點和 11000 點之間徘徊。而自 2006 年 10 月起，道指相繼突破 12000、13000、14000。並於 2007 年 7 月 11 日達到歷史最高點：14198 點。

## 7.1.2 次貸風險浮現後股市遭遇地震

2007 年 3 月 12 日，星期一，次貸開始浮出水面，也使得第一張多米諾骨牌倒下了，從而引發了全球股市的震盪。當天，美國的新世紀金融公司——全面第二大次級抵押貸款機構的該公司表示，其貸款銀行已經停止向其提供融資，公司無法滿足債權人的債務償還需求，上述消息引發了外界臆測新世紀金融可能走向破產，當天，紐約證交所推遲其開盤時間，結果收盤價比前一交易日下跌近 50%。實際上，自不久前該公司承認正在接受聯邦機構關於帳目和股票交易的調查以來，新世紀股票連續暴跌，到 13 日為止，已經下跌了 90% 左右，市值已經跌破 1 億美元。該公司陷入困境，也正反應了投資者對整個美國抵押市場擔心已經顯現出來了。

受該消息影響，美國股市首次因次級抵押貸款市場危機遭到重創受到次貸大跌，當日道指跌 2%、標普跌 2.04%、那指跌 2.15%，從此次級抵押貸款開始為世人所了解。但並未危及

美股繼續上升的勢頭，不過投資者當時並未意識到危機的嚴重性，股市很快重拾升勢。面對越演越烈的次貸壞帳，標普降低次級抵押貸款債券評級，這無疑是雪上加霜，從而引發了全球金融市場的大震盪。

## 7.1.3 美國引發了暴跌的導火線

2008 年一季度，美國股市創四年多以來最差季度表現，截至 2008 年 3 月 31 日，標準普爾 500 指數收於 1322.70 點，較 2007 年末的 1468.36 點下跌了 9.92 ％；那斯達克指數收於 2279.1 點，較 2007 年末的 2652.28 點下跌了 14.04 ％；道瓊指數收於 12262.89 點，較 2007 年末的 13264.82 點下跌了 7.55％。

2008 年 9 月，美國迎來了「黑色 9 月」。第一個階段的標誌性事件是 9 月 7 日美國政府果斷出手，接管兩大住房抵押貸款機構房利美和房地美。美林公司被美國銀行收購。9 月 16 日，美國國際集團（AIG）告急，聯準會向其提供 850 億美元的緊急貸款。第三階段：9 月 20 日，經過反復商討後，布希政府提出總額為 7000 億美元救市計畫，但 9 月 29 日眾議院出人意料地否決了該方案，華爾街頓時陷入恐慌，當天股市收盤時，道瓊指數下跌近 800 點，創歷史最大跌幅。美國資深財經記者杰拉爾德 · 塞布評論說：「政治和經濟崩潰的後果已經席捲了華爾街和華盛頓，波及面很可能是全球性的。」

10 月份，雖然美國政府通過了 7000 億美元，並把救市資金提高到 8500 億美元，但投資者恐慌的預期無疑大大沖淡了預期的效果，10 月份的日子並不好過。道瓊當月的跌幅達到 13.8%，危機的陰影在不斷蔓延。

## 7.1.4 最糟糕的投資

2008 年 10 月 31 日，美國道瓊指數收盤於 9,325.010 點，標準普爾 500 收盤於 968.750，股市跌回了美國 9 年前的位置。本來投資者所青睞的最佳長期投資對象，在這 9 年成了最糟糕的投資。本來只要買進類別廣泛的股票並長期持有就會有不錯的利潤回報，但如果你是在 9 年前買入美國的股票，這一規則失靈了，甚至不如普通的美國國債，這被人們稱為「消失的 10 年」。

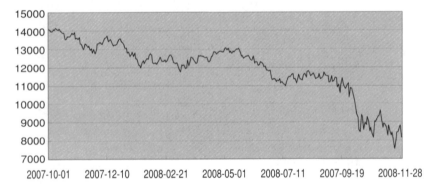

圖 7-1　2007 年 10 月至 2008 年 11 月道瓊指數走勢

資料來源：新浪網財經走勢

## **7.2** 越演越烈的救市方案和愈走愈低的 美國股市

### **7.2.1** 次貸危機以來的第一次救市

在不斷浮現的次貸風波的影響下，美國股市和全球股市每況愈下，普遍暴跌。面對著急速下滑的資本市場，聯準會開始了第一次救市。

2007 年 8 月 11 日當天聯準會三次向銀行注資 380 億美元以穩定股市。聯準會當天在紐約股市開市前發佈聲明說「將採取一切必要措施，避免股市失控，其中包括提供『必要的儲備』增加金融市場流動性，保證市場正常運轉。」聲明表示，「聯準會正在注入資金，以促進金融市場有序運轉。」而作為實際措施，聯準會的下屬聯邦儲備銀行宣佈向股市注資 190 億美元，而僅在幾個小時後，聯準會宣佈再注資 160 美元。在當日下午二點左右，聯準會又再一次的宣佈：再次追加 30 億美元資金。一天之內聯準會連續三次向銀行注資了 380 億美元，而在這之前的 8 月 9 號，聯準會已經向市場注資 240 億美元，於是兩天之內的注資已經到達 350 億美元。這相當於對投資者打了一張政府包票，8 月 11 日，紐約股市的跌勢似乎受到了控制，當天的收盤出現了漲跌互現的情況。

之後，美國股市再現之前強勁的上漲趨勢，道瓊指數於

2007 年 10 月 11 日達到道瓊有史以來最高點——14270 點，出現了前所未有的繁榮。但紙終究包不住火，次級抵押貸款後面所隱藏的風險已經一步步為投資者所深刻的意識到，開始對相關的金融機構的健康運行持懷疑態度，而事實上，美國的金融機構之前所隱藏的諸如次級貸款比例過高等的弊病開始顯現出來。於是，道瓊指數開始走下坡路了，這也就難怪為什麼美國股市再也觸碰不到 14270 這個歷史最高點。

2008 年 5 月 29 日，一直出現傳聞美國華爾街第六大投資銀行貝爾斯登公司股東宣佈接受收購協議，同意以約 10 億美元的價格將公司出售給美國摩根大通公司。至此擁有 85 歷史的華爾街巨頭貝爾斯登公司不復存在了。而在這之前，該公司一直出現的資金短缺的消息已經困擾了美國股市很多時間了，而這一次的收購正式標誌著美國開始走入次貸危機導致股市快速下跌的通道。

同樣，為了保證金融市場有序的進行，緩解次貸對歐洲市場造成的重大衝擊，歐洲各央行也紛紛出台措施以穩定金融市場。而相比聯準會，歐洲中央銀行出手更為「慷慨」。歐洲央行 9 日和 10 日創紀錄的向銀行系統注資 1558.5 億歐元（約合 2135.4 億美元）。但與紐約不同，倫敦股市顯然對這一救市措施不買單，10 日股市開盤後仍暴跌，當天歐洲主要股市跌幅均超過 3%。歐洲股市跌勢不減的原因在於歐洲央行注資行為治標不治本，而且央行干預股市的決定反而降低了市場信心。

## **7.2.2** 這是股市甘霖嗎？

　　2008 年 9 月 7 日，星期天，這註定是一個值得被紀念的日子。當天，美國兩個巨型的住房抵押貸款機構——房利美（Fannie Mac）和房貸美（Freddie Mac）被美國政府所接管，這將是美國歷史上規模最大的一次救援活動。

　　房地產的穩定發展對整個國民經濟有著舉足輕重的地位，而為了維繫保持美國房地產、金融市場的順利運行。在對「兩房」的一番考察後，美國政府動用 7 月份國會的授權，於 2008 年 9 月 7 日宣佈接管這兩個大型的住房抵押貸款機構。

　　美國政府接管房利美和房地美，這表明美國政府高度重視「兩房」對於維繫美國房地產金融市場順利運轉的重要性，「兩房」共持有 5.4 萬億美元的未清償債務，約占美國住房抵押貸款市場總規模的 40％。如果「兩房」破產倒閉，將造成美國住房抵押貸款市場停擺，新增住房抵押貸款利率將會直線上升，住房市場交易量將嚴重萎縮。此外，基於住房抵押貸款的金融產品的市場價值將一瀉千里，美國金融市場將出現大幅動盪。

　　這是一場旨在穩定投資者信心的救贖。不過對資本市場來說，一切的效果都是長期的，美國政府收購「兩房」只是給股市帶來極為短暫的甘霖。

　　因為時差的關係，在公佈收購「兩房」的消息後，亞太股市、歐洲指數開始有所反應。直到 9 月 8 日星期一，道瓊指

數以 11224.87 點開盤，比前一交易日收盤價高出近 4 個點。
在交易的第一分鐘內，道瓊指數指迅速拉升 350 點，最高點甚
至達到 11570.66，可是這也是美國當天唯一一次碰到這個最
高點。而後獲利者迅速回吐，股指開始下探，直至尾盤時才
再度拉升，收於 11510.74 點，全天漲 289 點，漲幅 2.58％。
可利好的行情僅僅維持了一天，9 月 9 日星期二，美國就迎來
了壞消息——標準普爾表示要降低雷曼的評級，於是股價繼
續下跌。當日紐約股市三大股指跌幅均超過 2％，道指大跌
280.01 點，收 11230.73 點，跌幅 2.43％；標普跌 43.28 點，
收 1224.51 點，跌 3.41％；那斯達克跌 59.95 點，收 2209.81
點，跌 2.64％。

收購的消息並沒有帶來太大的轉機，投資的信心依然低
下。「兩房」國有化的行情僅僅持續了一天。伴隨著 9 月份美
國大型金融機構接二連三的出現破產危機，引發了美國投資者
的恐慌拋售。

### 7.2.3 最大規模的救市措施卻對應著最恐怖的暴跌

#### （1）救市計畫通過一波三折

2008 年，黑色的美國 9 月把投資者的恐慌帶到了歷史的
最高點，也逐漸把美國的次貸危機推向高潮。為了安撫投資
者日益惡化的恐慌情緒，更為了金融市場特別是股票市場的穩

定，美國財政部長保爾森向美國國會提交了一分高達 7000 億
美元的救市方案，希望用這筆資金購買美國金融機構的不良資
產，以保證金融市場健康有序的進行。但這個計畫卻走得不是
很順利。

2008 年 9 月 29 日，美國眾議院否決了美國政府的 7000
億美元的救援計畫。美股當天暴跌，道瓊工業平均指數下跌
了 777.68 點，至 10365.45 點，跌幅為 6.98%，創下了當時有
史以來單日最大下跌點數。那斯達克綜合指數下跌了 199.61
點，至 1983.73 點，跌幅為 9.14%。而僅過一天，9 月 30 日，
美國股市走出了另一道相反的曲線，道瓊指數從開盤後一路走
高，僅在 29 日一天內就收復了近 500 點的跌幅。因為市場預
期國會將會通過布希政府第二次救市方案的提交，甚至還傳言
將更進一步的進行修改。

市場投資者對方案通過的預期被證明是正確的。2008 年
10 月 2 日，美國參議院 74 票對 25 票通過了布希政府提出的
7000 億美元新版救市方案，美參議院投票表決的救市方案總
額從原來的 7000 億美元提高到了 8500 億美元。10 月 3 日，
美國眾議院通過新救市方案。美股對修改後的方案通過眾議員
這一關抱有很高的預期，因此道瓊指數在開盤以 10483.96 點
微升後，隨即大幅拉高，盤中一度達到 10796.26 的最高點，
不過在法案通過後很快就出現跳水，最終以 10325.38 報收，
跌 157.47 點，跌幅 1.50%。那斯達克指數以 2005.92 點開盤，

午間一度達到最高點 2046.81，不過隨後也出現跳水，收盤 1947.39 點，跌 29.33 點，跌幅 1.48%。

股市對美國政府通過救市方案並沒有產生預期的暴漲，實際上並非偶然。因為隨著如此多巨型金融機構出現倒台，廣大的投資者對次級貸款有了進一步的認識，並逐漸意識到此次危機並未一個簡單的 7000 億美元就可以解決的。從 2008 年 10 月 3 日到 2008 年 10 月 10 日，美國股市已經連續八天下跌，道瓊指數累計狂降 1800 點，這是可怕的「黑色一周」！而這記錄，追平了美國 120 年來保持的最大單周跌幅。

## （2）7000 億美元到底何去何從

7000 億美元救市方案的通過僅僅使美國政府獲得資金並向金融市場注資，只授予了政府可以動用大規模的資金救助金融市場的能力，而實際的用途並沒有確定，隨著時間的推移，7000 億美元到底何去何從，而資金的使用又是否能真正帶來股市的穩定甚至繁榮呢？

在美國政府通過救市方案後，美國政府才一直在著手策劃資金的具體使用計畫。面對著國內主要銀行和金融機構普遍出現資金短缺和面臨破產的威脅，2008 年 10 月 14 日，美國政府動用了第一筆資金——2500 億美元，用於直接購買國內一些主要銀行和金融機構的股權，這成了美國自大蕭條以來政府在金融領域的最大干預。

　　面對這次嚴重的金融海嘯，美國政府大方出手，為銀行新債提供擔保，為其注資，與美國一貫標榜的自由市場嚴重衝突，但美國財長保爾森表示：「政府持有任何一家美國私營公司的股份，都可能令多數美國人不快，其中也包括我在內。但另一個選擇，即坐視企業和消費者無法獲得融資，卻是完全無法接受的。」事實上，如果美國政府不出資這筆資金拯救銀行業和其他金融機構，很多企業將不可避免的出現倒閉，因為資金的融通問題已經緊緊掐住了他們的生命線。

　　美國政府於 2008 年 10 月 14 日公佈將出資 2500 億美元直接購買國內一些主要銀行和金融機構的股權，全球金融系統出現從懸崖邊後退的跡象，信貸市場壓力明顯緩和。

　　作為方案的一部分，政府將把總數的一半，即 1250 億美元注入 9 家銀行，即美國銀行（Bank of America）、摩根大通（JPMorgan Chase）、富國銀行（Wells Fargo）、花旗（Citigroup）、美林（Merrill Lynch）、高盛（Goldman Sachs）、摩根史坦利（Morgan Stanley）、紐約銀行梅隆（Bank of New York Mellon）和道富銀行（State Street）。

　　根據這項「不可還價」的政府方案，美國銀行、摩根大通、花旗和富國銀行每家將獲得 250 億美元政府基金，而高盛和摩根史坦利分別獲 100 億美元，紐約銀行梅隆和道富銀行則各自獲得 20 至 30 億美元。

　　美國政府向銀行注資 2500 億美元的消息只是給美國股市

注入了極為短暫的強心針，10月14日當天，紐約股市開盤後三大股指漲幅隨即超過2％，其中道瓊工業平均指數上漲了416點，至8867.19點，但隨後劇烈震盪，對經濟減緩的擔心影響了投資者的信心，因為資料已經顯示美國的非必需消費品和科技的盈利情況已經受到嚴重影響，股市的晴雨表的功能表現依然「良好」，該類板塊的股價受到了打壓，三大股指漲幅縮水，道瓊指數午盤後一度下跌逾300點，使得2500億美元的注資計畫並沒有給股市帶來雪中送炭的效果。

除了2500億美元的銀行注資，美國政府在之後陸續動用了7000億美元的資金。11月11日，美國購買購400億美元美國國際集團（AIG）價值四百億美元的高級優先股。11月24日美國政府將向花旗銀行注資200億美元，換取花旗年息為8%的優先股，以幫助花旗應對高風險資產可能出現的問題。11月25日財政部提供200億美元為聯準會消費信貸提供擔保。

## 7.3 流逝的崩盤歲月留給我們的啟示

### 7.3.1 大崩盤和10年的經濟大蕭條

1929年美國股市的大崩盤和隨後10年的經濟大蕭條是美國股市是最狼藉的一幕，它給我們最直接也是最深刻的教訓就

是不能人為地培植股市泡沫。

1929 年 10 月 24 日是一個永遠被記得的黑色星期四。當天美國股市開盤後，股指依然遵循著之前向上的走勢，只是成交量明顯放大了。突然，賣方開始瘋狂拋售，買方終於支援不住了，股指掉頭直下，人們競相拋盤，整個交易大廳回蕩著絕望的呼喊聲。當天上午，股指已經完全聽從了賣方的安排，股票有如雪崩一般，節節創出新低，僅一個小時內，就有 11 個知名的股民因承受不了而跳樓自殺。當天換手 1289.5 萬股，道瓊指數跌幅達 22%。可是這僅僅是噩夢的開始，接下來的幾天，股價如決堤之水轟然下泄，人們紛紛脫手股票。

股市的大跌，讓美國的金融體系陷入了完全崩潰，市場信用創造出現重大的挫折，相互間的信任度嚴重下降，而融資成本則大幅上升，企業和公民獲得貸款變得極其困難，這種信貸的緊縮導致的大量的投資機會的喪失，經濟轉向下滑，實體經濟領域受到嚴重打擊，轉變成歷史性的大蕭條。而同時聯準會依然採取了過於嚴厲的貨幣緊縮政策，以及錯誤的關稅貿易壁壘政策，進一步加重危機。從那以後社會經濟一片蕭條，後來還給它起了個名字 Great Depression（大蕭條）。

美國經濟從 1929 年 9 月繁榮的頂峰，轉向下滑到 1932 年大蕭條的谷底，道瓊指數市從 381 點狂跌到 36 點，縮水達 90%！道瓊 30 種工業股票的價格從平均每股 364.9 美元跌落到 62.7 美元，20 種公用事業股票的平均價格從 141.9 美元跌

到 28 美元，20 種鐵路股票平均價格則從 180 美元跌到了 28.1
美元。這是紐約交易所成立 112 年以來最黑暗的時期，持續時
間也是當時美國歷史上最長的一次。

從 1929 年 7 月到 1932 年 8 月，道瓊指數從最高點 380.33
點狂跌到最低 42.84，跌幅為 89.05%。如圖 7-2：

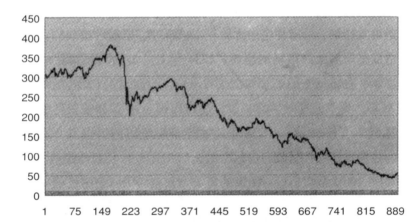

圖 7-2　1929 至 1932 年道瓊指數走勢

資料來源：銳思數據庫

簡單來說，就是 90% 以上的華爾街銀行家永久性的破
產，在這 1000 多天的大熊市裡面，投資者平均損失了近 90%
的資產。如果你在 1929 年 9 月 3 號有一千美元的資產，那麼
到 1932 年 7 月 8 號股災結束的那一天，只剩下 108 美元。如
果要恢復到一千美元的資產，大概需要等 25 年，也就是 1954
年的事情。這個還未考慮上 25 年裡面物價上升所帶來的通貨

膨脹，美元貶值等。

　　20 世紀 20 年代，是美國經濟急速發展的十年，但是股市的增長程度比美國經濟的發展還要超前，而當時的社會並沒有有效的糾正機制來制止虛擬經濟與實體經濟的不一致，泡沫不可避免的不斷膨脹。從 1929 年的大崩盤開始，美國經歷了 10 年的大蕭條，直到第二次世界大戰的爆發才讓美國的經濟走出蕭條的陰影，而股市走回崩盤前的指數已經是 1958 年的事情了。換句話說，也就是美國股市停滯不前了將近 30 年的時間。

　　美國大蕭條是美國歷史上最嚴重的經濟危機，雖然已經過去了 70 多年，對於危機的研究仍是美國經濟學界的一個重要議題。對比兩次金融危機，其相似性主要體現在以下幾個方面。

　　首先，兩次危機具有相似的爆發點，即是房地產市場問題。同樣在 1929 年美國股市崩盤之前，房地產曾有一輪十分火爆的行情，直到大蕭條爆發初期，所有住宅中大約一半被抵押，但隨後出現的大規模的違約造成美國房地產市場的崩潰。在 1934 年 1 月美國《城市住宅金融調查》顯示，在被調查的 22 個城市中，自有房屋抵押貸款的違約比例均查過 21%，其中，超過一半的城市，違約比例超過了 38%，克里夫蘭甚至高達 62%（Bernanke，1983）。而本輪金融危機的引爆點，就是眾所周知的住房次級抵押貸款和房地產泡沫。

　　其次，兩次危機都既有極大的影響力和破壞力，金融機構

更是首當其衝。1930 至 1933 年無疑是美國金融體系歷史上最艱難、最混沌的階段。從 1930 年銀行危機的爆發，到 1931 年金融體系的恐慌演化為經濟隨退，再到 1933 年 3 月銀行的破產高潮，美國的金融體系受到了極大的衝擊，銀行體系幾乎陷入癱瘓狀態，違約破產嚴重。而 1933 至 1935 年，羅斯福上台後執行新政，重建金融體系，經濟才緩慢復甦。而本輪危機同樣與巨型金融機構不可分割，先後出現了金融機構的倒塌和破產。「兩房」被政府接管，雷曼、美林相繼倒下，AIG 被國有化，並開始向實體經濟傳導。次貸問題引發的金融海嘯已經讓美國的付出了沉重的代價。

第三，同樣是強烈的政府干預。1929 年起，美國經濟陷入長達 10 年的大蕭條。1933 年，羅斯福成為總統後，針對當時的實際情況，順應廣大人民群眾的意志，大刀闊斧地實施了一系列旨在克服危機的政策措施，主要包括復興、救濟、改革三部分，史稱「羅斯福新政」。其中對財務金融體系的整頓為之最多。「羅斯福新政」之後，政府主導金融重建，理順了債權人和債務人的關係，穩定了經濟和金融秩序，還向金融機構大量注資，增強人民對政府和市場的信心。而這次危機中，美國出手的關於救市的措施也是前所未有的。截至 2008 年 5 月底，聯準會大約動用 6000 億美元資產實施上述金融創新，截至 9 月中旬，各國央行向市場注入的流動性已經超過 1 萬億美元；美國政府動用大約 7000 億美元救援房利美、房地美

和 AIG 以及向市場注入流動性；還有美國財政部一個價值為 8500 億美元的救援計畫。不過，與「大蕭條」時期不同，當前聯準會以及美國政府應對危機的反應更快，力度也更大。

## 7.3.2 1987 年的「黑色星期一」

### (1)「黑色星期一」

美國股市上還有一個令人膽戰心驚的日子，那就是 1987 年 10 月 19 日，「黑色星期一」。美國當日一天中股票市場財富縮水超過五千億美元，相當於廣東一年的進出口總額。

從羅斯福新政到 20 世紀 80 年代，美國股市經歷了 50 年的牛市，股票的總市值上升到 24720 億美元。自 1982 年起，美國股市更是異常繁榮，其發展速度開始並遠遠超過了實際經濟的增長速度，金融交易的發展速度大大超過了世界貿易的發展速度。股市的高收益性吸引了越來越多的投機者，大量的國際遊資及私人資本源源不斷地流向股市，這些資金為追求短期利潤而在股市上從事投機交易，造成股市的虛假繁榮。1987 年的頭 9 個月，投機者的行為更是達到了瘋狂的狀態，僅日本購買美國股票新增的投資金額就達到 150 億美元，股票價格被炒的過高，泡沫已經十分明顯。而這意味著股市將進行一次大的調整。

1987 年 10 月 19 日，泡沫終於破滅了。美國的道瓊工業

股票下跌了 508 點，跌幅為 22．6％，創下自 1941 年以來單日跌幅最高紀錄，全國損失 5000 億美元，其價值相當於美國全年國民生產總值的 1/8，這一天被稱為「黑色星期一」。股市的瘋狂暴跌狂潮引起了股民巨大恐慌，數不盡的百萬富翁在一夜之間淪為貧民，數以千計的人精神崩潰，跳樓自殺。造成美國股票市場發生劇烈振盪的直接原因是金融投機者的非理性行為，吹大了股市的泡沫，使得調整成為必然。

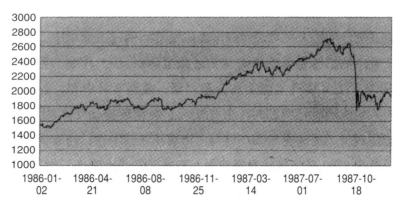

**圖 7-3　1987 年 10 月 19 日道瓊指數當天大跌 22.6%**

資料來源：根據銳思數據庫數據生成圖表

## （2）災難的根源

從 1986 年 3 月至 1987 年 8 月，道瓊指數一路攀升，從 1686 點躍至 2722.42 點，股市市場價值高達 10 萬億美元，遠遠高於實體經濟的支撐能力，投機行為明顯已經過熱，但買空賣空盛行，投機進入狂熱的狀態。往往在危機爆發之前都會

有些許的先兆，這些預兆也往往得不到重視。1987 年 9 月份的股價波動已極為反常，從 10 月 3 日至 9 日的一周，道瓊股票下跌了 158.78 點，跌幅達 6%，從 10 月 11 日到 16 日的一周，該指數下跌 235.48 點，即跌了 9.49%。對於股市顯現的這些不祥之兆，人們卻不予介意，將其視為一種技術性調整。

　　無論是國家總統雷根還是一般的股民，所有人對外來的前景都很樂觀，對即將到來的暴風沒有絲毫的心理準備。當然也有極個別的理性人意識到危機即將到來，如約翰 · 肯特思 · 加爾布（20 世紀最偉大的制度經濟學家之一）就曾發表文章評論美國的股市前景悲觀，並將 1987 年與 1929 年做比較，談到了「當市場明顯無限下跌時……算總帳的日子終要到來。」而當時還僅在 1987 年初，離大崩盤還有 8 至 9 個月。而民主的社會制度並沒有讓少數人的「真理」成為一種警戒，過度的美好期待與已經盲目的投機行為已經占據了股票市場上的主流地位，泡沫越吹越大，最後終於由於市場承受不了而破滅了。

　　如果說過度的投機行為是造成「1987 股災」爆發的直接原因，那其根本原因則主要有以下幾點：

　　第一，巨額財政和貿易赤字。1986 年美國的財政和貿易赤字均為歷史最高，赤字的居高不下導致政府需要吸收外來資金已彌補自身資金的不足，而為了吸引這些外資，政府維持了較高的利率水準，而對這對股票的價格有著直接影響。

　　第二，美國和其他西方國家的經濟低迷，20 世紀 80 年代

以來，發達國家的經濟一直處於低速增長，生產性投資明顯不足，導致大量的資本剩餘，而這種剩餘大量湧入股市，造成價格不斷攀升，投機取巧的風氣愈來愈重，又進一步加深了對負債的需求，貸款空前膨脹。從而造成了市場繁榮的假像，實際上則是在吹大「泡沫經濟」。

第三，國際流動資金和股票市場不穩定。隨著歐洲國家聯盟越來越緊密和新興國家的發展壯大，美國的霸權地位受到一定的削弱，這導致了美元與其他國家幣種匯率的動盪和國際貿易的失衡，從而導致了國際金融市場的不穩定，為 1987 年的股災埋下了禍根。

### (3) 相似經濟現象

1987 年爆發的股災與次貸所引起的金融危海嘯的相似之處：

第一，都存在著過度的非理性行為。1987 年的股災有眾多的投機者在推波助瀾，他們認為當前的股市價格依然過低，盲目追漲，金融投資猖獗。而這次金融海嘯中很多次貸投資者都或多或少的認識到次貸後面所潛藏的巨大風險，但對利益的追求使他們更多看到是未來產生的收益，而忽略了風險與收益之前的正比關係。

第二，兩次危機爆發前都有較高的利率水準。1986 年美國財政赤字高達 2210 億美元，平均每年增幅達 15% 左右，貿

易赤字高達 1562 億美元，均創赤字最高水準。如今美國政府國債更是高達 9.370 萬億美元，同比增幅達到 8％左右，大幅赤字需要吸收外來資金以彌補國內資金的不足，為了吸引外資，美國政府保持較高的利率水準，這又對股市產生了直接影響。

第三，石油價格的不斷攀升。兩次危機之前，世界時候價格都處在高位。從歷史走勢看，每次石油衝擊都使歐美國家通貨膨脹上升，經濟陷入衰退之中。

第四，兩次危機中，整個世界經濟都處於不穩定的狀態。國際匯率動盪調整，國際貿易嚴重失衡，國際債務危機不斷，這些因素都影響到國際資金和股票市場的穩定。

## 7.3.3 那斯達克崩盤

### （1）科技網泡沫的破滅

美國那斯達克市場創辦於 1971 年，在 1991 年前 20 年並沒有太大的波動，是只是從 100 點上升到 300 點。而 1995 年美國科技網路開始「泡沫」膨脹，使得以高科技為主的那斯達克綜合指數從 1995 年年初的 743.58 點一口氣猛漲到 2000 年 3 月 10 日的 5048.62 點，5 年時間指數暴漲近 6 倍，平均年複合增長率高達 46％。但到頂之後，美國科技網路「泡沫」開始快速破滅，那斯達克開始急轉直下，一年內那斯達克指數跌

了三分之二，而 18 個月內縮水更是達到了四分之三，80% 的
股票跌幅超過 80%，近 40% 的股票被迫或自願退市，釀成了
百年一遇的股災。在科網「泡沫」破滅後，聯準會為拯救美國
經濟，連續 13 次降低基準利率。在聯準會低利率刺激和金融
創新（特別是次級抵押貸款）帶來需求提升的推動下，美國住
宅價格節節走高，從而間接地為今天房地產業的深幅調整埋下
了禍根。美國那斯達克綜合指數從 2000 年 3 月到 2002 年 10
月，期間最高點到了 5048.62，而最低跌到了 1114.11，整個跌
幅為 77.93%。

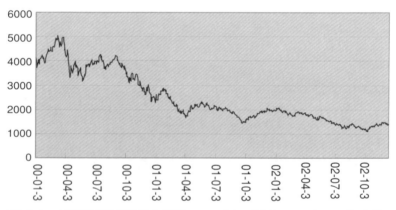

**圖 7-4　美國那斯達克綜合指數 2000 年 3 月到 2002 年 10 月走勢**
資料來源：根據銳思數據庫數據生成圖表

## （2）啟示錄

對科網泡沫來說，資訊技術革命確實能給投資者帶來高額
的回報率，大量資本的注入帶來了高新技術設備和軟體的迅猛

發展，同時股票資產膨脹帶來的財富效應也增加了市場的消費。但實際上這種高額的回報率還是被過高的預期了。因為企業不可能一直保證超常的增長率，隨著增長瓶頸的出現，企業的誇張速度放緩，盈利水準達不到投資者預期，投資將驟減，股票市值急速縮水，帶來財富負效應，泡沫破滅。

而次貸危機前，美國的房地產市場一直受到投資者的青睞和追捧，住房投資價值不斷攀升，房價不斷上漲，這種由於投資而導致的需求行為提高了投資者對高額回報的期望，形成了虛擬繁榮泡沫。而最為整個「遊戲中心」的房地產與利率的變化十分緊密。而聯邦基金利率由 2004 年的 1% 直線上升至 2006 年的 5.25%，連續加息達 17 次之多，利率的上調導致了住房貸款的成本，許多投資者心存僥倖，期待利率回調，但是漫長的加息過程終於使得投資者失望，由於承受不住還貸成本，無法償還住房貸款，最後出現壞帳。房價開始下降，投資的財富進一步縮水，「遊戲」終結。

經濟週期的波動很多時候都伴隨著某一個產業的迅猛發展而啟動和衰退的，當這個產業在股票市場中所影響的範圍足夠大時，股市的繁榮和蕭條就與這個產業的興衰有著緊密的聯繫，美國科網泡沫正是典型的例子，而此次金融海嘯所密切相關的產業正是以次級抵押貸款為依託的房地產。

## 關鍵人物五
# 股神巴菲特與金融大鱷索羅斯

圖片來源：《華爾街日報》、財經網

## 一、巴菲特與索羅斯的投資算術

　　愛因斯坦（Einstein）曾經觀察到：複利是宇宙間最為強大的力量，它將資金的滾雪球效應表現得淋漓盡致。而另一個將資金的滾雪球效應表現得更為充分的是號稱「股神」的巴菲特。他在波克夏公司（Berkshire Hathaway）任職的 42 年期間，每年的投資回報率約為 22%。而標準普爾 500 指數（S&P 500 Index）的平均總回報率才 10%。換句話說，如果你在 42 年前，將一美元投入標準普爾 500 的股票中，你將獲得 67 美元，而如果你將一美元交予巴菲特投資，他將為你創造 4500 美元的巨大財富！正是這樣的算術，讓巴菲特成了世界上最具眼光的投資家和世界上最富有的人。長期投資是巴菲特一直標榜的理財規則，而這個規則使得這位「奧馬哈聖賢」一直注重

對公司的價值投資。而獨到的眼光也讓巴菲特的公司一直處於其他公司可望而不可即的高收益中。想像一下今天的信心崩潰與信用危機，巴菲特的警告仍言猶在耳。貪婪使人失去恐懼，失去對恐懼感的敬畏，則使人失去一切，當然也包括財富。

相對於注重股票長期價值的巴菲特來說，索羅斯更多的是對短線炒作的絕妙把握。無疑，在短期的投資領域中，你不能否認索羅斯是個無可比擬的戰略家，1992 年 9 月，索羅斯通過他所謂的「宏觀經濟」投資策略在英國狙擊英鎊，一個月後揣著 10 億美元揚長而去；1997 年，他又對東南亞匯市發動「狙擊」，衝擊泰銖，從而引發危及全球的亞洲金融危機；而 2008 年年逾 78 歲高齡的「金融大鱷」索羅斯又成功做空次貸，再度成為華爾街群鱷中的「王者」。每一次成功都是因為他提前從現有的經濟結構和運行趨勢中看到了潛在的問題和風險，然後作了戰略性的分析和判斷。而後的行動，如先進入哪些品種，如何進行輿論引導，如何向政府施壓等等，只是戰略計畫的具體執行。

## 二、股神們出山了

### 1、巴菲特──入股高盛

在全球市場一片狼藉，全球投資者一片恐慌的時候，巴菲特出山了。他瞄準了那些所謂的具有長期投資價值的股票。

在 2008 年的前 9 個月中，信貸危機不斷加深，愈演愈

烈。對次貸危機到來有先見之明的巴菲特對此卻很坦然，他在等待時機的到來。終於有一點，正坐在奧馬哈辦公室的他接到了來自高盛銀行投資家的電話的求助，在經過短暫的幾個小時的討論後，巴菲特同意向高盛集團注資 50 億美元，換取高盛 50 億美元股息為 10% 的優先股，以及未來以每股 115 美元收購高盛 50 億美元普通股的認股權證。

巴菲特決定投資高盛表明了對這場危機的判斷，他已經將高盛視為一個會挺過危機的企業。巴菲特在奧馬哈辦公室接受電話採訪時表示，他相信國會會通過救助計畫，該計畫也將獲得成功。他說，政府的勝算很大。如果他們能利用政府廉價的資金以市價進行收購，那將能大賺一筆。巴菲特也表示，如果國會不能通過救助計畫，所有的賭注都將血本無歸，他在高盛以及所有其他投資將被扼殺。

實際上，在這筆看似簡單的交易中，卻蘊含了股神對穩健獲利的控制與把握的非同一般。巴菲特購買的是高盛的優先股，也就是介乎普通股和債券之間的投資品種。優先股和債券一樣，享有固定的紅利（利息）收益。股息為 10% 的優先股意味著，每年高盛要支付老巴 5 億美元的固定紅利，當然如果以後高盛的分紅率更高，老巴也只能拿 10%，但這已經大大高於國債利率。除了安全，他也沒有放棄可能的暴利機會，同時獲得了一個認股權證，5 年內可以以每股 115 美元的價格，認購 50 億美元額度之內的高盛股票，當然現在高盛的股價已經

大大低於 115 美元，但是只要 5 年內高盛股價高過這個價格，老巴還可以從認股權中獲得超額利潤。目前專家對世界走出這次危機的時間各有見地，但似乎都認為未來 2 至 3 年將恢復過來，從這點看來，5 年內高盛股價回漲明顯沒有問題。

### 2、索羅斯：60 年牛市行將結束

在 2000 年金盆洗手的金融大鱷索羅斯，像一匹在等待捕捉獵物絕佳時機的老狼。次貸危機的出現，索羅斯聞到了久違的「血腥味」，為旗下的基金建立了大量的空調倉位。而僅在 2007 年，索羅斯在做空次貸類證券中盈利 29 億美元，當年投資回報率超過 30%。

而在 2008 年 1 月，在大多數人沒有意識到金融危機的嚴重性時，索羅斯卻準確預測了世界經濟的拐點，並提出「60 年的牛市將結束」。他悲觀地認為以往危機是 10 年、20 年一遇，是長達 60 年的牛市的中場休息，而此次危機將結束 60 年的超級繁榮，而且斷言這次危機是 20 世紀 30 年代以來遭遇過的嚴重金融危機，並將終結從雷根時代開始的超級大泡沫。

「認識到繁榮之後出現衰退，並不需要金融天才。但是，要預測衰退何時到來卻十分困難。」這是 2000 年索羅斯科技泡沫破裂而導致的重大失利後的自嘲。在本次危機中，索羅斯扮演的角色，似乎可用奧地利詩人里爾克的名句來形容——「我認出風暴而且激動如大海。」而且，「掙脫自身，獨自置身於偉大的風暴中。」在準確看中危機將帶來的嚴重性後，相信

索羅斯旗下的公司 2008 年的盈利將更讓人驚訝。

## 三、抄底在一次次進行

### 1、購入通用認股權證，進軍比亞迪

2008 年 10 月 2 日，僅僅距購買高盛股權一周，巴菲特旗下公司 Berkshire Hathaway 在通用電氣身上重演了抄底投資好戲。雖然金額不同，但條款類似。按照協定，巴菲特買進通用電氣 30 億美元的永續優先股，股息 10%；同時獲得該公司 30 億美元普通股的認購權證，行使價低於當前股價。在金融危機愈演愈烈的經濟環境下，巴菲特用同樣的方法收購了通用的股權。

同時他也看到了短期內市場的強烈動盪所帶來的短期風險，他增加了購買股權的條款，就是通用電氣必須等上 3 年才能回購這些優先股，而槓桿水準更高的高盛則可以隨時進行回購，這將規避了由於短期市場震盪使得股票被回購的風險，也反映了巴菲特對長期股市向好的信心。

而通用電氣不得不接受這樣苛刻的條款，還要增發普通股，這對一家信用評級為 AAA 的公司來說可非同一般。通用電氣首席執行長伊梅爾特（Jeffrey Immelt）再次重彈他的老調，大談額外資金將使該公司在出現機會的時候進行低價收購。

市場的恐慌還沒有截至，但巴菲特的抄底依然在進行當

中。9 月 27 日，巴菲特旗下公司購買了中國的比亞迪股份（1211H）的 10% 的股份，出價 2.3 億美元，每股價格 8 港元。這也是股神在繼大手筆投資中石油之後再次出手內地在港上市公司，同時，此次投資也是巴菲特在美國次貸危機轉為信貸危機之後，進行的第二筆重大投資。

在如此嚴峻的局勢下，巴菲特仍毅然出手比亞迪，其中葫蘆中到底賣著什麼藥？

### 2、為何唯獨青睞比亞迪

巴菲特的投資一般都是長期投資，相信對比亞迪的投資也不會例外。但中國 A+H 股共有兩千多支股票，為什麼唯獨青睞比亞迪？他到底看見了比亞迪什麼樣的投資價值呢？通過對比亞迪的分析，可能巴菲特投資比亞迪主要有以下幾個因素：

第一，他看到了全球汽車產業重組所帶來的巨大機遇。在過去經濟平穩發展的幾十年中，全球的汽車行業基本由通用等 9 大巨頭所主導，新興的發展國家的汽車產業幾乎被完全打壓了。而每一次大的金融危機往往意味著全球重大的產業鏈的重新佈局，這一次的金融海嘯使得全球的汽車產業格局開始動搖了，而這種鬆動對中國來說無疑是一種機遇，巴菲特相信中國的汽車行業特別是比亞迪能夠抓住這樣的機遇。

第二，比亞迪在一些特定的環節，技術要求精度高的環節，改成人工手工參與，變成能吸納大量就業的加工環節，所以比亞迪吸收了很多的就業，勞動密集。中國在未來相當長的

時間內，對就業有很大的壓力，這種改造適應了中國的特點：中國的勞動力充足，有就業壓力。

第三，比亞迪不是傳統的一般的製皮鞋、衣服傳統的勞動力密集型企業。它有技術含量，他在特定的技術，如充電汽車等方面是有專利技術的，技術密集型的。

第四，資源友好。該企業擺脫了對發展中國家原來所一直依賴的消耗大量的石油、能源去享受發達國家同樣的生活水準的模式，轉向蓄電充電汽車生產。雖然在金融海嘯的影響下，油價從 140 美元跌倒 50 美元，但資源的稀缺性和需求的增長終將重新帶動資源的價格上漲，而對不是很依賴資源的比亞迪來說，這並不重要。

比亞迪公司不僅迎合了汽車產業將進行重組的發展機遇，同時也集合了三種特性：勞動密集，技術密集，環保和資源節約，從未來中國面臨的巨大勞動力就業壓力、資源需求壓力、同時又希望產業升級狀況來說，比亞迪無疑具有很好的代表性。這一切，都成了巴菲特選擇該股的主要原因。

### 3、「有生以來所見的最大危機」——索羅斯

對於次貸所引起的金融海嘯，索羅斯曾經表示，這是他有生以來所見的最大危機，他說：「這是我畢生罕見的危機，我從未看過像這樣的危機，而且我也不會再看到像這樣的危機。」這段對危機嚴重程度的描述無疑衝擊著每位投資者的信心。

　　但是，巴菲特和索羅斯這兩位投資家似乎總是出現在人們最沮喪的時刻。在巴菲特投資了高盛、GE 和比亞迪等股票的同時，索羅斯也購買了澳大利亞公司環球投資（SphereInvestments）5% 的股權，這家公司正預備在茅利塔尼亞發展一項數十億美元的鐵礦山專案。這不約而同的說明了一個問題：金融大腕們對未來市場的預期持樂觀態度。

　　根據美國證券交易委員會文件顯示，資產達 200 億美元的索羅斯基金管理公司，曾在 3 月 31 日至 6 月 30 日期間增持 947 萬股，相當於 1.4% 持股比例的雷曼股票。很多機構和投資家推斷，如果索羅斯以較高價位入股，並且堅持持有雷曼股票，其損失可能擴大至 3.8 億美元。

　　但這一切只是缺乏實踐證明的推斷。在一個可以做空的雙邊市中，買入目的既可以是為了後期的高價沽出，即通過做多來賺取利潤，也可能是對前期高位時放空倉位的一個回補，即利用做空來賺取利潤，索羅斯到底運用了哪些手段進行我們所不知道的操作，我們不得而知。

　　單純根據一個階段性的買進資料來判斷增持雷曼給索羅斯帶來的損失，顯得極為牽強，更何況是對於喜好在熊市中做空的投資大師來說。至於他在動盪的 2008 年中是否能給我們帶來驚喜，目前誰也不知道。

　　投資者如果想從跟隨索羅斯進行投資，難度將比巴菲特還大 10 倍。因為他所落實的反身性理論否定了投資界的一直賴

以生存的「市場有效理論」。

## 四、長期投資與反身性理論

### 1、巴菲特錯了嗎？

在此次金融危機中，無論我們是能否看到新一次的抄底成功，還是看到股神深套，巴菲特和索羅斯都將註定是主角之一。

但是，從目前來看，巴菲特的投資似乎不太順利。2008年，巴菲特至少花 280 億美元進行各類收購，現在看來抄底仍嫌太早。9 月 23 日，巴菲特宣佈購入高盛 50 億美元永久性優先股，其普通股可轉換價為 115 美元，彼時高盛股價仍在 125 美元以上。但風雲突變，同樣截至 10 月 19 日高盛股價已跌至 55.18 美元，跌近 55%。不可否認，波克夏公司向高盛投資 50 億美元的時候，或許就一直認定政府終會出手保護高盛。在政府為高盛銀行債務提供擔保並投資 100 億美元後，高盛的狀況才逐漸穩定下來。如果沒有政府的這類救助措施，巴菲特的波克夏公司的這項投資估計已經石沉大海了。

而巴菲特在 10 月 1 日向通用電氣注資了 30 億美元，承諾以每股 22.25 美元價格購入，彼時通用尚收於 24.50 美元。不過，奇蹟依然沒有發生，通用股價此後一路下滑，到 10 月 19 日已跌至 14.45 美元。

而比亞迪股票的日子也不好過，自從巴菲特公佈 8 元注資

比亞迪之後，股價一路高漲到 16 元，但之後比亞迪股份依然承受不了經濟危機所帶的強烈衝擊。到 11 月 24 日，股價已經跌下了 10 元，接近巴菲特的入股價了。

但是，正如巴菲特所常說的，「我投資的都是有價值的股份，而對股市短期的波動一無所知」。股神對這些股票的投資都是長期性的，短期的波動根本沒有影響。很明顯，這就是為什麼他要在附加如此多的認購條款的緣故。而到底巴菲特的這次抄底是不是錯了，我們將等待事實說話。

可是未來的經濟會如何走，誰都不能百分之百確定。巴菲特這次的一系列投資，難道真的錯了嗎？懂得「價值投資」嗎，如果懂，請相信這位「奧馬哈」老人，他會有新的「美麗水晶球」。讓我們一起等待吧！

任何投資者在選股時都可以試著像巴菲特一樣思考，正如他所指出的那樣：散戶投資者實際上更有優勢，因為他們買賣股票的成本遠遠低於我們。但實際上股神又豈是輕易模仿的呢，他的成功之路更是大多數投資者所無法追隨的。而我們唯一可以做的就是儘量的理解大師的思想，從大師投資的理念出發，盡力發覺市場中有價值的投資公司。

### 2、索羅斯的反身性理論

作為世界上首屈一指的投資家，索羅斯對金融市場有著與眾不同的看法，那就是反身性理論。市場上普遍的金融理論認為金融市場偏離均衡是由於不可調整的外部突發事件所引起

的，但只是暫時的，最終市場會趨向均衡。而索羅斯則認為：
「第一，金融市場並不能準確地反映當前的市場環境，他們反映出的總是對現實狀況的偏離或曲解。第二，市場參與者所持的並在市場價格中體現的這些曲解的觀點，在某些情況下影響了本應由市場價格體現的所謂基本面。」這種市場機構和現實狀況之間的雙向聯繫構成「反身性理論」。

由於市場具有反身性的特點，在某些時候現實狀況會與所謂的市場均衡相去甚遠，但是金融危機也只是在特定的情況下才發生。市場對本身錯誤的自動修正，有可能加重了市場上出現的某些錯誤和觀點，直到這種錯誤被人們明顯的感知，市場自我增強的過程才會出現發展，而這將導致市場災難性的下跌。

次貸危機爆發前，房地產有兩種不良的趨勢：一是貸款方有不斷提升貸款的意願；一是節節攀升的房產價格。這種錯誤的市場觀念使得銀行家金融家放鬆了貸款的管制措施，藐視了抵押貸款所存在的巨大風險，從而導致房地產泡沫開始膨脹。而這種錯誤的市場也導致了金融監管機構做出了的錯誤的判斷，因為他們相信最終市場會趨向均衡。這種泡沫在不斷地加劇，當有一天市場突然發現這本應該明顯被感知的錯誤時，金融危機就誕生了。

市場繁榮和危機爆發總是不對稱的。市場總是逐漸進入繁榮階段並逐漸加速發展。市場危機的爆發總是在非常短時間內

發生，並會迅速造成大幅的經濟下滑。這種不對稱性是由信用發揮的作用決定的。當價格上漲時，同樣的抵押品可以獲得更大額的信貸，而不斷攀升的價格也創造出樂觀的市場氣氛，鼓勵人們更多地利用信貸。市場達到繁榮的頂峰時，抵押品價值和財務槓桿的利用肯定也達到了極致。而當市場價格開始下降時，市場參與者無法承擔追加保證金，正如我們現在看到的，抵押品被迫清盤導致市場發生災難性下滑。

# 8 Part 4. 股市篇
## 全世界行情的「拐點」

只有潮水退去的時候，才能看出誰在裸泳。

——沃倫・巴菲特

## 8.1 「黑色星期一」再現

2008 年 9 月 15 日，雷曼宣佈破產、美林被美國銀行收購、AIG 求救，政府注資 400 億美元——華人歡度中秋佳節的時候，美國金融業卻連續傳出重磅利空消息。次貸危機又一次集中以「股災」的形式爆發了。華爾街一片恐慌，道瓊工業平均指數下跌了 504.48 點，至 10917.51 點，日跌幅為 4.42％。那指（Nasqac）下跌了 81.36 點，至 2179.91 點，日跌幅為 3.60％。

美股空前強度的暴跌將恐慌迅速蔓延到全球。歐洲三大股指下挫，倫敦金融時報指數收報 5,204.2 點，跌 3.9％；法國巴黎 CAC 指數跌 3.8％，報收 4,168.97 點；德國法蘭克福 DAX 指數報 6,064.16 點，跌 2.7％。亞太股市望風而靡。日

本股市急跌，日經平均指數收盤跌至近 3 年低點。韓國股市重挫 6.10％。中國內地股市在暴跌下也不能倖免。滬指暴跌 4.47％，收報 1986.64 點，跌破 2000 點心理關口。香港恆生指數重挫 5.55％，再創一年來新低。如表 8-1 所示：

**表 8-1　2008 年 9 月 15 日全球股市跌幅及收報點**

| 道瓊綜合指數跌幅 | 道瓊指數收報點 | 那斯達克指數跌幅 | 那斯達克指數收報點 | 倫敦金融時報指數跌幅 | 倫敦金融時報指數收報點 |
|---|---|---|---|---|---|
| 4.42% | 10917.51 | 3.60% | 2179.91 | 3.60% | 2179.91 |
| 巴黎 CAC 指數跌幅 | 巴黎 CAC 指數收報點 | 日經平均指數跌幅 | 日經平均指數收報點 | 韓國股市跌幅 | 韓國股市收報點 |
| 3.8% | 4168.97 | 4.95% | 11609.72 | 6.10% | 1387.75 |
| 中國 A 股跌幅 | 中國 A 股收報點 | 香港恆生指數跌幅 | 香港恆生指數收報點 | 德國法蘭克福 DAX 指數跌幅 | 德國法蘭克福 DAX 指數收報點 |
| 4.47% | 1986.64 | 5.55% | 18340.52 | 2.7% | 6064.16 |

個股中，歐洲金融股全線承壓。因為擔心信貸危機將對區內銀行帶來較預期更為嚴重的打擊，德意志銀行一度大跌 1.8％；受諾森羅克銀行事件影響，英國債券市場風聲鶴唳，做市商上星期五一度暫停了此類債券的交易。其中跌幅首屈一指的還當屬來自北歐的「跳水冠軍」：冰島。

## （1）歐洲股市難逃「黑色厄運」

9 月 15 日，美國第四大投行之一雷曼兄弟公司在紐約向美國破產法庭申請破產保護，消息一發出，歐洲股市震盪強

烈。歐股 Eurostoxx50 下跌 4.05 %。金融海嘯在全球各地竟然異地同時發生了。

此外，法國各銀行均在一天之內損失慘重。法國巴黎銀行股價收盤於 59.92 歐元，下跌 7.16 %；法興銀行則下跌 9.64 %，每股收盤於 58.74 歐元；AXA 銀行則同樣遭遇劇烈跌幅，下挫 8.52 %。

### 表 8-2　2008 年 9 月 15 日法國銀行跌幅及收盤價

單位：歐元

| 法國巴黎銀行跌幅 | 法國巴黎銀行收盤價 | 法興銀行跌幅 | 法興銀行收盤價 | AXA 銀行跌幅 | AXA 銀行收盤價 |
|---|---|---|---|---|---|
| 7.16% | 59.92 | 9.64% | 58.74 | 8.52% | 28.61 |

### （2）撤資打擊下的俄羅斯股市

在這樣的背景下，俄羅斯國家遭遇了沉重的撤資打擊。俄羅斯股市已創下自 1998 年 8 月金融危機以來的最大跌幅。因為投資者面臨新一波因追加保證金通知和現金匱乏而被迫出售股票進行去槓桿化的浪潮，短短一個多月的時間內，熱錢撤資數目高達數百億美元。俄羅斯為阻止股市進一步下挫，在 9 月被迫直接關閉國內兩家主要證交所。在接到來自監管機構的進一步通知前，股市將停止交易。

## 8.2 冰島之危

　　受金融海嘯影響，冰島股市之前連續暴跌，政府於 10 月 9 日被迫宣佈暫停股市交易。在全球金融海嘯暫時停歇之時，休市三天的冰島股市在 14 日開盤後遭遇暴跌，冰島 15 指數（OMX Icex 15）14 日開盤後從前市的 3,004 點重挫至 683 點，跌幅一度達到 77%，創單日歷史最大跌幅；而在 2007 年 10 月份冰島股市的最高點位還高達 8571 點。如此算來，冰島股市累計跌幅驚人地達到了 92%，勇奪全球跌幅榜冠軍，創該國的歷史紀錄。如圖 8 － 1 所示：冰島股市 14 日交易量銳減至平時的 1/150。

圖 8-1 冰島股市 ICEX15 指數

資料來源：Bloomberg 資訊

冰島，這個密佈火山和間歇泉的北大西洋島國，真切地體會突起於北美大陸的金融海嘯的肆虐。三家最大的銀行對外投資出現巨額虧損，被政府一一接管。冰島金融體系完全崩潰。總理吉爾・霍德（Geir H. Haarde）於 10 月 12 日坦言可能面臨國家破產。

冰島兩千人上街示威，焚燒一間銀行的旗幟以洩憤，並要求總理和央行行長下台，以此來為經濟的崩潰謝罪。政府方面則顯得更加緊張，冰島總統格里姆松面對最大三家銀行被國家接收、貨幣崩盤、股票暫停交易等壞消息，急得因心臟病發而住進了醫院。

為了制止恐慌局勢，冰島金融服務管理局強調，正常營業中銀行的所有國內存款都受到冰島法律的保護。隨著前三大銀行都已遭國有化，冰島政府正著手準備接管整個金融體系。

不過，金管局的承諾讓冰島 Landsbanki 銀行的國際業務受到了質疑。這個問題引發了同英國的外交糾紛。英國首相布朗曾說，英國將起訴冰島，要求收回 30 萬英國人在 Landsbanki 的網上業務中損失的存款。英國政府已動用反恐怖法的許可權凍結了該銀行的資產，一直到這些問題獲得解決為止。在英國高壓之下，冰島的不滿情緒也相當強烈。9 月 13 日，曾被稱作是「世界最溫和的總理」──冰島總理哈德爾，嚴厲抨擊英國政府「威嚇弱小鄰邦」，為此準備付諸法律行動控告英國。兩個國家都互相起訴了，看來一場鄰里糾紛勢不可

免。

自 9 月份次貸危機席捲冰島以來，這裡連續爆發了五次大
規模的民眾抗議，且漸有失控跡象。憤怒的民眾向冰島議會大
樓投擲雞蛋、番茄等，並與員警發生肢體衝突。政府、金融界
中的悲觀情緒相應而生。總理哈爾德眼見銀行體系崩潰，建議
國民自行捕魚來節省糧食開支。政府官員表示，轉型當上銀行
家的冰島漁夫恐怕要脫下西服、揚帆出海了。

這似曾相識的場景似乎喚醒了我們灰色的記憶。曾幾何
時，偉大的卡爾 · 馬克思談到過虛構的資本主義，提及資本
家之間拋來拋去的債券背後沒有任何價值。他的預言又要應驗
一次了。此時，人性的貪婪打破了平衡，最終毀滅了自己。現
在，是時候我們去學一學那些勤儉生活，安分儲蓄的國度了，
那些找到生活平衡點的人們了。

冰島的崩潰是全球信貸危機給一個國度帶來的最為嚴重的
後果。它也形象揭示了此次危機是如何摧毀一個一度欣欣向榮
的經濟體的。為了應付次貸危機，冰島已經向國際貨幣基金
（IMF）、俄羅斯等多方求助。IMF 向冰島提供 21 億美元的
貸款，作為「用來支持冰島的重建信心的國家項目」。這是自
1976 年後，西方國家首次向 IMF 借款。但從目前來看，冰島
要渡過難關，至少還得面臨金融危機帶來的雙重困境：

第一重困境：嚴重的「次貸」債務。和發生在眾多冰島平
民身上的一樣，冰島總統在雷克雅維克市郊別墅便是貸款買

回。冰島四大銀行所欠的外債已超過了 1000 億歐元，而冰島中央銀行所能動用的流動外國資產僅有 40 億歐元。冰島家庭平均承擔的債務達到了可支配收入的 213％。銀行的巨額負債已經是冰島國內生產總值的 12 倍之多，這筆債轉給國家，那國家如何歸還？

第二重困境：經濟危機之後，政治總會接踵而來。西方主要國家的合作遠不如他們看起來的那樣團結一致。次貸風波後，由於歐盟各成員國，忙於自掃門前雪，遲遲不見協調。於是冰島不得不轉向同樣受災的俄羅斯申請 40 億歐元（54 億美元）的緊急貸款。

冰島以前是得益於金融產業實現年均 7% 的高速增長的富裕國家。現在卻因此而舉國破產。

# 🔴8.3 次貸風暴至、匯豐長淌血

## （1）匯豐控股泥足深陷

2003 年，匯豐以 1107 億港元，收購美國最大型的消費融資公司 Household，以此改名而來的匯豐融資為爭取市場占有率，非常銳意進取。匯豐融資針對貸款的審批相當寬鬆。其次貸客戶主要是沒有信用記錄的墨西哥新移民，從 06 年開始客戶拖欠還款情況就趨於嚴重。

07 年 2 月初，匯豐首度爆出要為次貸進行大額撥備。預期匯控集團於 2008 年全年撥備金額會達 150 億美元，較 5 年前以約 141 億美元收購匯豐融資的價格還要高。一季度美國消費融資業務的貸款減值準備為 32 億美元。公佈的第三季營運資料顯示：在美國信貸業務壞帳撥備 43 億美元，比 2008 年第二季度增加了 7 億美元，撥備主要來自消費借貸、樓按貸款及信用卡貸款等。現在，匯豐在美國抵押貸款組合仍有 290 億美元，隨著樓市有可能再跌一成至一成半，以及失業率猛升，消費信貸、信用卡的壞帳必會暴增。難怪匯控管理層預言未來數季壞帳情況會進一步轉差。

## （2）次貸風暴禍延香港

11 月 11 日，減值消息公佈後，匯控股份引領了香港股市的進一步下挫。匯豐控股跌 3.6%。供應沃爾瑪公司和塔吉特百貨（Target）玩具和服裝的利豐有限公司，下跌 11%。由於消費需求疲弱，瑞銀將其股票價格估值減少 39%。恆生中國企業指數——所謂的 H 股，下降 3.3% 至 7169 點。如圖所示：匯控股價於 11 月 11 日跌破 90 元，收報 88 元，跌幅 4.66%，拖累恆指跌 109 點。受匯控拖累，全線銀行股亦告下跌 4.7 至 8.4%。

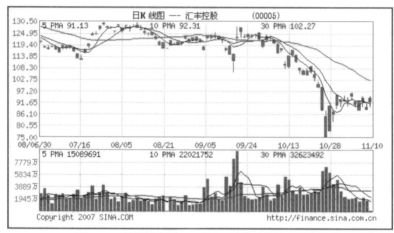

圖 8-2 匯豐控股 08 年下半年股價走勢圖

資料來源：新浪財經

　　此時，摩根大通、高盛等投資機構紛紛落井下石，大力唱淡匯控股份。在匯控公佈第 3 季營運狀況後，摩根把匯控目標價由 110 降至 82 港元，以反映疲弱信貸及營收前景；高盛研究報告指出香港銀行未來幾年盈利將繼續收縮，今 2008、2009 兩年收縮幅度分別為 28% 及 27%，2010 年更出現 7% 核心盈利倒退。中銀國際匯控目標價由 120.4 元下調至 90 元，並指該行股價短時期內難以大幅攀升，維持「跑輸大市」評級。DBS 唯高達報告也將匯控目標價由 123 元下調至 100 元並將匯控今、明兩年盈利預測分別下跌 12% 及 20%。匯總如下表所示：

表 8-3　各大機構次貸前後對匯控估值變化

|  | 事前目標價（港元） | 事後目標價（港元） |
|---|---|---|
| 摩根大通 | 110 | 82 |
| 中銀國際 | 120.4 | 90 |
| DBS | 123 | 100 |

這些報告一出，其他在港銀行亦難逃下跌魔掌。在世界幾大投資機構一致唱空下，未來本港銀行經營狀況一片慘澹。

## （3）聖誕鐘，還會買匯豐嗎？

我們知道，匯豐對於香港的意義重大。香港人對匯豐一直有著深厚的感情。因為香港原來是英國殖民地，卻得不到英國人認同。香港人去世界各地旅遊看到了匯豐，就好像看到自己的家鄉一樣。匯豐來自香港，其營業也很穩定。因此香港有句話，「聖誕鐘，買匯豐」。不過，2008 年受次貸危機影響，匯控似乎已經風光不再，香港金融市場流傳多年的投資智慧於 2008 年變成「聖誕鐘，快沽空」。

## 8.4　10 月，金融海嘯爆發

全球股市在 2007 年幾乎同步到達歷史高點，而最近愈演愈烈的金融危機又使全球股市同步大幅下跌，多個國家的主要股指被「腰斬」之後仍跌勢不止，並連日創下多年新低。在金

秋送爽的 10 月，金融海嘯的第四波衝擊——股災終於全面爆發了。

「黑色十月」的確是讓全球股市膽戰心驚的。根據美國標準普爾公司公佈的資料顯示，9 月和 10 月也是歷史上全球股市財富蒸發最為嚴重的兩個月。9 月份，全球 52 個股票市場的市值縮水 4 萬億美元，而 10 月份再創新高，蒸發了 5.79 萬億美元，為不折不扣的「財富絞肉機」。據此，10 月份是一個現代股票市場歷史上最差的月份了。如表 8-4 所示：

**表 8-4　全球主要股指「慘澹經營」**

| | 最新點位 | 8 月以來跌幅 | 年度跌幅 | 較歷史高點跌幅 |
|---|---|---|---|---|
| 上證指數 | 1728 | -38.2% | -67.2% | -71.6% |
| 深證指數 | 5839 | -39.1% | -67.3% | -70.1% |
| 英國富時指數 | 4377 | -18.3% | -31.8% | -35.3% |
| 恆生指數 | 13968 | -38.9% | -49.3% | -53.5% |
| 道瓊工業指數 | 9325 | -17.7% | -28.5% | -33.8% |
| 標準普爾 500 指數 | 967 | -26.4% | -37.1% | -41.2% |
| 納斯達克指數 | 1721 | -28.5% | -34.1% | -38.9% |
| 荷蘭 AEX 指數 | 268 | -32.2% | -47.5% | -52.3% |
| 法國巴黎 CAC40 指數 | 4387 | +1.69% | -20.9% | -28.4% |
| 德國 DAX 指數 | 4987 | -22.0% | -37.3% | -38.4% |
| 韓國首爾綜合指數 | 1113 | -29.3% | -39.8% | -46.1% |
| 日經 225 指數 | 8576 | -34.5% | -43.9% | -53.1% |

數據來源：WIND，截至 2008 年 10 月 31 日

## 全球股指跳水錦標賽排行榜

### 冠軍：冰島

冰島股市憑藉 10 月 14 日開盤暴跌 76％以及此前 9 個交易日股指累計下跌的 30％，跳水動作乾淨利索，沒有絲毫拖泥帶水，毫無疑問地成為全球股市跌幅榜上的一匹黑馬。冰島以一年以內累計跌幅超過 90％，領先第二名 10％ 的絕對優勢，登上全球股指的跌幅榜首。

### 亞軍：俄羅斯

跳水老將俄羅斯股市 RTS 指數從 2008 年 5 月底的歷史高點 2498 點到收盤時的 549.43 點，5 個多月累計跌幅達到 78％，RTS 指數也創下了自 2004 年 12 月以來的近 4 年新低，喜獲全球股市跳水亞軍。

### 季軍：中國內地

中國長期以來發揮穩定，A 股市場上證綜指從 2007 年 10 月的歷史高點 6124.04 點到最低收盤的 1664.93 點，跌幅達到 72.81％，股指創下近兩年來的新低，摘得探花。

### 第五名：中國香港

香港股市恆生指數亦表現不俗，從 2007 年 10 月的歷史高點 30468 點到收盤的 11015.84 點，跌幅達到 63.84％，恆生指數也創下逾 5 年新低，次按危機以來，一路高歌，挺進五強。

### 孫山：美國

作為此次跳水錦標賽的東道國美國，表現卻不盡如人意。國內並沒有發生金融海嘯導致的多大幅度的崩盤。反而是亞洲國家的股市反映尤其劇烈，為發源於美國的次貸風波埋單，令人匪夷所思。美國股市道瓊指數從 2007 年 10 月的歷史高點 14093 點到 8378.95 點，跌幅達到 40.5％，股指位於逾 5 年低位。

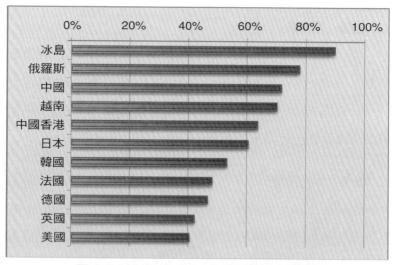

圖 8-3　2007 至 2008 年全球股市跌幅榜
數據來源：根據公開資料經過計算處理

隨著股價的大幅下跌，各大上市公司的市值也在普遍縮水，排名世界市值前十位的公司發生巨變，半數易主。掉出前 10 名的包括中國移動、中國工商銀行、俄羅斯天然氣公司、

英國石油公司和美國電報電話公司（AT&T），新晉榜單的包括沃爾瑪、大眾汽車、寶潔、強生和波克夏。2007 年底全球前 10 大上市公司總市值為 37249 億美元，而 2008 年 10 月底的前 10 大公司總市值僅為 21763 億美元，縮水幅度超過 40%。

## 8.5 全球「長期繁榮」的結束

從 2002 年年底到 2007 年 10 月，為近將近五年，全球主要的資本市場上演了一輪歷史上罕見的全球牛市。適逢爆發的美國的次級抵押貸款危機，不僅造成美國的信用收縮和經濟衰退風險，而且造成了全球金融恐慌和週期性繁榮的結束。

在這歷史上罕見的牛市狂歡中，俄羅斯股市表現尤為搶眼，最高漲幅超過 700%。中國香港恆生指數從 2002 年年初開始上漲 144%，恆生國企指數（H 股）到 2007 年底漲幅 817%。上證綜合指數從 2002 年到 2007 年底上漲了 220%。成熟資本市場的漲幅相對較小，美國道瓊平均工業指數上漲 32%，英國上漲 24%，等等。如圖 8-4：

顯然，過去五年資本市場牛市的引領者是金磚四國 ❶（BRICs）等這些國家。其直接驅動因素是低利率和信用擴張所造成的貨幣流動性過剩。這種信用創造能力，遠遠超出了傳

---

❶「金磚四國」(BRICs)，這個由美國高盛投資銀行的經濟學家創造的新詞，把巴西、俄羅斯、印度和中國四國聯繫了起來。

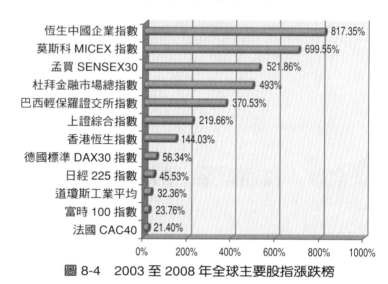

圖 8-4　2003 至 2008 年全球主要股指漲跌榜

數據來源：Bloomberg 資訊

統的範圍，連同商業信用提供者、金融信用提供者和金融衍生品的放大倍數等金融創新都成為貨幣流動性的來源。

　　從證券市場本身的週期性運行規律分析，全球股市正處在需要重新選擇方向的時刻——此時爆發的次按危機標誌著全球牛市的盛筵結束。當然，這還可能意味著美國過去 27 年的負債增長模式和一個空前的經濟繁榮時代的結束——美國過度負債的金融體系和華爾街模式獨裁全球的時代的結束。

## **8.6** 實質：全球經濟的「去槓桿」過程

　　在此次由美國引發的全球性金融危機中，槓桿（Leveraging）和去槓桿（Deleveraging）過程扮演著非常重要的角色。所謂槓桿率即一個公司資產負債表上的風險與資產之比。槓桿率高意味著少量的資本支撐大量的負債，則經營風險越大；反之則反是。槓桿效應既能放大收益，也能放大損失。過去幾年，在低利率、流動性過剩、房地產繁榮和股票增值的驅使下，許多投資銀行、對沖基金、私人股權投資基金（PE）利用高槓桿攫取豐厚利潤，如圖 8-5。

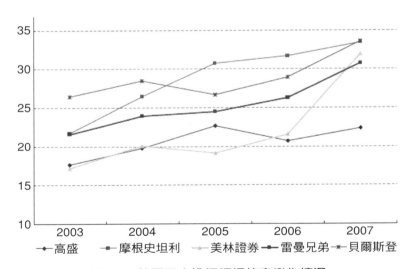

圖 8-5　美國五大投行槓桿倍率變化情況

資料來源：Bloomberg 資訊，中金公司研究數據

　　所謂去槓桿就是減少資產中負債比例。可以通過增加股權比例和減少負債實現，企業通過增發股份、出售非核心資產等方式逐步將槓桿率調低，這一過程造成了現在全球的資本市場的同步漲跌以及美元幣值的逆勢而動。

　　這些進行去槓桿化的機構遍佈全球，它們被動進行大規模的去槓桿的操作。這使得恐慌蔓延到全球市場。再加上各國股市之間的聯動關係非常密切，衝擊波會襲擊其他國家的股市。因此，次級貸款違約風險才可能演變成為全球性的系統性風險。最後演變成了「金融海嘯」。

　　目前看來，市場最終還是期望用政府的槓桿來彌補私營部門的槓桿來化解這種衝擊，可以備選的政策包括：政府作為「最後貸款人」角色登台，國有化企業，恢復公眾對銀行體系的信心；為銀行體系注資；建立全球金融臨管機制；重建貨幣體系等等。

## 關鍵人物六

# 控訴葛林斯潘，央行藝術家成危機元凶？

圖片來源：騰訊財經人物

2008 年 4 月，現年 82 歲的聯準會前主席艾倫 · 葛林斯潘曾經斷言「美國次貸危機五十年一遇」，然而令人難以預料的是 5 個月後雷曼兄弟的「關門大吉」。雷曼兄弟作為美國第四大投行不得不面申請破產的時候，美國金融業已是哀鴻遍野。曾被譽為「世上最偉大央行行長」的葛林斯潘在退休兩年多後，沒有想到對他的「深度問責」來得如此迅速和猛烈。一時間葛林斯潘似乎變成了次貸危機的元凶，低利率和放鬆管制這兩項原本被認為是他在職期間最有成效的政策，怎麼瞬間變成了「千夫所指」的罪源？這位曾經的央行藝術大師——葛林斯潘已經深陷眾人的指責中，難以脫身。

## 一、曾經的央行藝術家

在艾倫 · 葛林斯潘任職的將近 20 年裡，他曾經是人們的心中在經濟世界中最有權力的人。在這些年裡，他掌管著世界上最有影響力的中央銀行，他的權力甚至超過美國總統。

美國的一家媒體在 1996 年總統大選時甚至說道：「誰當總統都無所謂，只要讓艾倫 · 葛林斯潘當聯準會主席就行。」

葛林斯潘於 1987 年 8 月 11 日接管了聯準會，兩個月後發生了「黑色星期一」，當天道瓊工業平均指數下跌了 22.6%，曾經是美國股市歷史上最大的單日跌幅。葛林斯潘迅速反應，稱聯準會將向金融系統注入資金，以維持流動性。葛林斯潘迅速的確立了自己在聯準會的信譽度，而他在政策操作上的靈活性更是無人能敵。

戴著黑框眼鏡、風度翩翩的葛林斯潘執政聯準會超過了 18 年，經歷了 4 任總統，為聯準會歷史上第二長任期的主席。在他的履歷表裡，最顯赫的功績在於美國經濟出現了創紀錄的長達 10 年的持續增長，20 世紀 90 年代的美國勞動生產率猛增，失業率降低至相當低的水準，通膨卻沒有上升。葛老在危機管理上表現更是卓越。1987 年股市崩潰之後，有人建議他應該先靜觀其變，評估對經濟的影響，但他沒有採納這一建議。1998 年亞洲金融危機、俄羅斯債務拖欠危機和 2001 年「911」恐怖襲擊之後，他運用寬鬆貨幣政策，加大了流動性。傳統經濟學認為難以兩全的低失業率和低通貨膨脹率竟然同時

出現，美國出現了所謂的「零通貨膨脹型經濟」。然而這番盛世景象的背後卻埋藏了今天的危機惡果，誰料到有一天我們央行神壇的「偶像」成了危機的始作俑者？

## 二、危機元凶？

　　幾乎沒有人會質疑葛林斯潘酌情處理手法的成功。「你希望聯準會主席具備什麼特質？一名偉大的預言家、有著非凡判斷力的人士」，那麼「沒人能否認葛林斯潘是出類拔萃的、是名人堂成員」。這是曾經大家眼中的央行人選的標準，葛林斯潘的貨幣政策在他的手中猶如藝術品，如何擺弄都恰到好處。就在美國政府、美國老百姓、美國華爾街說他是有始以來最偉大的中央銀行家的時候，2007 年的次貸危機最終讓葛林斯潘這位過去被視為美國乃至全球市場「定海神針」的財神爺跌落凡間。面對普羅大眾的質問，葛老再不是人們心目中的央行藝術家，而是兩項罪名的禍首。

　　葛林斯潘被人們列入了次貸危機「罪魁禍首」，一時間，當年頗有成效的寬鬆貨幣政策就成為導致房地產泡沫以及次貸危機的爆發的罪源。眾人對葛林斯潘的指責主要在於：一方面葛林斯潘在過去 10 年中將利率降到了過低的水準從而引發了房地產市場的泡沫，另一方面他領導下的聯準會也沒有對包括刺激貸款在內的新興抵押貸款模式施加有力的影響和監督。現在看來，他的當時的「明智之舉」對於今天的金融危機的確是難辭其咎。

　　金融危機的秋後算帳剛剛開始，面對各方指責，葛林斯潘當然也不會忘記為自己辯解，「縱觀當時的情況，聯準會做出的哪一次加息減息不是必要的呢？」。不過面對各方指責和曾經「不光彩」的過去，葛老也不得不承認，「回顧以往，在2006年初我的確可以感覺到房產泡沫的存在，但是我沒有預料情勢變化如此凶猛，我們從未有如此顯著的價格下跌」。葛林斯潘則在《華爾街日報》發表的文章中也承認，他任職期間實施的低利率政策可能助長了美國房價泡沫。但他卻認為次貸危機的真正根源在於全球經濟擴張，正是一段時期以來全球經濟前所未有的高速增長導致投資者低估了風險。說到頭，葛老還是難以接受自己淪為「危機元凶」的角色。

## 三、縱容過度金融創新？

　　聯準會面對金融創新過度的「不作為」似乎是經濟惡化的一個源頭，房地產泡沫最終通過資產證券化等衍生金融產品把危機擴散到了全球。葛林斯潘曾在自己也表示，直到他任期快結束要退休的時候才意識到可能存在的危機。

　　當然，多年缺乏監管的美國金融界已滋生著越來越嚴重的弊端。2000年12月15日下午，一項解除了對許多複雜金融衍生品管制的法案獲得了通過，交易商可以利用衍生商品，不用實際買進股票、外匯、大宗商品或抵押債等資產，就可押注這些資產的未來走勢。美國的金融衍生品在最近幾年也越發變

化多端，複雜程度甚至連「股神」巴菲特也迷糊了。在巴菲特看來，衍生工具是金融界大規模毀滅性武器。而葛林斯潘當時則認為衍生商品分散了風險，是金融衍生品的創造緩和了網路泡沫破滅後 2001 年的經濟衰退。「規管難免會約束市場，自由的市場最清楚該怎麼做。」葛林斯潘如是說。

關於流動性問題也是關注葛老的另外一個原因。每逢金融市場震盪，葛林斯潘領導的聯準會均通過公開市場操作、貼現率的調整或者減息，緩解市場上的短期流動性緊缺。危急時刻的干預成為常規，市場於是形成預期，並戲稱這樣的政策為「葛林斯潘賣出期權」，碰上價格下跌大可不必驚慌，等葛林斯潘「放水」，市場反彈時再賣不遲。我們知道，水積得多了自然形成洪災，同樣長期寬鬆的貨幣政策最終必然會造成流動性過剩。此後，即使是聯準會自 2004 年 7 月到 2006 年 7 月連續加息 17 次，也再難挽回流動性氾濫局面。

「斯人已去，貽害猶在」這是約瑟夫 · 斯蒂格利茨評價的葛林斯潘。不知道現在的葛老在受到次貸危機追問的時候，心裡是什麼滋味。當然，我們不能一味地去責怪葛老曾經的政策措施給後來的經濟運行造成多少麻煩，畢竟事實已是事實。換成另外的人，也許會做出同樣的政策決策。經濟不是可以重複的，我們沒有辦法保證每一次都是正確的，沒有辦法保證自己不會走上一樣錯誤的道路，畢竟危機沒有爆發的時候葛林斯潘就是我們的「偶像」。

## 關鍵人物七
# 風暴中的聯準會掌門人——伯南克

圖片來源：騰訊財經人物

美國總統布希 2005 年 10 月 24 日做出決定，提名總統經濟顧問委員會主席伯南克接替將於 2009 年初任期屆滿的葛林斯潘，擔任聯準會主席。從此美國告別葛林斯潘的央行藝術時代，進入到伯南克學者型時代。

## 一、校園時光的記憶

伯南克 1953 年 12 月 13 日生於喬治亞州的奧古斯塔，1975 年獲哈佛大學經濟學學士學位，4 年後在麻省理工學院獲得經濟學博士學位。

在作為聯準會主席之前，伯南克的大部分生活都是與校園相關的。博士學位取得後，身份直接轉換成了教師，曾在史丹

佛大學、普林斯頓大學等美國頂尖學府任教。在普林斯頓期間，他所研究的課題就包括 1929 年的經濟大蕭條。伯南克博士主要著作包括貨幣和宏觀經濟學，他出版過兩本教材，獲得過 Guggenheim 和 Sloan 獎學金。他是美國計量經濟學會和美國藝術與科學學會的會員。伯南克博士曾擔任美國經濟研究局貨幣經濟計畫主任，也曾擔任美國經濟研究局商業週期協調委員會成員。2001 年 7 月，他被任命為《美國經濟評論》編輯。此外，他還擔任過一些民間和專業組織的工作，如出任紐約 Montgomery 小鎮教育委員會的成員等。從 1985 年直至 2002 年被任命為聯準會成員，這樣的經歷為今後坐上掌門人的寶座奠定了基礎。

## 二、實力加機遇

聯準會掌握著世界頭號經濟大國的金融貨幣政策，權力之大，影響力之大可想而知。因此，聯準會主席也被稱為是全球經濟界最有權勢的人，能攀上這樣高位的人選自然非比尋常。

在普林斯頓大學任經濟系主任期間，伯南克除在學術方面頗有建樹外，在協調人際關係方面也顯露了天賦。他從不認為自己比同事們更聰明或者職權更大，而是習慣於傾聽不同的聲音。他也從不參與政治紛爭，在其他人眼裡伯南克就是一個和藹謙遜的學者。

伯南克能夠把複雜的經濟問題講得通俗易懂是他的過人本

領之一，在校園裡他深受學生們的愛戴。因此，人們更希望他的這種「通俗易懂」能成為伯南克時代與葛林斯潘時代突出的不同點，因為葛林斯潘的語言向來被認為晦澀難懂，而伯南克的語言則直截了當。至於通貨膨脹問題，兩人的觀點更是大相徑庭，伯南克致力於推動中央銀行設定更為具體的通貨膨脹目標，而葛林斯潘則極力反對設立固定的目標。

伯南克被認為是當今美國最多產的貨幣政策學者。他創造了將通貨膨脹微調到不高不低的程度的概念；伯南克主張的「設定通貨膨脹目標」，把市場信心從個人轉向機構。伯南克在就任聯準會主席之前曾表示，「我的第一優先工作是保持葛林斯潘時期確立的政策和政策策略的連續性。」同時，「我將竭盡全力，並在我的聯準會同事們的合作下，幫助確保美國經濟的持續繁榮和穩定」。所有的一切都證明，那時那地伯南克都是最合適的聯準會主席候選人，在學術上的成就無懈可擊，而布希對伯南克的青睞也是上天賜予他通向權力制高點的機遇。

## 三、迎戰金融海嘯

「葛林斯潘退休退得真是時候，伯南克接的實際是一個爛攤子。」──現在可能許多美國人都這麼覺得。愈演愈烈的次貸危機，不斷在華爾街捲起滔天巨浪，並將美國經濟吹向衰退邊緣。接任聯準會主席兩年多的伯南克，無疑就身處在風口浪

尖，凶險未卜。

　　人們總是習慣把伯南克和葛老相比，而作為「世界上最有權勢的人」的繼任者，伯南克壓力不小。今天伯南克面臨的困境，似乎與正與葛老傳奇的過度完美過去形成鮮明對比。在葛林斯潘的持續降息的刺激下，美國房市價格成為飛上天的大泡泡。當葛老調高利率時，「美麗的泡沫」開始爆裂，並最終導致次貸危機的全面爆發——而此時此刻，葛林斯潘飄然卸任，伯南克的前程卻是如此飄忽不定。

　　2007 年 8 月初，美國次貸危機突然全面惡化，金融市場劇烈動盪，投資者信心喪失殆盡。突如其來的危機，讓這位蕭條經濟學家顯得措手不及。就在危機爆發前幾天，偌大的聯準會還認為局勢可控，並維持 5.25% 的利率不動。誰知隨後幾天市場就開始逆轉。在注資、提高貼現率皆不奏效時，9 月 18 日，伯南克終於出了重手，降息 0.5 個百分點，這也是美國央行 4 年來首次降息。10 月 31 日，聯準會再度降息 0.25 個百分點。連續兩次的降息，加上中間持續不斷的注資，伯南克似乎暫時控制住了局面。

　　對於伯南克的出手，飄然卸職的葛老也公開表示，如此決定非常不易，因為人們很難對未來進行預測。一著不慎，可能讓危機惡化。一個有遠見的決策者，在於其能洞察秋毫，決策長遠，防患未然。次貸危機的複雜性超過大多數人預想，伯南克能否在危機中大顯身手還要看過後的表現，遠不止現在一點

點動作，能否讓美國經濟在驚濤駭浪中生存是聯準會主席今後一年或是更長一段時間的任務。

## 四、尋找原因

在面對美國為何出現這般嚴重的金融危機質問的時候，身擔美國經濟發展重責的聯準會主席伯南克卻指責中國等新興經濟體是引發美國次貸等一系列經濟問題的原因。英國著名財經評論網站「Market Oracle」以《伯南克高呼「這都是中國的錯！」》為題，質疑伯南克於 2008 年 6 月 3 日在巴塞隆納召開的國際貨幣會議上針對中國等東亞國家的講話。

伯南克曾經在會議上公開推卸責任道：「新興市場的經濟體淨儲蓄供給的顯著增長導致了美國房產市場繁榮，以及更廣泛地說，即次貸危機的爆發。這個淨儲蓄增加的來源包括：高存款的東亞國家以及中國之外經濟快速增長；一些新興市場上外匯儲備的高積累；石油出口和其他商品出口國家巨大的收入增長。這些淨儲蓄貨幣流的壓力導致了全世界範圍內較低的長期真實利率，刺激了資產價格（包括房屋價格），推動貨幣帳戶在工業化國家，即接收這些貨幣流的國家走向赤字——尤其是在美國。」

## 五、掌門人認錯

終於，伯南克在 2008 年 12 月 1 日出版的《紐約客》雜誌

中承認自己可能犯下的錯誤。在他的《崩潰的解析》一文我們可以看到：「我和其他人在一開始時都一致認為，次貸危機可以得到控制，但我們都錯了。住房市場問題和廣泛的金融體系之間的因果關係極為複雜，難以預料。」我們知道伯南克曾經在普林斯頓大學擔任經濟學教授，而且他當時所研究的課題就包括 1929 年的經濟大蕭條。他對經濟方面具有深入的研究和理解，對現實經濟運行具有敏銳的觀察力和準確的判斷。這些優點在我們看來應該是及時發現和處理危機的最有力武器。

然而，次貸危機自 2007 年 8 月在美國全面爆發以來，伯南克一直被指在處理金融危機時充滿著矛盾。美國經濟政策研究中心的聯席負責人貝克批評伯南克說，一直都沒有意識到房屋次貸危機的嚴重性，並低估了它所可能造成的風險。直到危機全面爆發後，他才終於看清了整個局面。危機爆發後，伯南克在採取應對的政策時缺乏堅定和明確的立場。貝克說：「有好幾次，伯南克（在做出決定時）指向某個方向，過後卻改變方向，採取了截然不同的做法。當他的任期於 2010 年 1 月結束時，歐巴馬若是邀請他繼續出任此職位的話，我一定會感到非常驚訝。」光環圍繞的主席竟然犯了如此嚴重的錯誤，光輝形象一時間黯淡了不少。

## 六、下一步怎麼辦？

下一步怎麼辦？經濟會好轉嗎？努力會有結果嗎？伯南克

自己也在思考著答案。12 月 1 日伯南克在德克薩斯州發表講話時曾說，即使金融市場機能繼續改善，美國經濟疲軟的狀態也很可能會持續一個時期。聯準會過去一段時間以來所採取的積極的降息措施對於經濟的刺激效果在某種程度上被目前這場嚴重的信貸和金融危機所侵蝕。儘管借貸成本已經降低，但銀行仍然不願意為個人和企業放貸，這對經濟造成了嚴重不利影響。雖然進一步降息肯定可行，但在目前的形勢下，使用常規的利率政策來挽救垂死的經濟，成功的機會明顯有限。不過，對於目前處在深度恐慌中的美國來說，利率減多少已經不是如以前重要了，降息的象徵意義大於實質，如此不斷的降息似乎預示著美國走上「量化寬鬆」的道路。聯準會可以利用其他途徑來支持經濟活動，比如，聯準會可以在公開市場大量購買較長期的國庫券或機構債券，從而降低這些債券的利率，幫助刺激總體需求。

伯南克認為聯準會的資產負債表還是處於可以維持的境地，眼前的問題是緩解經濟下滑，刺激經濟增長，而後來可能出現的通貨膨脹此時此刻顯得都不重要了。大蕭條問題的專家伯南克在面對聽眾提出的關於對 1930 年代的大蕭條和目前的狀況比較的問題時候，指出「以規模而論，目前衰退不可與大蕭條相提並論。在 30 年代的大蕭條，牽連全球性經濟不景，且持續了 12 年之久，一直至世界大戰爆發。其間，失業率升至 25%，生產總值萎縮三分之一，全美約三分之一銀行倒閉，

股市大跌 9 成。」不過這位全球最大的央行行長相信，1930 年代的大蕭條可以為今天的金融風暴提供一些經驗教訓，當年在處理危機上犯了大錯誤，一是採取過度緊縮的貨幣政策，導致利率上升，使得在 30 年代頭 3 年通縮高踞約 10%。因此，面對困難的金融情勢，貨幣政策需要儘早放寬以支援經濟。另一錯失是當時決策者對金融體系坐視不理，眼看數百家、數千家銀行倒閉，聯準會卻沒有採取行動。

　　現在的問題在於，如果當前慘敗景象百年一遇，誰能保證伯南克就是在「正確的道路」上奔跑？葛林斯潘擔心可怕的通縮，所以將基準利率維持在 1% 的低位長達一年；伯南克也正在擔心可怕的通縮，並且暗示了下調基準利率的可能空間的存在，而且流動性工具上更是大膽創新。但葛林斯潘所擔心的通縮終究在經過 28 個月的醞釀變成了一個大泡沫，伯南克這一次會不會重複葛老的過去呢？

# Part 5
# 反思篇

當我們以旁觀者的身份細數金融海嘯中心的那些人和事的時候，還能夠儘量舉重若輕，像講故事般娓娓道來，也許很生動，曲折盡現，也許還不夠生動。但當海嘯波及中國時，我們必須回過頭來反思，反思次貸至今為止的全過程、次貸的深刻根源，反思中國在這場金融大海嘯中扮演的角色以及面臨的機遇和挑戰。

借用馬克思說的那句話：「閣下，這裡說的正是您自己的事情。」因此我們無法再用輕鬆的口吻講述。

# 9 看到危險，更要看到機會

Part 5. 反思篇

　　次貸危機所引發的百年一遇的金融危機，其衝擊力無論是在實體經濟還是金融市場都已經得到充分顯現。在一片悲觀的氛圍中，越來越多的人看到了次貸危機日益惡化的負面影響，越來越多的注意力放到防守和抵禦風險方面，金融創新等方面的進展也在事實上明顯放慢。實際上，如果從一個更長的歷史視角看，這一輪次貸危機所可能帶來的全球經濟金融版圖、金融遊戲規則以及不同經濟體的重新洗牌，對於一個正處於崛起階段的中國經濟來說，在更大程度上來說還顯現出不少新的機會。

　　儘管因為中國經濟深深介入到全球化的經濟體系中，當前的次貸危機對於中國的衝擊不容低估，但是中國畢竟在總體經濟體系特別是金融體系方面介入全球市場的程度畢竟有限，深刻把握次貸危機演進的邏輯，客觀把握中國經濟在危機中面臨的挑戰與機會，避免陷入過度的冒進或者過度的悲觀，都是十分關鍵的。

　　對於中國來說，在經濟金融體系的改革中，歐美發達的金

融體系一直成為事實上的參考座標之一，現在，參考座標出現了顯著傾斜，中國需要在危機中拿出自己的眼光，走中國自身的發展道路。

## **9.1** 從產品、金融機構、金融市場到實體經濟

大致來看，發端於 2007 年 7 月的次貸危機經歷了四個階段：最初僅僅是特定金融產品的危機，之後迅速擴展到金融機構的危機，進而從金融機構擴展到全球金融市場，目前正處於從金融體系到實體經濟的傳導階段，且呈現不斷加深的走勢。

### **9.1.1** 第一階段：次貸證券衍生品危機

20 世紀 90 年代後期以來，美國經濟和房地產金融市場經歷了長達近 10 年的經濟繁榮，與此同時，基於次級住房抵押貸款的金融衍生產品市場迅速擴張，在高達 15：1 以上的槓桿作用下，次貸證券衍生品市場積累了巨大的風險（見表 9-1）。2006 年以後，隨著房價的下跌和次貸市場的違約率的上升（見圖 9-1），次貸證券的價格隨之劇烈下滑，在高槓桿的作用下，持有者的損失被急劇放大，從而在 2007 年 7 月最終引發了次貸證券危機。

### 表 9-1 美國次級貸款和次貸支持證券規模

| 年度 | 房地產貸款（十億美元） | 次級貸款（十億美元） | 次級貸款占比（%） | 次貸支持證券（十億美元） | 次貸支持證券占比（%） |
|------|------|------|------|------|------|
| 2001 | 2215 | 190 | 8.6 | 95 | 50.4 |
| 2002 | 2885 | 231 | 8 | 121 | 52.7 |
| 2003 | 3945 | 335 | 8.5 | 202 | 60.5 |
| 2004 | 2920 | 540 | 18.5 | 401 | 74.3 |
| 2005 | 3120 | 625 | 20 | 507 | 81.2 |
| 2006 | 2980 | 600 | 20.1 | 483 | 80.5 |

資料來源：The 2007 Mortgage Market Statistical Annual

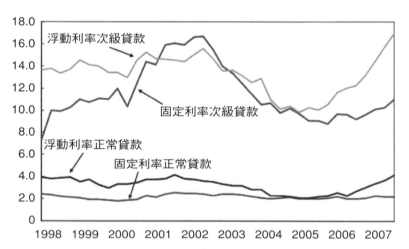

圖 9-1　美國住房貸款違約率急劇上升

資料來源：美國抵押貸款銀行協會

## 9.1.2 第二階段：
## 以投資銀行等相關金融機構為代表的金融機構危機

次貸證券產品危機的爆發，使得一些深刻捲入到次貸業務

的金融機構開始呈現顯著的經營虧損，進而演化為金融機構危機。2008 年 3 月，美國第五大投資銀行貝爾斯登因瀕臨破產而被摩根大通收購。9 月份以後，由於房價的持續下跌，美國次貸違約率繼續上升，與次級抵押債券相關的各種金融資產風險開始加速暴露出來，受波及的金融機構範圍也越來越大。9 月 7 日，美國政府宣佈接管「兩房」，隨之，在不到一個月的時間裡，華爾街五大投資銀行相繼破產或者被接管，包括商業銀行、保險公司、投資銀行、對沖基金等在內的金融機構大都遭受巨額損失。

## 9.1.3 第三階段：以資本市場劇烈下挫引發的金融市場危機

　　金融機構的危機、特別是雷曼的倒閉，引發了全球對於金融機構倒閉的恐慌情緒，成為此次次貸危機迅速向全球擴散的一個標誌性事件，最終引發了資本市場的劇烈動盪，股票暴跌，市值大幅下降，道瓊指數跌幅超過 40%，嚴重打擊了投資者信心（見圖 9-2）。美國金融市場的深幅調整迅速向世界各國蔓延，歐洲、日本、新興市場國家的金融市場隨之也大幅下挫，據紐約大學經濟學家 Roubini 預測，次貸造成全球銀行和投資銀行減計資產及信用損失金額已達 2 萬億美元。更為嚴重的是，危機由最初的抵押貸款市場逐漸向消費信貸、信用卡、銀行等其他金融市場蔓延，使得次貸危機蔓延成為信貸危機，推動整個美國經濟陷入劇烈衰退。

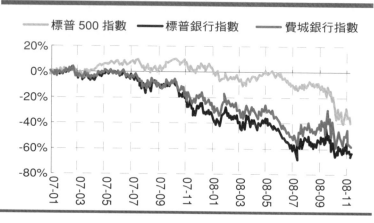

圖 9-2　標普和銀行指數

## 9.1.4 第四階段：從金融體系到實體經濟蔓延

　　這一次次貸危機導致的經濟週期與此前的經濟週期存在的顯著差異，在於此前的經濟週期往往是由實體經濟惡化之後逐步傳導到金融市場，而此次經濟動盪則是因為金融體系的監管出現缺陷等導致金融市場的大幅波動進而演進為現實的經濟波動。從國際經濟環境上來看，自 2008 年 10 月開始，伴隨著次貸危機對進一步惡化，對各國實體經濟的影響日益顯現，各國經濟增長出現明顯減速，美國、歐盟等國家經濟開始出現負增長，同時失業率上升，消費者信心顯著下降，美國失業繼 10 月率飆升至 6.5 以後，11 月又創造了 6.7% 的 15 年來的最高紀錄，引發了全球金融市場新一輪的大幅波動。此外，全球主要經濟體逐步顯現通縮壓力，美國 10 月份消費者物價

指數大跌 1%，創歷史上最大跌幅；日本 10 月 CPI 環比也下降 0.1%。泰國、韓國和澳洲等新興市場國家 11 月通脹率與全球同步回落，如泰國 11 月通脹年率從 10 月的 3.9% 大幅降至 2.2%。全球大宗商品價格更是同步一落千丈。原油價格從每桶 147 美元以上迅速跌落至 50 美元下方，鐵礦石、煤炭和糧食價格也都大幅下跌。這意味著次貸危機對實體經濟的衝擊全面顯現，全球經濟的回落已經是一個顯著的趨勢。

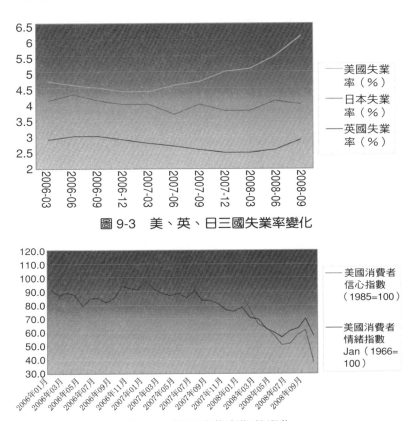

圖 9-3　美、英、日三國失業率變化

圖 9-4　美國消費者指數變化

# 9.2 危機產生的根源

次貸危機發展到今天，必須要以一個全球化統一的角度來考察各國金融市場的調整，應當說，這次波及全球的金融經濟危機是經濟全球化背景下所產生的世界經濟結構失衡的一個重要體現，而金融市場在急劇擴張後形成的脆弱性、錯誤的貨幣政策、缺乏約束的美元主導下的自由浮動匯率制度、滯後於金融創新步伐的監管缺陷則是危機產生的深刻根源。

## 9.2.1 全球進程中的結構失衡，需要以危機的方式尋求再平衡

這一次的危機，是全球化進程中的危機，也可以說是有史以來第一次真正意義上的全球金融危機，無論是發展中國家還是發達國家，都在全球化的同一大船上，面對全球金融市場的動盪與起伏。

在過去 10 到 20 年內，隨著現代資訊技術和新經濟的不斷湧現，全球經濟在快速一體化，各國利用各自不同的優勢，在全世界進行產業鏈的重構和資源配置，使得生產率大為提高，推動了各國共同進入了一個持續多年的經濟繁榮時期。發達國家以其資金、技術以及成熟的金融市場優勢，將產品的製造加工環節轉移到新興市場國家，而以「金磚四國」為代表的新興市場國家也迅速地融入全球化進程中，90 年代初中國、印度、越南、俄羅斯以及拉美一些國家的開放，全球大概有 30

億左右的勞動力投入到全球市場，帶來了很多的新生勞動力和廉價商品。經濟全球化也使新興市場國家充分享受了全球化紅利以及資訊技術廣泛引用帶來的 IT 紅利、相對年輕的人口結構帶來的人口紅利等，推動了快速的城市化和工業化，產生了對資源和對西方國家高端產品的大量需求，帶動了全球的繁榮。在這個過程中面，全球分享了一個非常難得的黃金增長時期，無論是中國還是美國或者其他的國家，都保持了高速增長和低的物價。

但是，經濟全球化在帶來效率和巨大財富的同時，也形成了一個發達國家與新興市場國家經濟結構的失衡現象。一方面，中國、俄羅斯、印度、巴西等新興市場國家憑藉極低的勞動力成本製造了大量優質產品，並以低廉的價格出口到歐美發達國家市場，維持了以美國為代表的發達國家的低物價，並積累了相當數額的外匯資金。在發達國家的金融市場運行和貨幣決策中，依然根據全球化程度不高的時代的貨幣政策框架，習慣性地把這種低物價歸結為自身勞動生產力的提高、歸結為高明的宏觀政策，而沒有能夠從全球化的新條件下把握全球物價的走勢以及本國金融市場的相互依存關係。

於是，沒有為全球化做好充分準備、也沒有為中國等迅速發展的經濟做好準備的歐美央行，在實際上是因為發展中國家的崛起帶來的低物價條件下，放膽大規模擴充流動性，種下了次貸危機得以醞釀的貨幣環境的根源。在 20 國首腦峰會的公

告中，這一決策的錯誤被含蓄表述為「宏觀政策框架缺乏一致性」。

另一方面，由於新興市場國家本國金融市場的不發達，以及特定的出口依賴性的經濟結構，只能將這些外匯資金以外匯儲備等形式回流到金融市場發達的美國和歐洲，為其高負債提供融資，並維持了其長期保持低利率、低儲蓄、高消費的經濟模式。據粗略統計，整個亞洲國家外匯儲備加起來大概超過4.4 萬億美元，再加上中東的石油資金，成為支持美國進行高負債擴張的非常重要的金融資源。**發達國家的低儲蓄、高消費和新興市場國家的高儲蓄、低消費形成了一個脆弱的國際經濟結構，在這種格局下，美國可以放心地長期保持寬鬆的貨幣政策，導致了流動性的過度投放、住房信貸市場和次貸衍生品市場的過度擴張和資產泡沫，將金融風險積累到有史以來最大的程度。**應當說，次貸證券只是壓在國際經濟失衡格局上的一根稻草，當泡沫積累到一定程度後，脆弱的國際經濟結構必然會被打破，形成金融市場和實體經濟危機的全面爆發。

這樣看來，次貸危機只是全球重新尋找再平衡的過程，這種過程本來可以不必表現得如此慘烈，特別是如果美國意識到此前高速增長的低物價並不是可以長期持續的、美國的通脹並沒有像部分美國學者所樂觀預期的那樣在新的條件下「消失」了，那麼，美國完全可以適當的擴大出口和抑制進口以及美國經濟內部更為主動的結構調整來逐步化解這個失衡。很可惜，

這一次全球化走在貨幣政策決策者的前面。

　　雖然現在的全球金融危機通常被表述為全球經濟從此前的顯著失衡轉向再平衡的過程，那麼，再平衡點究竟在何處？顯然，這種再平衡不可能重新回到每個國家自求貿易平衡的所謂傳統的平衡年代，而是促使全球的金融市場以及宏觀金融決策重新尋找全球化時代的新的國際環境的運作方式。

## 9.2.2 危機是對這種過大規模的金融部門的再調整

　　在次貸危機全面爆發之前，全球金融部門的盈利幾乎占到各國企業盈利的 30% 以上，美國金融部門的盈利甚至更占到整個美國企業盈利的 40% 以上，這是一個日益脫離現實的金融服務需求、開始越來越轉向「自我創造金融服務需求」的脫離實體經濟金融需求的發展階段。這種在高槓桿比率推動下的金融部門過分擴張，在貪婪的華爾街推動下，一直找不到自我約束的邊界，只能以危機的形式來實現這種調整。

　　諾貝爾經濟學獎獲得者約瑟夫・斯蒂格利茨分析說，這種自我服務的金融活動，實際上類似於消費者拿出資金讓華爾街去賭博，賺錢了分給華爾街一大筆，虧錢了由消費者買單。他認為這樣的金融運作機制，遲早是要出問題的。

　　這種對金融部門過分高槓桿擴張的危機式調整，使得中國的金融界日益清晰地意識到金融體系深深立足於實體經濟金融服務需求的重要性。

在經濟全球化背景下產生的新的國際經濟結構，必然要求各國央行實施全球化時代的金融政策，但是，從次貸危機的演進看，可以說全球央行沒有為迅速推進的全球化做好貨幣政策在理論和實踐上的準備，在面臨高增長、低物價的時候，各國央行把低物價作為政策決策的重要依據，而沒有進一步追究低物價背後的原因。當 2000 年美國 IT 泡沫破滅時，為避免經濟陷入危機，聯準會沒有採取在理論上應該採取的加強市場監管等方面的措施，而是採取低利率和美元貶值的政策，提供更多的流動性，用一個泡沫來替代另一個泡沫。

在低利率推動的流動性過剩的背景下，大量資本湧向金融和房地產市場，金融部門和實體經濟部門的失衡越來越明顯。1999 年，美國取消了對金融機構混業經營的限制，進一步刺激了金融衍生品市場的發展，包括次貸證券在內的大量衍生品被推向市場。在金融創新的帶動下，全球金融衍生品市場的發展速度達到了驚人的程度，金融資產呈現了典型的倒金字塔結構：大致來看，傳統的貨幣（M1 和 M2）只占到 1%，廣義貨幣占 9%，金融債券占 10%，而金融衍生品則占據了金融市場 80% 的份額（BIS）。金融市場風險隨之增大，次貸危機，或者其他類型的金融危機的爆發，可能是遲早的事情，其後的重要推動力，在於促使過分膨脹的金融部門重新縮減到與實體經濟相適應的規模。

### 9.2.3 監管機構的監管理念滯後於金融機構商業模式的變化

在市場競爭壓力推動下的金融機構，始終有強烈的適應市場需求進行創新的動力，這就使得在通常的意義上，監管機構對於市場變動的反應要慢於金融機構。

次貸危機同樣印證了這樣一個特徵。

從商業運作模式看，傳統銀行的模式是「發放並持有」，銀行發放一筆貸款，一直持有它並且收息，這在中國仍然是一種主導模式。在這種商業模式下，金融機構會主動進行風險管理。但是在過去 30 年中，發達國家銀行的業務模式逐步轉變為「發放並銷售，發放並分散」，即銀行把這筆貸款發放之後，再把它進行證券化並銷售出去，得以轉移和分散風險。在這種商業模式下，銀行的目標是把貸款儘快銷售出去，沒有義務為貸款的風險負責，因此就會放棄主動風險管理的基本原則。

另一方面，隨著金融全球一體化，形成了一個與現存銀行體系並存的影子銀行市場。這個市場非常龐大，而且沒有公開的、可以披露的資訊。這些機構金融資產的估算是全球 GDP 的 4 倍還要多，而且這些影子銀行市場是一對一進行交易，主要是 OTC 市場，而且這其產品結構的設計非常複雜。在當前的金融監管體系下，這些金融衍生品被各國監管機構視為表外業務，對其監管較為寬鬆，傳統的資本充足率約束等監管手段難以對跨國的衍生品交易進行監管，出現了巨大的監管空白地

帶，進一步助推了資產證券化和金融創新的步伐。

金融機構商業模式的重大轉變需要監管機構的監管理念做出重大調整，但是實際上各國的監管當局並沒有及時採取行動，依然採取原來的監管思路，這就導致了對金融市場風險的嚴重低估。在多重因素的助推下，失去監管的金融機構盲目擴張，致使市場風險一步步增大一旦房地產泡沫破裂，被信用交易放大的槓桿效應就會迅速擴散，最終引發全球性的金融危機。

對沖基金的起起落落伴隨著次貸危機從興起到擴散的整個過程，而在當初世界各國對對沖基金加強監管的聲浪中，美國之所以堅持不對對沖基金施加稍微嚴格一點的監管，除了主要對沖基金是美國資金支配之外，其現實的理由，就是監管者實際上並不能比對沖基金的經營管理人員更清楚對沖基金的運作狀況，既然這樣，就還是讓對沖基金自我進行約束吧。這種過於放鬆的市場環境，促成了對沖基金的高槓桿投機動機，也使得對沖基金成為次貸危機中受到嚴重衝擊的群體。

## 9.2.4 金融機構的全球化，導致跨國金融監管的政策失靈

隨著經濟全球化的進程不斷深化，全世界的金融機構和金融業務越來越全球化，而且在單一的市場上的影響力非常大，使得當地的金融監管機構很難對它進行有效的監管。一些大型的金融機構，如果一個市場上的監管者對其進行嚴格監管，

這些市場影響力巨大的機構可能就會把這個市場的分支機構撤了，轉移到其他的市場。金融機構業務全球化，但是監管者沒有全球化，出現了事實上的監管空白和政策失靈。歐盟這次提出來一個非常重要的政策建議，要建立一個監管小組，吸納主要國家的成員參加，對全球主要的跨國銀行進行監管。這個建議實際上被否決了，因為現在各個國家不可能放棄自己的監管權力。但它反映了監管不適應金融機構全球化的問題。需要一個全球化的監管機構但目前又沒有形成，這就導致了全球金融界的恐慌。

一個巨大的、脫離於傳統監管視野之外的影子銀行市場的崛起，也放大了跨國金融監管失靈的嚴重程度。

## 9.3 金融海嘯的影響及傳導管道

綜合來看，次貸危機對中國經濟的傳導主要通過如下幾個管道：

第一，是直接投資損失。從目前的情況看，中國的金融機構投資的次貸證券及其相關產品的損失相對於其盈利能力和資本實力看，還可以說是可控的，與其資產規模和盈利水準相差懸殊，相關損失完全能夠消化。根據彭博資訊估計，內地金融機構直接損失不會超過全球直接損失的 1%。

第二，是貿易管道。最直接的體現就是中國出口的迅速下

降及其對經濟增長的負面影響。美國經濟減速將導致美國進口需求下降，次貸危機影響到歐洲乃至全球，也降低了全球對中國商品的需求，這會使得中國的出口部門以及對國際市場依賴程度較高的地區，必然會經歷一個較為艱難的回落時期。通過對東莞地區的一些企業的抽樣調查表明，現在這些地區的出口企業大致的經營狀況是 20% 虧損，30% 持平，50% 微利。如果出口的低迷狀況則持續下去並且沒有即使採取相對的政策舉措，很可能其中 20% 的虧損企業會選擇倒閉；因為這些企業多數為勞動密集型企業，因此這些企業的倒閉對於就業的壓力會加大。

第三，是國際資本流動的可能逆轉。特別是伴隨著全球金融機構的去槓桿化過程，可能有一部分母國的總部經營出現困難，需要調回資本。2008 年 10 月下旬香港資本市場的持續大幅下跌，就與對沖基金迫於贖回壓力而被動平倉直接相關。

第四，商品價格的大幅波動帶來劇烈的庫存調整，對實體經濟產業鏈的不同環節的企業形成巨大的殺傷力。隨著去槓桿化的推進以及金融市場的調整，國際商品市場大幅波動，主要貨幣的匯率波動也大幅加劇，而中國的企業大量處於製造業環節，上游原材料價格的大幅波動及其導致的中下游的短期內劇烈的正反饋收縮，對於整個製造環節的產業鏈不同位置的企業都形成了劇烈的衝擊：對沖基金去槓桿化退出商品市場導致石油等商品價格的大幅回落，使得中下游的企業迅速形成了強烈

的不同環節的中間產品的價格下滑的預期並大幅壓縮庫存和延遲採購等。從 2008 年中國經濟運行的全年情況看，上半年國際商品價格的大幅上升促使企業積極增加庫存，同時也進一步推動了原材料價格的上升，導致 2008 年上半年的經濟增長有一定的虛增成分，而 2008 年下半年國際市場商品價格的大幅回落也促使中國企業同步大幅減少庫存，這種短期內十分迅速的庫存調整，加劇了不同環節的產品價格的劇烈波動，對習慣於在相對平穩的價格環境中進行製造加工的中國企業造成了非常大的傷害。特別值得指出的是，這種不同環節的產品價格的大幅波動，對於同一產業群中無論是優秀企業還是經營管理水準欠佳的企業都可以說是「通殺」，短期內的庫存調整導致的「突然消失的需求」，其殺傷力都是同樣顯著。這種價格大幅波動帶來的衝擊在 2008 年 10 月份以來變得更為突出，特別是鋼鐵、造船、煤炭等相關行業。

同時，短期內匯率水準的大幅波動，也對習慣於以美元計價的進出口企業，特別是對歐洲或者日本有進出口業務的企業，帶來了巨大的匯率風險，一些企業在主業的經營上可能還能夠應對次貸危機的衝擊，但是一些非主業的、原來可能是主要試圖進行風險對沖的匯率或者商品價格的衍生工具的投資，也可能會對企業帶來致命的衝擊；如果企業對於資產風險管理不當，就可能導致企業經營的巨大損失。

第五，信貸緊縮。在全球金融風暴的大環境下，銀行為了

保持自身的安全，即使貨幣當局大幅放鬆貨幣政策，這些貨幣也可能依然在一段時間內滯留在銀行體系內部，而不能通過信貸等形式傳導到企業或者其他金融機構，這種主動進行的信貸緊縮，容易導致擴張性貨幣政策的失效，進而使得銀行與實體經濟間的資金流動被臨時大幅減少乃至切斷。現在歐美金融市場上的利率居高不下，反映了這種銀行收縮帶來的衝擊。當前國內的中小外資銀行同樣也遇到這種情況。中國央行的大幅主動降息，可以在一定程度上緩解中小外資銀行的資金緊張局面和過分的收縮，但是要有效化解這種狀況，可能還需要中國的貨幣當局與這些外資金融機構的母國的貨幣當局通過貨幣互換等形式的金融合作。

第六，市場預期。全球金融市場大幅調整，使得中國的企業和消費者形成了對於經濟未來的過於悲觀的預期，在這種預期的推動下，無論是經營狀況良好的企業還是可能受到衝擊的企業，都同步主動進行大幅的收縮，不少大型企業主動提出了「過冬」的戰略以及停止新的投資的防禦策略。對於單個的企業來說，這種防禦的心態可能有助於其增強對於次貸危機衝擊的應對能力，但是當幾乎所有的企業都同步進行這種悲觀預期主導下的收縮時，整個經濟體系遭受的衝擊就會大的多。近幾個月以來，各方面的資料都顯示出經濟緊縮在中國的製造業不同產業鏈上大面積傳染的跡象。由於外來的不確定性，預防性緊縮和避險心理正在企業和個人中流行開來，無論是企業還是

個人都強調保持現金流，負面的心理預期使得投資大幅減少，居民消費放緩，內需不足的情況更為嚴重。

　　第七，部分對外部負債依賴程度較高的、相對脆弱的發展中國家在次貸危機的衝擊下可能會倒下，進而會繼續使次貸危機的衝擊擴大化和惡化。次貸危機已經對包括歐美發達國家在內的幾乎所有國家都造成了比較大的衝擊。隨著去槓桿化進程的推進，全球金融市場出現流動性的緊張，當這種流動性緊張發展到一定程度，可能會對那些嚴重依賴國際債務融資的新興市場國家形成更大的衝擊，其基本邏輯與雷曼倒下之後一些金融機構出現流動性危機是完全類似和一致的。這些國家由於長期的國際收支逆差導致外債較多，一旦金融危機蔓延，投資者恐慌心理也會蔓延，大量國際資本可能會迅速撤出，在國際市場上進行融資的難度也會顯著加大，這就會導致這些國家貨幣的大幅度貶值以及金融機構倒閉，進而引發債務危機，如冰島，其國內生產總值在 2007 年僅為 193.7 億美元，但是外債卻超過 1383 億美元。如果這些國家在面臨去槓桿化的壓力和流動性收縮時不能夠獲得及時的外部資金的支援，其經濟將面臨崩潰的風險。而國家層面的經濟崩潰，就可能會對全球市場形成更大的衝擊。

　　第八，可能重新抬頭的貿易保護主義帶來的衝擊。從目前的演變情況看，次貸危機的衝擊現在正逐漸從金融領域過渡到對實體經濟的傳導層面。對於前一階段經受次貸危機衝擊最為

直接的歐美等發達國家，在特定的利益團體的壓力下，出於對本國經濟的保護，很可能帶來貿易保護主義的抬頭。作為融入全球經濟體系中的中國經濟，可能會首先成為這一可能的貿易保護政策的直接受害者，反傾銷、反補貼等貿易壁壘的限制，將使中國貿易企業在外需不足、人民幣升值的宏觀環境下雪上加霜，貿易上的摩擦也將對中國新一輪的對外經濟政策產生新的挑戰。

上述次貸危機對中國的傳導管道，目前比較多的還關注在直接的次貸證券投資以及貿易和資本流動管道，但是實際上其他管道的傳導有的已經開始發揮顯著的作用，有的則可能會在未來發揮顯著的影響，因此，對於次貸危機對於中國經濟的衝擊，必須要有充分的估計，做好充足的預案，不能因為低估次貸危機的衝擊或者忽視特定的次貸危機的傳導管道，而忽視了相對的政策準備，從而給中國經濟帶來過大的衝擊。

## 9.4 次貸危機對中國經濟的衝擊程度遠大於 1997 年亞洲金融危機

在美國金融界，對於當前的次貸危機的嚴重程度的評估，其共識是百年一遇，通常只與大蕭條時期來對比。從目前觀察到的情況看，次貸危機對於中國經濟的衝擊迅速凸顯。根據近期在珠三角和長三角一些代表性企業的調研了解的情況看，次

貸危機對中國經濟的衝擊正在呈現惡化的趨勢，目前的評估，
其衝擊程度不會低於 1997 年金融風暴。

## 9.4.1 次貸危機的影響範圍更廣，程度更深

　　次貸危機是一次全球性的金融動盪，無論是新興市場還是
發達國家都不同程度經受衝擊，而 1997 年金融風暴則主要是
亞洲的經濟體經受衝擊。此次經受衝擊最為直接的歐美國家是
中國的主要出口目標市場，而 1997 年金融風暴衝擊的一些新
興市場在當時還在一定程度上是中國的競爭對手，而這次金融
危機本身也只有 1929 至 1933 年大蕭條可以相比。

　　與 1997 年金融風暴時相比，中國經濟受到國際環境影響
的程度更大，這既包括更大的資本流動規模、更大的外匯儲
備，也包括對於出口的更高的依存程度，中國經濟的出口依存
度在 98 年時只有 18%，到 2007 年上升到 38% 左右。次貸危
機爆發以來，中國對美國的出口出現了明顯的下滑，對於歐洲
出口的上升一度彌補了這一回落，現在人民幣對歐元已經有
了大幅升值，同時歐洲經濟也開始走入疲態，2009 年出口的
明顯下滑已成定局，現在通常的看法是 2009 年出口的增長對
GDP 的貢獻可能為負。當前宏觀政策的最為嚴峻的挑戰，就
是要從中國的內需中尋找到新的增長點，來替代出口大幅回落
可能對經濟增長帶來的負面影響。

表 9-2　中國對美國及歐洲的出口總額及同比

| 2008 年 | 美國 | | 歐洲 | |
|---|---|---|---|---|
| | 出口額（萬美元） | 出口同比 | 出口額（萬美元） | 出口同比 |
| 1 月 | 1916182 | 5.40% | 2784520 | 36.40% |
| 2 月 | 1547753 | 0.40% | 2143800 | 19.50% |
| 3 月 | 1880652 | 5.40% | 2508658 | 26.70% |
| 4 月 | 2086064 | 6.90% | 2794476 | 27.80% |
| 5 月 | 2120692 | 9.10% | 2849027 | 29.40% |
| 6 月 | 2127969 | 8.90% | 2884900 | 27.90% |
| 7 月 | 2359451 | 9.90% | 3303608 | 27.60% |
| 8 月 | 2406499 | 10.60% | 3253661 | 25.80% |

資料來源：商務部網站

　　在次貸危機發生和演變的過程中，中國資本價格的調整幅度到目前為止要顯著大於美國，除了市場發展程度的差異等原因外，這種現象也反映了中國經濟與美國經濟的密切聯繫。在美國不斷通過創造充足的流動性、通過槓桿化放大推動美國乃至全球金融市場繁榮的過程中，中國是事實上的直接參與者和受益者；在特定角度可以說，中國資產價格的上漲，貿易規模的迅速的增長，資本的流入，都在一定程度上得益於美國當時充足的流動性，過去的 8 年也是中國經濟改革開放以來持續時間最長的高速擴張階段之一。正是這種相互依賴的結構，使得中國經濟在事實上成為發端於美國的次貸危機的一個直接經受明顯衝擊的對象，而不是像我們通常所想像的以為存在資本管

制就沒有十分直接的關係。中國資本市場的大幅下跌，可能是
對這種中美經濟相互依存關係的反映，是對美國次貸危機可能
對中國經濟形成較大衝擊的一個預期的反映。

## 9.4.2 當前中國經濟面臨的內需的放緩壓力更大

　　在擴大內需的過程中，一個活躍的房地產市場占據十分重
要的位置。在 1998 年應對亞洲金融風暴時，中國的房地產市
場還處於起步階段，對中國內需的帶動作用還處於促進和形成
階段，而在目前的房地產市場上，則已經開始形成了十分濃厚
的觀望和調整的氣氛，直接制約著內需的擴張。這一次的房地
產調整，是中國形成全國意義上的房地產市場以來的第一次調
整，對於中國經濟的影響程度如何還有待觀察，但是至少不容

圖 9-5　1998 至 2008 年房屋銷售價格指數

資料來源：財匯資料庫

低估。上一次比較大幅度的房地產市場的調整是在 1993 年在海南、北海等局部地區，而且基本上還是土地層面的炒作，沒有形成當前如此巨大的一個產業群。考慮到房地產市場占到固定資產投資的 25%，前後向關聯的子產業超過 100 多個，房價收入比也處於一個較高的水準。在外需已經大幅回落情況下的全國性的房地產市場調整，更會加大內需擴展的難度。

從宏觀經濟增長的波動看，當前宏觀經濟特別值得關注的一點，是經濟增長速度的回落非常之快，從 2007 年二季度 12.2% 的增長，到 2008 年三季度是 9%，四季度考慮到奧運因素和刺激經濟增長的政策因素，增長速度可能會有所恢復，但是從總體趨勢看依然還是呈現快速回落趨勢。從各項資料看，在投資、消費等保持較高增長的同時，經濟增長速度卻快速回落，實際上反映了出口的明顯回落以及內需的同樣回落。

## 9.4.3 傳統的應對衰退的宏觀政策工具實施效果可能會打折扣

從通常可能運用的大型基礎設施建設看，在中央政府保持良好的財政狀況的同時，地方的財政狀況從總體上並不令人樂觀，特別是土地收入的迅速下滑，降低了地方政府可以用於刺激經濟增長的基礎設施等投資的可以動用的財政資源。在 1998 年的金融危機期間，房地產是正在培育的新增長點，但是目前，中國房地產市場正在面臨全國範圍的調整。2007 年

全國房地產投資 2.5 萬億，2008 年仍然有 2.2 到 2.4 萬億，占整個固定資產投資的 1/4。在擴大內需裡面，沒有房地產市場的貢獻，壓力會很大。

從財政政策效果看，與 1997 年金融風暴時相比，中國的經濟增量有了顯著的擴張，同樣帶動一個點的增長，現在需要的投資規模更大。同時，從中國的經濟結構來看，政府和國企可以支配的資源占整個經濟的比重，在 97 年時超過一半，到 2008 年，中國的經濟結構中 70% 已經是非公有制經濟，政府和國有企業投資的帶動作用相對降低。在基礎設施項目的選擇上，經過 10 多年的基礎設施的建設，可供選擇的優秀的項目相對減少，這些都對財政政策發揮效果形成了制約。

從貨幣政策效果看，中國目前的融資管道還是主要集中在銀行，在比較長的時期內，大幅度的降低存貸款利率，降低準備金率，雖然可以降低企業的融資成本，但出於對經濟形勢惡化的擔心以及銀行自身風險管理能力的提高，商業銀行很可能會出現嚴重的「惜貸」現象，影響貨幣政策的實施效果。現在的銀行與十年前的銀行不一樣，十年前的銀行可以不考慮不良資產，出現不良資產，可以剝離，可以注資。現在，無論是國有銀行還是股份制商業銀行，經營管理制度和風險管理水準都大大改善和提高，都實現了多樣化的合理的股權結構，沒有人能夠越過已經建立的風險管理的程序進行專案貸款。在一段時間內，中央銀行提供的流動性會很充足，但是作為銀行來講，

願意貸款的企業正在調整暫不借錢，深陷資金短缺困難急需資金的企業，銀行出於資金安全的考慮又不敢放款。所以，貨幣政策的放鬆即使使得銀行內部的流動性很充足，但在經濟形勢好轉之前資金很可能僅僅停留在銀行間市場和債券市場，難以進入實體經濟，轉化為投資拉動經濟增長。

當然，與 97 年金融風暴時相比，中國有了不少更為積極主動和有利的條件，例如更為強大的國力，充足的外匯儲備和雄厚的財政資源，依然強勢的貨幣等等，但是，只有充分認識到次貸危機對中國經濟的嚴峻衝擊，才可能更為有效地運用當前的有利條件，充分應對當前面臨的百年一遇的次貸危機可能帶來的衝擊。

## 9.5 看到風險，更要看到機會

### 9.5.1 全球經濟調整中的中國：挑戰和機遇並存

與發達國家對中國經濟在危機中的過分巨大的期望相比，中國的決策者所表現出來的謹慎和理性顯得更為務實。

實際上，由於次貸危機傳導的時滯效應，次貸危機對全球經濟的影響還遠遠沒有結束。面對危機，各國除了相繼推出千億的刺激經濟方案，頻繁採取降息來刺激經濟增長。2008 年10 月 30 日，聯準會利率已經下降為 1%。

　　保持中國經濟的持續快速增長，就是對全球經濟在動盪中的最大貢獻。在這個務實的邏輯的指導下，中國的決策者迅速啟動了擴大內需的一系列政策舉措，迅速公佈了 4 萬億的刺激經濟的措施，同時在 2008 年內中國央行也通過四次降息將利率下降為 1.08%。

　　然而，從全球經濟的運轉看，目前西方發達國家採取的政策舉措可能能夠在一定時期內穩定市場和信心，但是總體上對經濟的刺激作用仍不顯著。聯準會主席伯南克指出，為了進一步刺激經濟的增長，將有可能將利率下降為 0，並且可能會採取一些非常規的政策手段。這些政策的效果在短期內還無法顯現出來。

　　隨著經濟的增長和綜合國力的增強，中國當前應對次貸危機，應當說比以往任何時候都具有更為強大的國力，更為充足的資源，更大的迴旋餘地。因此，儘管面臨目前這樣一個百年一遇的嚴峻挑戰，中國依然有可能在充分評估次貸危機衝擊的前提下，以應對百年一遇的金融危機的緊迫性，啟動各項可能的應對舉措。從中國經濟改革開放以來經受歷次外部大的衝擊的經驗看，每一次大的外部衝擊都成為中國經濟充分調動各種資源、促進經濟體制的改革、培育新的經濟增長點、從而推動中國經濟邁上新的台階的重大機遇。次貸危機的衝擊，同樣也帶給中國一次全面推進改革的機遇。

## 9.5.2 加快建立發達的本土金融市場，提高金融市場的深度和廣度

第一，中國的高額外匯儲備，和基於國際收支失衡條件下的被動擴張型的貨幣政策操作空間，與本土金融市場不發達有非常密切的關係。一個發達而有效率的金融市場必須為處於不同發展階段、不同規模的企業提供各自所需的直接或間接投融資方式。因為中國本土的金融產品和金融市場不發達，金融產品的光譜裡存在大量的中斷點，金融市場能夠提供的產品的可選擇性和管道嚴重稀缺，這導致國內的大量資金流出。在宏觀經濟的等式中，儲蓄減去投資為經常項目的順差，本土金融市場的不發達使得大量的儲蓄不能得到充分利用，只能以經常項目順差的形式流出，居高不下的外匯儲備就是一個典型的代表。中國長期的經常項目順差等推動下的高達 2 萬億美元的外匯儲備實際上是一種儲蓄的淨流出，同時也給央行造成了巨大的貨幣投放壓力以及比較被動的貨幣政策操作空間。

第二，中國此次在次貸危機的衝擊下，原本不是地震的震央，震央應是華爾街，但是從資本市場的衝擊程度上看，似乎中國受到的衝擊比華爾街還要大。這背後非常深刻的原因之一就是國內的金融市場不發達，金融創新滯後於經濟發展趨勢，導致在資本市場上所付出的代價比美國還要大。美國金融市場的調整不能簡單歸因於金融創新，事實上，金融創新只要配合以嚴厲周密的金融監管，金融衍生品交易的風險即可控制在

一定範圍內，次貸危機的問題基本都是在缺乏監管的 OTC 市場，而較少發生在場內交易市場，就是一個明證。中國本土金融市場的一大缺陷就是金融創新遠遠不足，當出現大量的金融需求和資金供給的時，無法提供多樣化的金融工具和金融產品去滿足企業和個人的需要。當前，商業銀行在國家的政策傾斜下長期享受了較高的存貸差，隨著利率市場化的不斷推進和市場競爭的加劇，這一政策福利的空間會越來越小，金融機構必須大力發展除存貸業務之外的其他金融產品、業務、工具和機構，來提升自身的盈利空間，同時也可推動金融市場深度和廣度的提高，形成良性循環。

第三，大量的金融產品和服務不能在本土的金融市場得到滿足，就會產生大規模的「期限錯配」，使市場蘊藏著很大的脆弱性。比如中國保險資金的運用，面臨一個很大的約束，就是絕大部分的資金都是 30 至 50 年以上的長期資金，國內金融產品的稀缺使得這些資金的配置受到很大限制。對於商業銀行來說，面臨的一個很大的問題是，資產負債表裡負債方的期限越來越短，而資金運用方面，住房抵押貸款、大型基礎設施都是三五十年，這是「借短用長」，而在保險公司，面臨的問題就是「借長用短」。這樣使得這些微觀的單一的個體金融機構非常脆弱，難以合理配置資產。

第四，本土市場不的發達，導致許多企業到海外上市，其在國外融到的資金又以外匯的形式匯回國內，給中央銀行增加

了壓力，出現了「貨幣錯配」現象。中國人民銀行的資產負債表有高達兩萬億的外幣資產，而它的負債方全部是人民幣，匯率風險很大程度上是人民銀行承擔的。人民銀行的作為空間其實是很有限的，這些都是金融市場不發達和金融工具稀缺所造成的。

第五，在動盪的市場環境下，實際上往往是推出金融創新工具的良好時機。這一方面是因為動盪的環境下更需要多樣化的金融風險管理工具，同時動盪的市場環境也是培養和鍛鍊中國金融機構應對能力的良好時機，不經歷市場波動的洗禮中國的金融業可能也難以成熟起來；同時，一些特定金融衍生產品的推出，還可以為中國在應對危機衝擊方面贏得更大的政策空間和主動性。

一個例證是 2008 年 12 月份以來的人民幣階段性貶值，因為國內缺少活躍交易的 NDF 等衍生市場，使得不少企業和機構在國內買入美元，在海外（例如香港市場）賣出，其間存在巨大的套利機會，同時也使得人民幣在這一階段的走勢深刻受到海外市場的影響。但是，對於人民幣的定價來說，最應當具有影響力的，應當是中國國內的金融市場。

## 9.5.3 完善金融監管機制

第一，要高度關注金融業過渡的激勵或者不對稱的激勵。在當前中國主要的大城市，中國的一些金融行業人力成本跟東

京、香港、新加坡等區域性的金融中心差不多甚至更高。銀行
資產負債結構中長期的資產運用比重越來越高，如果過分注重
一個分支機構負責人短期的經營業績，同時又缺乏有效的評估
工具來評估這些長期的資產在經濟週期不同階段的真實風險狀
況，就可能會促使分支機構的負責人追求短期業績、忽視長期
風險的短期功利目標；又例如，中國基金業短期的激烈排名競
爭，使得基金經理很難著眼於一個完整的長的週期來為投資者
提供持續、穩定的回報。這些情況下都蘊藏著不對稱激勵的風
險。

　　同時，應客觀評價成熟市場的金融機構與中國本土金融機
構的優劣對比。我們並不能盲目說因為出現了次貸危機就表明
外資金融機構一無是處，在許多領域，這些金融機構依然有許
多值得中國金融機構學習的地方。但是，同樣也要關注的是，
通過這一次的調整可以看出，中國立足於實體經濟需求的金融
運行方式，也有其內在的優勢和強大的生命力，我們不能夠過
分的迷信任何一個國家、任何一個市場的金融機構；而應從本
土的金融需求出發，這樣設計出來的金融服務和金融服務的特
點、金融服務的方式才會有生命力。

## **9.5.4** 以積極穩健的姿態參與應對全球次貸危機和完善全球金融體系

　　經過 30 年的改革開放，中國經濟已經深深融入全球經濟

體系中；中國經濟改革開放以來取得的巨大成就，也使得不少
經受次貸危機衝擊的國家對於中國經濟寄予厚望；次貸危機對
中國經濟傳導和影響管道的多樣化，也使得中國必須要及早把
握次貸危機的發展演變脈絡，以理性和建設性的態度，量力而
行，參與全球應對次貸危機和全球金融體系的完善工作。目前
看來，有如下幾個方面是可以考慮的：

第一，在參與全球次貸危機應對中積極推進人民幣的國際
化進程。美國通過大量的貨幣發行進行次貸危機的救援，為未
來的美元氾濫留下了隱患，也增大了中國推進人民幣國際化的
迫切性。在力所能及的前提下，中國可以多種方式提供流動性
支援，同時也推進人民幣的國際化，例如可以允許 IMF、美
國以及一些國際金融機構等在中國內地或者香港市場發行人民
幣債券，防範匯率風險，促進中國本土債券市場的發展。

第二，以贏得更大國際金融話語權為原則，在現有的國際
金融格局下適當參與全球金融救援行動。基於當前中國的經濟
金融實力，在參與國際救援時，應當主要依託現有的國際金融
框架，例如國際貨幣基金組織、相關國際金融機構、以及國家
貸款等形式，同時在這些國際組織中爭取更大的話語權。在購
買美元及其相關金融資產時，可以要求更高的權利保證和更為
優惠的價格，在確保投資風險可控的情況下，分享被救援企業
的成長性。

第三，重點放在對可能出現支付危機的發展中國家的救

援，輔之以相對的國家資源戰略和產業整合戰略。基於前述部分過於依賴外部融資的新興市場國家可能出現債務危機的判斷，以及中國現有的產業整合能力和資源需求狀況，中國可以強調不把參與救援的重點放在與中國產業結構差異較大的發達國家，而放到一些新興市場國家，特別是擁有戰略性資源的發展中國家，以及中國企業具有產業整合優勢和整合能力的特定行業，而不能主要集中在中國缺乏優勢的發達國家的金融業等領域。

國際資源價格的大幅下跌，對於中國這樣一個資源相對稀缺、主要是加工製造有強大國際競爭力的產業結構來說，應當說是一個十分有利的機會，即使是短期來說這種資源價格的大幅下跌也會顯著改善中國的貿易條件，減少中國因為大量購買資源導致的福利流失，從長期來看，次貸危機導致的資源價格大幅下跌，也給了中國以更為從容的機會重新部署全球的資源戰略。

第四，可以利用當前全球關注國際金融監管的有利氛圍，呼籲發起設立對次貸證券的登記清算機構，呼籲擬定對場外衍生市場以及對沖基金的監管國際準則。在應對次貸危機的過程中，各國都開始日益關注國際金融監管體系的完善。目前，尚有規模龐大的次貸證券沒有清算，這些證券分佈在不同國家的不同金融機構中，無從判斷其規模及其損失程度，也就無從進行相應的監管和應對，因此，建立國際性的清算機構，是掌握

全球次貸證券現狀和演變趨勢等重要資訊的關鍵。同時，可以呼籲國際間擬定共同遵守的對於導致此次次貸危機全球化的場外衍生市場和對沖基金的監管的國際準則，在擬定這些準則的過程中提升新興國家及發展中國家的知情權、話語權和規則制定權。

第五，中國作為最大的外匯儲備持有國，在歐美等通過大幅貨幣發行來應對次貸危機時面臨較大的匯率風險，而主要儲備貨幣的過度發行也是導致次貸危機的關鍵原因之一，因此，中國可以呼籲建立主要儲備貨幣匯率的穩定機制和貨幣發行限制機制，防止這些儲備貨幣國家利用其儲備貨幣地位濫發貨幣，在設計相關的限制機制時，可以主動提出建立「美元—歐元—人民幣」的發行聯動機制，相對提升人民幣的國際地位，促進人民幣的國際化。

# 經歷危機洗禮的中國，崛起的步伐會更穩健

　　曾在中國央視熱播的世界史題材電視系列片《大國崛起》令許多人心潮澎湃過，縱觀這九個國家由弱變強的崛起過程，會發現每個國家都因為很好地把握了特定歷史時代賦予他們的特殊機遇才逐漸走向強大、走向崛起。

　　當前，次貸危機引起的金融海嘯席捲全球，在這樣的經濟背景以及全球化的歷史背景下，中國的崛起已經不再是一種願望，而是一種現實可能性。

　　我們相信，一個經歷了危機洗禮的中國，崛起的步伐會更為穩健。

# 後記

2008 年對於中國人來說，真是濃縮的一年，我們經歷了奧運的光榮與「神七」上天的自豪，也經歷了四川地震災害的傷痛和大面積的雪災，同時，在中國經濟發展的重要時刻，我們正在經歷次貸危機引發的金融海嘯。

如果葛林斯潘的判斷是正確的話，目前金融危機的惡劣程度，必然會超過我們已有的幾乎所有關於金融危機的經驗。本次金融海嘯中發生的其人其事，必將成為今後研究金融史中濃墨重彩的一章。

就像所有正在發生的歷史一樣，次貸危機一直在演繹著數不清的個性人物和精彩故事。便捷的資訊傳遞，使得中國的金融市場參與者可以即時觀察著金融海嘯演進的每一步。

在全球化的今天，金融危機中的種種故事，以不同的方式，走入中國人的日常生活。一次在做足浴的時候，問服務員為什麼現在客人少了，他很不屑地說，這都不知道，金融危機嘛！次貸危機嘛！

關於金融危機的報導和分析也紛至沓來，從電視到廣播，從網路到報刊，從國內到海外，各種關於金融危機的出版物也陸續紛至沓來。

那麼，我們為什麼要寫這本書呢？

　　坦率地說，試圖要在金融危機還在發展的階段，就對其進行全面系統的總結反思，肯定是一個奢望，那應當是等到金融危機平息之後的事情了。從這個意義上說，現在所進行的種種關於金融海嘯，或者說金融危機的總結與分析，都如同盲人摸象，只能見到整個大危機中的一個細部。

　　既然如此，我們選擇了一種類似拍照的方式，以金融危機中一些關鍵的人、一些代表性的事為經緯，試圖描述我們眼中看到的金融危機。其意義，無非是立此存照，以備將來講述老照片的故事：拿著一張老照片，介紹它的來龍去脈，背後的種種掌故與逸聞。顯然，這並不能算是什麼專業的分析，但是可能是出版社的同仁和希望了解金融危機背景的讀者所樂意看到的。

　　金融危機的演進，一度讓我恢復了小時候記日記的習慣，因為每天都有大事件、每天都有新衝擊，如果能夠連續記載下來，將來就是寫金融海嘯歷史的第一手原料；但是很快我就發現日記又無法記下去了，因為後面發生的事情，往往很快就推翻了前面的猜測與判斷。我們只能先耐心地搜集資料，等待一幕一幕的大戲上演。

　　正值此時，湖南人民出版社熱忱邀請我編寫一本從理論視角出發，但是終點是適合普羅大眾閱讀的金融海嘯讀物。經過一番艱苦的努力之後，於是有了這本書的問世。

　　此書能及時順利起草和編輯出版，也是一個團隊合作的產

物，因為在擬定了提綱和分工之後，我具體只是承擔了前言、後記和我自己認為較為重要的反思篇的起草工作，其餘章節的初稿起草工作，則由李科博士、劉孝紅博士、李勝利博士積極組織和協調，李科、李勝利、沈姍姍、鄭弘、李倩、楊現領、陳和春、鄭捷、郭嘉楠、楊帆、王璟怡、洪吉通參加了資料搜集和初稿寫作工作。我對每章初稿進行之後一一提出修訂意見，退回給他們繼續修訂。經過兩輪修訂之後，我和李科博士、李勝利博士又兩次對全書進行了修訂；最後由我對全書進行了一次全面的修訂。毫無疑問，基於金融海嘯的複雜性和市場變化的迅捷，我自己都往往覺得在跟蹤分析中充滿了迷茫，何況我的這些學生們。他們的不少文字，儘管經過多次修訂，但是還是顯得十分的稚嫩，其中還可能有不少不正確不全面的地方。但我之所以一定要堅持把這本書先寫出來，也是希望督促他們更為深入地跟蹤分析這場百年一遇的金融海嘯，探討這個難得的金融危機帶給我們的豐富的研究案例；特別是其中的一些介紹金融危機背景的章節，參考的國內外資料眾多，儘管我反復要求每章都要認真做好參考文獻目錄並反復對照檢查，但是其中的缺陷可能還是在所難免的。不過，如果這本書的出版能夠成為他們研究這次金融海嘯的起點，成為促使各位讀者思考金融海嘯的新起點，就十分令人欣慰了。

我們也要感謝湖南人民出版社的有關編輯同志為此書的出版所做的大量編輯修訂工作，感謝許多參考文獻的作者所進行

的大量富有啟發性的跟蹤分析和研究成果。

　　因時間、資料等方面的關係，書中錯漏難免，誠望各位讀者指正，特別是如果其中事實、資料等有不妥或者更新之處，或者研究結論有新的進展之處，敬請各位同仁和廣大讀者批評指正。

巴曙松

2008 年 12 月 17 日於香港浦飛路

# 大事記

## 2007 年

2007 年 4 月 4 日
美國第二大次級抵押貸款機構 New Century Financial 申請破產保護。

2007 年 8 月 5 日
美國第五大投行貝爾斯登總裁沃倫・斯佩克特辭職。

2007 年 8 月 6 日
房地產投資信託公司 American Home Mortgage 申請破產保護。

2007 年 8 月 11 日
聯準會一天三次向銀行體系注資 380 億美元。

2007 年 8 月 14 日
美國、歐洲和日本三大央行再度注入超過 720 億美元救市。

2007 年 8 月 16 日
聯準會再向金融系統注入 70 億美元。

2007 年 8 月 17 日
聯準會降低窗口貼現利率 50 個基點至 5.75%；
聯準會再次向金融系統注入資金 170 億美元。

2007 年 8 月 20 日
日本央行再向銀行系統注資 1 萬億日元。

2007 年 8 月 21 日
日本央行再向銀行系統注資 8000 億日元。
澳聯儲向金融系統注入 35.7 億澳元。

2007 年 8 月 22 日
聯準會再向金融系統注資 37.5 億美元；
歐洲央行追加 400 億歐元再融資操作。

2007 年 8 月 23 日
英央行向商業銀行貸出 3.14 億英鎊應對危機；

聯準會再向金融系統注資 70 億美元；
歐洲央行再次向金融系統注資 400 億歐元；
雷曼兄弟關閉抵押貸款子公司；
美國四大銀行從聯準會貼現視窗借入資金 20 億美元。

2007 年 8 月 28 日
聯準會再向金融系統注資 95 億美元。

2007 年 8 月 29 日
聯準會再向金融系統注資 52.5 億美元。

2007 年 8 月 30 日
聯準會再向金融系統注資 100 億美元；
英格蘭銀行以 6.75% 的懲罰性利率放出 16 億英鎊貸款。

2007 年 8 月 31 日
巴克萊銀行第二次借入英國央行大約 16 億英鎊的緊急儲備金；
美國主要次級抵押貸款公司 Ameriquest 不再接受新的抵押貸款申請。

2007 年 9 月 4 日
聯準會通過二日回購協定向銀行體系注入 50 億美元的臨時儲備。

2007 年 9 月 5 日
聯準會通過隔夜回購協定向銀行體系注入 85 億美元臨時儲備。

2007 年 9 月 6 日
歐洲央行決定歐元區基準利率維持 4% 不變；
英國央行宣佈維持 5.75% 的基準利率不變。

2007 年 9 月 19 日
聯準會通過隔夜回購協定向銀行體系注入 97.5 億美元臨時儲備；
聯準會將商業銀行間隔夜拆借利率降到 4.75%。

2007 年 9 月 21 日
英國北岩銀行擠兌風波導致央行行長金恩和財政大臣達林站上了辯護席；
聯準會通過隔夜回購協定向銀行體系注入 30 億美元臨時儲備。

2007 年 10 月 13 日
美國財政部幫助各大金融機構成立一支價值 1000 億美元的基金（超級基金），用以
買陷入困境的抵押證券。

**2007 年 11 月 9 日**
歷時近兩個月後，美國銀行、花旗銀行和摩根史坦利三大行達成一致，同意拿出至少 750 億美元幫助市場走出次貸危機。

**2007 年 12 月 4 日**
投資巨頭巴菲特開始購入 21 億美元德克薩斯公用事業公司 TXU 發行的垃圾債券。

**2007 年 12 月 7 日**
美國總統布希決定在未來五年凍結部分抵押貸款利率。

**2007 年 12 月 12 日**
美國、加拿大、歐洲、英國和瑞士五大央行宣佈聯手救市，包括短期標售、互換外匯等。

**2007 年 12 月 14 日**
為避免賤價甩賣，花旗集團將 SIV 併入帳內資產。

**2007 年 12 月 18 日**
聯準會提交針對次貸風暴的一攬子改革措施；
歐洲央行宣佈額外向歐元區銀行體系提供 5000 億美元左右的兩周貸款。

**2007 年 12 月 19 日**
聯準會定期招標工具向市場注入 28 天期 200 億美元資金。

**2007 年 12 月 21 日**
超級基金經理人 BlackRock 宣佈不需要再成立超級基金。

**2007 年 12 月 24 日**
華爾街投行美林宣佈了三個出售協議，以緩解資金困局。


**2008 年**

**2008 年 1 月 22 日**
聯準會將基準利率降低 0.75 個百分點，至 3.5%。

**2008 年 1 月 29 日**
聯準會商業銀行間隔夜拆借利率從 3.5% 降到 3.0%；
聯準會通過貸款拍賣方式向商業銀行提供 300 億美元。

2008 年 2 月 12 日
美國六大抵押貸款銀行為防範止贖的發生，宣佈「救生索」計畫；
巴菲特願意為 800 億美元美國市政債券提供再保險。

2008 年 2 月 14 日
美國第四大債券保險商 FGIC 宣佈願意分拆業務。

2008 年 2 月 18 日
英國決定將北岩銀行收歸國有。

2008 年 2 月 20 日
德國宣佈州立銀行陷入次貸危機。

2008 年 2 月 21 日
英國議會批准國有化北岩銀行。

2008 年 3 月 14 日
美國投行貝爾斯登向摩根大通和紐約聯儲尋求緊急融資。

2008 年 3 月 16 日
聯準會決定將貼現率由 3.5% 下調至 3.25%。

2008 年 3 月 17 日
聯準會意外宣佈調低窗口貼現率 25 個基點，到 3.25%；
摩根大通同意以 2.4 億美元左右收購貝爾斯登。

2008 年 3 月 18 日
聯準會決定將商業銀行間隔夜拆借利率由 3.0% 降至 2.25%。

2008 年 3 月 19 日
聯準會宣佈降息 75 個基點，並暗示將繼續降息。

2008 年 3 月 24 日
美國聯邦住房金融委員會允許美國聯邦住房貸款銀行系統增持超過 1000 億美元房地
美和房利美發行的 MBS。

2008 年 4 月 9 日
國際金融協會代表全球銀行業巨頭首次公開承認在此次信貸危機中負有責任。

2008 年 4 月 10 日
美國參議院通過價值超過 41 億美元的一攬子房屋市場拯救計畫。

2008 年 4 月 12-13 日
七大工業國組織（G7）和國際貨幣基金組織（IMF）召開為期兩天的會議，表達了對當前金融市場震盪的擔心之情，並要求加強金融監管。

2008 年 4 月 21 日
英國央行宣佈，將動用 500 億英鎊的政府債券，調換商業銀行持有的抵押資產，以幫助銀行業復甦。

2008 年 4 月 22 日
瑞士央行向市場投放 60 億美元；
歐洲央行向銀行出借 150 億美元為期 28 天的美元資金。

2008 年 4 月 23 日
德國 Duesseldorfer 銀行由德國銀行協會接管；
美國眾議院金融服務委員會批准全國的地方政府收購已行使止贖權的住房。

2008 年 4 月 24 日
加拿大央行通過特別購買與附賣回協議向市場注資 4.95 億加元。

2008 年 4 月 30 日
聯準會降息 25 個基點；
英國 HBOS 增發 40 億英鎊股權，用以提高資本金規模，抵禦不斷惡化的市場環境。

2008 年 5 月 1 日
美國眾議院批准總值 3000 億美元的房屋市場援助計畫。

2008 年 5 月 2 日
聯準會將 TAF 規模從 500 億美元擴大到 750 億美元，同時擴大與歐洲央行和瑞士央行貨幣互換的額度。

2008 年 5 月 5 日
聯準會通過隔夜回購操作向市場注入 110 億美元臨時儲備金。

2008 年 7 月 11 日
Indy Mac 遭擠兌破產。

2008 年 7 月 13 日
美國財政部和聯準會宣佈救助兩大住房抵押貸款融資機構房利美和房地美，提高「兩房」信用額度，並承諾必要情況下購入兩公司股份。

2008 年 7 月 26 日
美國參議院批准總額 3000 億美元的住房援助議案,授權財政部無限度提高「兩房」
貸款信用額度,必要時可不定量收購「兩房」股票。

2008 年 9 月 7 日
美國聯邦政府宣佈接管房利美和房地美。

2008 年 9 月 15 日
美國第四大投資銀行雷曼兄弟公司宣佈申請破產;
美國銀行宣佈收購美林集團。

2008 年 9 月 16 日
美國政府接管美國國際集團(AIG)。

2008 年 9 月 17 日
美國證交會通過新規定,嚴格限制賣空;
巴萊克銀行廉價收購萊曼兄弟北美業務;
俄羅斯股市因暴跌緊急停牌。

2008 年 9 月 21 日
高盛、摩根史坦利變身銀行控股公司,華爾街投資銀行成為歷史。

2008 年 9 月 25 日
全美最大的儲蓄及貸款銀行——華盛頓互惠公司(Washington Mutual Inc.)被美國
聯邦存款保險公司(FDIC)查封、接管。

2008 年 9 月 29 日
美國眾議院否決 7000 億美元的救市方案。

2008 年 10 月 4 日
美國參議院通過了布希政府提出的 7000 億美元新版救市方案,美參議院投票表決的
救市方案總額從原來的 7000 億美元提高到了 8500 億美元,增加了延長減稅計畫和
將銀行存款保險上限由目前的 10 萬美元提高到 25 萬美元的條款。

2008 年 10 月 16 日
冰島國家金融機構大量倒閉,國家銀行瀕臨破產。

2008 年 10 月 19 日
韓國宣佈為 1000 億美元貸款商的外幣債務提供擔保,並向銀行提供 300 億美元資
金;

荷蘭國際集團同意接受注資 100 億歐元（合 135 億美元），並取消管理層獎金和年底分紅。

**2008 年 10 月 21 日**

聯準會宣佈成立貨幣市場投資者融資工具（Money Market Investor Funding Facility，MMIFF）。

**2008 年 10 月 22 日**

聯準會上調銀行超額準備金利率，將從 10 月 23 日開始，以低於最低目標利率 0.35 個百分點的利率水準, 向銀行超額準備金支付利息, 時限為一至兩周；

法國啟動價值 220 億歐元的中小企業融資計畫。

**2008 年 10 月 27 日**

聯準會開始向企業提供貸款，提出申請的包括摩根史坦利、通用電氣等。

**2008 年 10 月 28 日**

為了提升冰島克朗的吸引力，冰島央行宣佈升息到 18%。

**2008 年 10 月 29 日**

聯準會與巴西、墨西哥、韓國和新加坡四國央行達成臨時性貨幣互換協定；

美國財政部披露了總額 1250 億美元、面向九家銀行的注資計畫細節；

聯準會宣佈降息 50 個基點。

**2008 年 10 月 30 日**

日本首相麻生太郎公佈了一項總額 5000 億日元的經濟刺激方案。

**2008 年 10 月 31 日**

英國第二大銀行巴克萊計畫向主權財富基金籌集 73 億英鎊，並以出售強制性可轉換債券的形式，向其他投資者籌資 15 億英鎊。

**2008 年 11 月 4 日**

歐洲央行將與瑞士央行進行四次、84 天期的瑞郎互換招標，每次均為 50 億歐元；

澳洲聯儲降息 75 個基點，基準利率調低至 5.25%。

**2008 年 11 月 5 日**

德國內閣批准了總額 500 億歐元的經濟刺激方案；

聯準會再次宣佈，提高商業銀行法定和超額存款準備金利率。

**2008 年 11 月 6 日**

聯準會通過商業票據融資視窗向企業再貸款 1000 億美元；

歐洲三大央行降息，其中英國央行降息幅度最大，達到 150 個基點，另外，歐洲央行和瑞士央行均調低基準利率 50 個基點。

2008 年 11 月 9 日
中國披露了一項 5860 億美元的支出刺激計畫，重點在擴大內需；
二十國集團宣佈準備緊急行動促進經濟增長，同時呼籲各國降息和增加支出。

2008 年 11 月 10 日
美國運通轉型成為銀行控股公司。

2008 年 11 月 11 日
「兩房」和美國政府出台一項新的計畫，對拖欠還款時間在 90 天或以上的房貸借款者，實施調整，助其還款。

2008 年 11 月 12 日
財長保爾森宣稱，將改變 7000 億美元資金的使用方式，將重點轉向資本重組和消費信貸領域；
加拿大財長宣佈，本財年向金融機構額外購買最高 500 億加元擔保抵押貸款資產。

2008 年 11 月 17 日
美國政府同意救助汽車業，但不同意動用 7000 億美元；
花旗宣佈全球裁員五萬多人。

2008 年 11 月 20 日
瑞士央行意外宣佈降息 100 個基點。

2008 年 11 月 24 日
美國政府同意從 7000 億美元中為花旗集團撥款 200 億美元的救援資金，同時為該金融巨頭 3060 億美元貸款和有價證券提供擔保；
匈牙利和馬來西亞央行分別宣佈降息 50 個基點和 25 個基點。

2008 年 11 月 25 日
聯準會計畫以 8000 美元幫助房主、消費者和小型企業渡過金融危機。

2008 年 11 月 26 日
中國央行宣佈，從 11 月 27 日開始，下調金融機構一年期人民幣存貸款基準利率各 1.08 個百分點。

2008 年 12 月 02 日
聯準會宣佈，將延長一級交易商信貸工具、資產支持商業票據貨幣市場基金流動性

窗口以及定期證券借貸工具這三項用以增強市場流動性措施的有效期。

2008 年 12 月 03 日
歐盟批准法國巴黎銀行收購富通集團在比利時和盧森堡的資產；
聯準會公佈褐皮書顯示，整體經濟進一步走軟，眾行業表現慘澹；
新西蘭聯儲大幅降息 150 個基點，至 5.0%。

2008 年 12 月 04 日
歐洲四大央行紛紛大舉降息：瑞典央行大幅降息 175 個基點至 2.00％；英國央行將
其基準利率削減了 1 個百分點；歐洲央行將其基準貸款利率從 3.25％降至 2.5％；丹
麥央行的降息幅度則和歐洲央行一致。

2008 年 12 月 05 日
花旗集團因次貸危機遭受巨額虧損，與法國銀行 Credit-Mutuel-CIC 達成協議，向
其出售在德國的分支機構。

2008 年 12 月 09 日
加拿大央行宣佈降息 75 個基點，到 15%。

# 參考文獻

〔1〕羅伯特。非理性繁榮〔M〕。北京：中國人民大學出版社，2001。

〔2〕巴頓，比格斯。對沖基金風雲錄〔M〕。北京：中信出版社，2007。

〔3〕約翰・肯尼斯，加爾布雷斯。1929年大崩盤〔M〕。上海：上海財經大學出版社，2006。

〔4〕比特納。貪婪、欺詐和無知——美國次貸危機真相〔M〕。北京：中信出版社，2008。

〔5〕羅伯特・希勒。終結次貸危機〔M〕。北京：中信出版社，2008。

〔6〕戈登著，祁斌譯。偉大的博弈——華爾街金融帝國的崛起〔M〕。北京：中信出版社，2005。

〔7〕羅傑・洛溫斯坦。巴菲特傳記——一個美國資本家的成長〔M〕。海口：海南出版社，2007。

〔8〕保羅・克魯格曼（朱文暉等譯）。蕭條經濟學的回歸〔M〕。北京：中國人民大學，1999。

〔9〕陳志武，熊鵬。泡沫破滅引發經濟衰退 重溫1929年美國股災〔J/OL〕。http://www.p5w.net/p5w/fortune/200208/19.Htm，2008-08-19。

〔10〕何帆，張明。美國次級債危機是如何釀成的〔J/OL〕。http://www.potu.com/50247/15565788，2007-11-15。

〔11〕諸建芳，劉可，孫穩存。美國1933、1989年金融援救與本次7000億金融救援比較〔R〕。北京：中信證券，2008。

〔12〕殷劍峰。美國次貸危機分析及對中國的啟示〔R〕。北京：中國社科院金融所，2008。

〔13〕次按危機與全球股市五年牛市的結束〔R〕。北京：中國銀河證券研究所，2008。

〔14〕張興勝。「次貸」危機：我們正在親歷的歷史〔R〕。北京：中國工商銀行，2008。

〔15〕于旭輝，蔣健蓉。美國次貸危機的影響將持續到 2010 年——歷次重大金融危機的比較研究〔R〕。上海：申萬專題研究，2008：2-14

〔16〕魏興耘，張慧。IT 零部件和汽車業務雙翼齊飛——比亞迪股份〔R〕。深圳：國泰君安證券，2008。

〔17〕徐剛。宏觀調控應充分尊重股市晴雨表功能〔R〕。北京：中信證券，2008。

〔18〕姚枝仲。美國金融危機：性質、救助與未來〔R〕。北京：中國社會科學研究院，2008。

〔19〕弗朗西斯科・格雷拉。股神巴菲特出山了〔EB/OL〕。http://forex.hexun.com/2008-02-20/103787115_2.html，2008-02-20。

〔20〕理查德・蘭伯特。歷數全球金融危機〔EB/OL〕。http://www.ftchinese.com/story.php?storyid=001021081，2008-08-7。

〔21〕理查德・塞尼特。西方應走社會主義道路〔EB/OL〕。http://www.ftchinese.com/story.php?storyid=001022484，2008-10-15。

〔22〕格雷格・法雷爾。巴菲特向高盛投資 50 億美元〔N〕。金融時報 ,2008-09-24。

〔23〕約翰・凱。巴菲特的投資算術〔N〕。金融時報，2008-03-18。

〔24〕何帆、鄭聯盛。次貸危機全面升級及中國的對策〔N〕。21 世紀經濟報導，2008-09-20。

〔25〕馬丁・沃爾夫。美國會：「兩房」業務須列入政府帳目〔N〕。金融時報，2008-09-10。

〔26〕沈建光，肖紅。7000 億救市計畫與儲貸危機和北歐銀行危機解決方案比較〔R〕。香港：中金公司研究部，2008：2-4。

〔27〕胡峰。國外銀行倒閉動因及其啟示〔J〕。新金融，2004（2）：37-39。

〔28〕沈建光。美國儲貸危機和北歐銀行危機比較〔R〕。香港：中金公司研究部，2008：2-4。

〔29〕丁懿。美國儲貸業危機的原因、現狀及前景〔J〕。世界經濟研究，1991（4）：21-25。

〔30〕雷鳴。美國「次貸危機」與日本「泡沫危機」的比較分析〔J〕。現代日本經濟，2008（1）：34-38。

〔31〕楊丹輝。日本銀行危機探析〔J〕。現代日本經濟，1997（1）：16-17。

〔32〕Gerard Caprio,Jr. William C. Hunter, George G. Kaufman, Danny M. Leipziger（張青松等譯）。銀行危機的防範：近期全球銀行倒閉風潮的教訓〔M〕。北京：中國財政經濟出版社，1999。

〔33〕David G. Mayes, Liisa Halme, Aarno LiuKsila（方文等譯）。改進銀行監管〔M〕。北京：中國人民大學出版社，2006。

〔34〕李潔。美國歷史上最大的銀行倒閉案〔J/OL〕。http://usstock.jrj.com.cn/2008/09/2620102177968.shtml，2008-09-26。

〔35〕韓文高。世紀末金融風暴〔M〕。北京：經濟日報出版社，2001。

〔36〕羅清。日本金融的繁榮、危機與變革〔M〕。北京：中國金融出版社，2000。

〔37〕胡芳，劉洪。摩根大通收購華盛頓互惠銀行銀行業務〔J/OL〕。http://news.xinhuanet.com/world/2008-09/26/content_10114929.htm，2008-09-25

〔38〕劉琳。次貸下一波：「火燒」商業銀行〔J/OL〕。http://stock.hexun.com/2008-07-31/107807950.html。2008-07-31。

〔39〕Gillian Tett。華爾街能以史為鑑嗎？〔J/OL〕。http://www.ftchinese.com/story.php?storyid=001013857。2008-09-03。

〔40〕安德魯・盛（袁純清等譯）。銀行業重組——從20世紀80年代銀行危機中得到的經驗教訓〔M〕。北京：中國金融出版社，2000：9-15。

〔41〕保羅・盧布斯坦（蔡麗等譯）。懲戒：金融危機與國際貨幣基金組織〔M〕。北京：中信出版社，2003：341-356

〔42〕中國社會科學院經濟學部赴美考察團。美國次貸危機考察報告〔R〕。北京：中國社會科學院經濟學部赴美考察團，2008。

〔43〕萬軍。20世紀末美國銀行危機的原因及教訓〔J〕。海外瞭望，2003（5）：36-37。

〔44〕何豔。從解決儲貸危機中得到的經驗教訓〔J〕。南方經濟，2004（4）：75-77。

〔45〕李斯。美國80年代儲貸危機的監管警示〔J〕。學術論壇，2006（6）：88-95。

〔46〕鄭慶寰。美國儲貸危機和次貸危機的對比分析——從道德風險視角的考察〔J〕。經濟問題探索，2008（6）：9-13。

〔47〕林立國。20 世紀 30 年代美國經濟危機的歷史原因剖析〔J〕。遼寧大學學報，
2002（7）：52-54。

〔48〕郭林。缺位的監管：反思 1980 年代美國儲貸機構危機〔J/OL〕。http://www.
chinavalue.net/media/Article.aspx?ArticleId=25546。2008-05-09。

〔49〕若爾迪‧卡納爾斯。全能銀行必須嚴加監管〔J/OL〕。http://www.ftchinese.
com/story.php?storyid=001022641&page=1，2008-10-23。

〔50〕海地‧摩爾。美國銀行業大者愈大〔J/OL〕。http://chinese。wsj。com/
gb/20081001/fea150902。asp?source=NewSearch。2008-10-01。

〔51〕彼得‧塔爾‧拉森。全球銀行業可能面臨更嚴格監管框架〔J/OL〕。http://
www.ftchinese.com/story.php?storyid=001023220。2008-11-21。

〔52〕Robin Sidel, Damian Palett。整合潮重塑美國銀行業格局〔J/OL〕。http://
Chinese.wsj.com/gb/20080930/fea151759.asp?source=NewSearch。2008-09-30。

〔53〕西戴爾。摩根大通 CEO 的新起點〔J/OL〕。http://www.gemag.com.cn/gemag/
new/Article_content.asp?D_ID=2521。2007-03-06。

〔54〕彭朋，劉穎。摩根大通 CEO：沒有成為華爾街的裸泳者〔J/OL〕。http://news.
sina.com.cn/w/2008-10-08/100916416143.shtml，2008-10-08。

〔55〕萬云。摩根大通 CEO 傑米‧戴蒙：掌舵人的價值〔J/OL〕。http://news.
cb.com.cn/?action-viewnews-itemid-203。2008-09-20。

〔56〕孫曉輝。摩根大通未卜先知，次貸危機獲利數億美元〔J/OL〕。http://forex.jrj.
com.cn/2008/09/0409041851682.shtml。2008-09-04。

〔57〕劉建輝。摩根大通憑什麼躲過次貸危機〔J/OL〕。http://bank1.jrj.com.cn/
news/2008-03-11/000003390220.html，2008-03-11。

〔58〕邁克爾‧施拉格。如何完善銀行公司治理？〔J/OL〕。http://www.ftchinese.
com/story.php?storyid=001023177。2008-11-20。

〔59〕滕泰。次按危機與全球股市五年牛市的結束〔R〕。北京：中國銀河證券研究
所，2008。

〔60〕黃慧。華爾街恩怨 ING、花旗曾是摩根大通 CEO 心中永遠的痛〔J〕。
TALENTS，2006：54-55

〔61〕陸曉明。次貸危機挑戰美國銀行業風險管理系統〔J/OL〕。http://www.zgjrj.
　　com/fxgl/20080531-3.htm。2008-05-31。

〔62〕賈祖國。日本房地產泡沫經驗及借鑑〔R〕。深圳：招商證券研究報告。2008-
　　07-21。

〔63〕管濤。出來混欠債總要還的：美國次貸危機的啟示及影響分析〔J/OL〕。http://
　　review.ec.com.cn/article/spguand/200811/664411_1.html。2008-11-06。

〔64〕余力。「救生船」觸礁次貸危機升級〔J/OL〕。http://www.infzm.com/
　　content/14714。2008-07-17。

〔65〕張明。華爾街進入嚴冬〔J/OL〕。http://www.nanfangdaily.com.cn/epaper/nfzm/
　　content/20080918/ArticelC16003FM.htm。2008-09-17。

〔66〕辛喬利，孫兆東。次貸危機〔M〕。北京：中國經濟出版社，2008。

〔67〕美國政府接管兩房。網易財經專題〔J/OL〕。http://money.163.com/
　　special/00252UD0/liangfang.html。2008-09-08。

〔68〕殷潔。葛林斯潘「賣出期權」埋下危機種子？〔N〕。新京報，2008-09-24
　　（B07）。

〔69〕馬娟。葛林斯潘的好時光已然過去——謝國忠評葛林斯潘〔N〕。21世紀經濟
　　報導，2008-04-21。（38）

〔70〕伯南克：規模不及大蕭條〔J/OL〕。http://finance.jrj.com.cn/
　　people/2008/12/0307262944984.shtml，2008-12-03。

〔71〕伯南克承認低估次貸危機影響〔J/OL〕。http://news.xinhuanet.com/world/2008-
　　11/24/content_10404713.htm，2008-11-24。

〔72〕劉洪。伯南克：首戰次貸風暴〔J〕。環球，2008（1）：27-28。

〔73〕查理斯‧P‧金德爾伯（葉翔、朱雋譯）。瘋狂、驚恐和崩潰：金融危機史
　　〔M〕。北京：中國金融出版社，2007。

〔74〕中央電視台，中國財經報導欄目組。華爾街衝擊波〔M〕。北京：機械工業出版
　　社，2008。

〔75〕李延喜。次貸危機與房地產泡沫〔M〕。北京：中國經濟出版社，2008。

〔76〕易憲容。房價博弈〔M〕。北京：中國經濟出版社，2008。

〔77〕曹元芳，吳超，劉伯酉。美國次貸危機：原因、機制及教訓〔J〕。華北金融，
　　　2008（5）：42-45。

〔78〕馮科。從美國次級債危機反思中國房地產金融風險〔J〕。南方金融，2007
　　　（9）：18-20。

〔79〕張文強。美國次債危機及其對我國房地產金融業的啟示〔J〕。房地產金融，
　　　2008（6）：54-56。

〔80〕馮唯江，何帆。日本股市與房地產泡沫起源及崩潰的政治經濟解釋〔J〕。世界
　　　經濟，2008（1）：3-12。

〔81〕成十。美國次貸危機與日本金融泡沫危機的比較分析〔J〕。學術界，2008
　　　（132）：246-256。

〔82〕張麗娜。日本金融危機的結構性分析及其啟示〔J〕。上海金融，1999（1）：43-
　　　44

〔83〕謝家琪。世界各地房地產業危機與機遇並存〔J〕。上海房市，2008（9）：59-
　　　61。

〔84〕傅鈞文。日本金融危機分析〔J〕。世界經濟研究，1998（4）：28-31。

〔85〕國研網金融研究部，美國次貸危機的前因後果〔R〕。北京：國務院發展研究中
　　　心，2007-9-20。

〔86〕王靜，林琦。從美國次級債危機看中國房地產金融市場的風險〔J〕。財經科
　　　學，2008（2）：9-16。

〔87〕游博。我國房地產泡沫的形成機制初探〔J〕。時代金融，2008（9）：15-17。

〔88〕余萍。我國房地產市場的現狀及前景〔J〕。新學術，2008（4）：131-134。

〔89〕施瓦茲（黃瑛譯）。美國住房政策〔M〕。北京：中信出版社，2008。

〔90〕鄭樂。美國房市泡沫正走向消退〔J〕。資本市場，2007（9）：72-75

〔91〕金季。美國次貸危機演進的啟示〔N〕。中國財經報，2007-11-27（8）

〔92〕劉明彥。次級債風險全球化：中國難以獨善其身〔J〕。銀行家，2008（4）：24-
　　　27

〔93〕王寅。美國房貸風險警示中國〔J〕。決策與資訊，2007（8）：9

〔94〕巴曙松，李勝利。次貸危機引發的全球金融動盪及其對中國的影響〔R〕。工作論文，2008。

〔95〕Carmen M. Reinhart, Kenneth S. Rogoff. Is the 2007 U.S. Sub-Prime Financial Crisis So Different: An International Historical Comparison〔Z〕. Path Dependence and Psychology, Maryland: January 14, 2008.

〔96〕Jon Hilsenrath, Sudeep eddy. Fed Signals More Action as Slump Drags On〔J/OL〕. http://online.wsj.com/article/SB122815304785769411.html?mod=djemalertNEWS#articleTabs%3Darticle. December 2, 2008.

〔97〕Mike_Whitney. Bernanke's Speech: "It's all China's fault. Really"〔J/OL〕。http://www.marketoracle.co.uk/Article4994.Html.June 8, 2008。

〔98〕R. Christopher Whalen. The Subprime Crisis – Cause, Effect and Consequences〔R〕. Networks Financial Institution At Indiana State University, March 2008。

〔99〕Yuliya Demyanyk, Otto Van Hemert. Understanding the Subprime Mortgage Crisis〔N〕. The New York Times, September 10, 2008.

# 金融海嘯中，那些人與事

| | |
|---|---|
| 作　　　者 | 巴曙松 等著 |
| 發　行　人 | 林敬彬 |
| 主　　　編 | 楊安瑜 |
| 編　　　輯 | 蔡穎如 |
| 美術編排 | 帛格有限公司 |
| 封面設計 | Chris' Office |
| 出　　　版 | 大都會文化　行政院新聞局北市業字第89號 |
| 發　　　行 | 大都會文化事業有限公司 |
| | 110台北市信義區基隆路一段432號4樓之9 |
| | 讀者服務專線：(02)27235216 |
| | 讀者服務傳真：(02)27235220 |
| | 電子郵件信箱：metro@ms21.hinet.net |
| | 網　　　址：www.metrobook.com.tw |
| 郵政劃撥 | 14050529 大都會文化事業有限公司 |
| 出版日期 | 2009年3月初版一刷 |
| 定　　　價 | 280元 |
| I S B N | 978-986-6846-61-8 |
| 書　　　號 | Focus-005 |

Metropolitan Culture Enterprise Co., Ltd.
4F-9, Double Hero Bldg., 432, Keelung Rd., Sec. 1,
Taipei 110, Taiwan
Tel:+886-2-2723-5216　Fax:+886-2-2723-5220
E-mail:metro@ms21.hinet.net
Web-site:www.metrobook.com.tw

＊本書由湖南人民出版社授權繁體字版之出版發行。

國家圖書館出版品預行編目資料

金融海嘯中,那些人與事. / 巴曙松 等著. -- 初版.
　-- 臺北市：大都會文化, 2009.3
　　面；　公分. -- (Focus；5)
　參考書目：　面

ISBN 978-986-6846-61-8 (平裝)

1.金融危機　2.金融市場

561.78　　　　　　　　　　　　　　98001513